디지털
트랜스포메이션
필드 매뉴얼

디지털 트랜스포메이션

CEO부터 현장 실무자까지,
빠른 실행과 정착을 위한

필드 매뉴얼

박수정 · 김국현 지음

미래의창

들어가며

이 책은 디지털 트랜스포메이션(디지털 전환)에 관한 도서입니다. 디지털의 힘으로 사업을 과감히 전환해보고 싶지만, 그 방법을 모르는 모든 분들의 변화를 돕는 책입니다.

　디지털 트랜스포메이션DT/DX, Digital Transformation이라는 변화 앞에서 대부분의 기업은 변화를 위해 어디서부터 손을 대야 할지, 얼마나 깊게 파야 할지 등 많은 부분을 고민합니다. 스타트업이든, 대기업이든, 중소기업이든 대한민국의 모든 기업 앞에 놓인 과제는 결국 크게 다르지 않습니다.

　이렇게 수많은 기업이 고민하는 와중에도 이미 변화하는 시장의 수요를 정확히 읽고 일명 10배의 생산성(10×)으로 새롭게 열리는 시장에 힘차게 공급을 시작하는 이들은 전 세계 어디에나 있습니다. 또한, 그들은 지금도 급성장하고 있습니다. 그리고 틀림없이 여러분의 시장에도 곧 상륙할 것입니다.

　'10×(텐엑스)'라는 농담 같은 키워드는 이미 디지털 업계의 유행어가 됐습니다. 디지털 기업의 가공할 생산성이 빚어내는 이런 경쟁력을 보면 완전히 디지털로 전환된 세상에 도달했을 때 우리 각자의 위치가 어디일지 궁금해집니다. 과연 우리의 역할은 어디에 있을까요? 또한, 그 세상에서 우리의 자리는 어디일까요? 이는 우리가 함께 고민해야 할 문제입니다.

전산이나 IT를 아예 사용하지 않는 기업은 이제 드뭅니다. 그러나 여전히 많은 기업에서는 전산 예산의 대부분을 노후화된 낡은 시스템을 유지·보수·운영하는 데 쓰고 있습니다. 이제부터 비즈니스의 가치를 높이기 위한 디지털·IT 투자, 즉 인재와 데이터를 활성화하는 데 투자를 집중하지 않으면 앞으로 시장의 방향을 읽는 일이나 고도의 생산성을 발휘하는 일과는 점점 멀어질 수밖에 없습니다.

이미 '스마트', '온라인', '비접촉', '비대면' 등 일상 단어에 묻어나는 시장의 변화는 점점 더 현실적이고 구체적으로 변하고 있습니다. 이런 상황에서 우리 기업의 비즈니스 변혁을 고민 중이거나 구태의연한 시장을 전환할 아이디어를 갖추고 신사업을 시작하려는 분들이 꼭 기억했으면 하는 공식이 하나 있습니다.

> **DT = (Geek + Data) × Business**

DT, 즉 디지털 트랜스포메이션은 디지털 기술로 비즈니스와 업무의 변혁을 꾀하는 일입니다. 우리가 중요하게 기억해야 할 공식이 하나 있습니다. 그건 바로 디지털로 변화한 인재, 즉 '기크Geek'들과 신사업을 위해 모으고 키운 '데이터'를 우리의 비즈니스에 곱하는 것입니다. 이 둘을 자유자재로 활성화할 수만 있다면, 인공지능 시대의 비즈니스 전략은 이미 우리 손안에 있는 셈입니다.

이 책은 서로 다른 배경을 지닌 디지털 트랜스포메이션 현장 전문가 두 명이 앞으로의 동향을 파악하고 새로운 사업의 경쟁 원리를 소개하기 위해서 쓴 책입니다. 서로 다른 환경과 경험 속에서 추려낸 디지털 트랜스포메이션의 추진 비결은 과연 어떤 것들일까요?

독자 여러분도 우선 그 전환의 공식부터 저희와 함께 살펴보면, 지금 바로 무언가를 시작해야겠다는 용기가 생길 겁니다. 바로 지금이 디지털 트랜스포메이션을 시작하기에 가장 적절한 때입니다.

박수정, 김국현

목차

01

디지털
트랜스포메이션

디지털 트랜스포메이션은
무엇인가

디지털 트랜스포메이션은 국내에서 기업에 따라 'DT' 또는 'DX'라는 약어로 번역 및 활용되고 있습니다. 'T'는 알겠는데 'X'라고 줄이는 이유는 왜일까요?

접두사 'Trans-'에 '뛰어넘다Across'라는 뜻이 있어서입니다. 이를 가로지른다는 의미에서 'X'로 쓰곤 합니다. 국내에서는 디지털 '전환'이라는 말로 정착되는 듯합니다. 다만 필자의 입장에서는 '트랜스'를 보면 변신 로봇이 나오는 영화인《트랜스포머》시리즈가 떠올라 오히려 '변신'으로 번역했으면 어땠을까 하는 생각도 듭니다.

그런데 이 단어는 누가 만들었을까요? 여러 학설이 있지만, 스웨덴 출신의 교수 에릭 스톨터만Erik Stolterman이 2004년에 집필한《정보 기술과 좋은 삶Information Technology and the Good Life》이라는 논문이 그 기원으로 자주 거론됩니다. 이 논문은 우리 생활의 모든 면에서 점점 불가분의 관계가 돼가는 IT와 좋은 삶Good Life의 관계성을 다룬 논문인데, IT로 인해 우리 생활의 여러 국면이 좋은 방향으로 전환된다고 이야기합니다. 사실 디지털 기술의 사회적·경제적 여파는 늘 관심의 대상인 만큼 이러한 개념 자체는 이미 수없이 논의됐습니다.

그런데 음반이 CD가 되고 필름 카메라가 디지털카메라가 되는 형태의 디지털 트랜스포메이션과 지금 일어나는 디지털 트랜스포메이션은 차원이 다릅니다. 물론 전자의 과정에서도 제조사의 도태는 치명적인 형태로 일어났습니다만, 생산·유통을 넘어서 생활의 국면 자체가 변화하는 것은 근래의 일입니다. 음악은 이제 스트리밍과 유튜브로 서비스되고, 사진 촬영의 목적은 SNS에 공유하기 위한 것이 됐습니다. 이런 생활 양식의 완전한 전환이 곳곳에서 목격됩니다.

이 전환에는 흥미로운 측면이 많습니다. 일단 이 변화에 휘말린 이들은 홀로 변하지 않습니다. 디지털 기반의 플랫폼 경제에서는 네트워크 효과가 무섭습니다. 사용자들이 디지털 서비스를 누구나 충분히 원활하게 이용할 수 있게 되자 이 경험을 통해 지식과 체험의 흡수량이 증가했습니다. 그리고 임계점을 넘으면 이 경험은 그 자체로 콘텐츠가 되기도 합니다. 이 모든 것이 다시 피드백돼 품질이 향상되고, 그 순환에 참여한 기업은 비용이 경감되는 선순환이 벌어집니다. 결국, 기업의 입장에서는 우리 기업도 이 사이클 안에 들어갈 수 있도록 비즈니스 모델을 혁신하는 일이 시급해졌습니다. 그래서 디지털 트랜스포메이션은 많은 기업에서 화두가 됐습니다.

좋은 삶은 바로 지금 이 순간에 느낄 수 있는 체험을 통해서 실현 가능합니다. 디지털 트랜스포메이션이 고객의 체험을 중시하고 이를 실현하기 위해 디자인 사고(디자인 씽킹)를 활용하는 이유입니다. 디지털 트랜스포메이션 실행 기업은 데이터와 디지털 기술을 활용해 사회와 시장의 수요를 파악해서 통찰력을 얻고 이를 토대로 제품 및 서비스, 비즈니스 모델을 변화해나갑니다. 실행 조직은 업무 수행 방식, 조직 구조, 비즈니스 프로세스, 더 나아가 기업 문화와 사회 풍토까지 바꿉니다. 그리고 그 결과로 시장 경쟁에서 우위를 점합니다.

이 책의 첫 번째 목적은 이미 그 본을 성공적으로 보여주는 디지털 네이티브Digital Native 기업처럼 우리 기업도 디지털 트랜스포메이션을 이루자는 것입니다. 결국, IT를 활용해서 사업 모델이나 수행 조직을 변혁해 경쟁력을 확보하려는 전략적인 노력이 디지털 트랜스포메이션이라고 할 수 있겠지요.

우리나라 전통 기업의 대부분은 우리 기업도 IT 역량을 보유하고 있다고 말하곤 합니다. 그러나 실상을 살펴보면 외주로 만들어서 그 정체도 모호한 노후화된 기간계 시스템Backbone system˙ 정도가 그들이 말하는 IT 역량의 전부입니다. 그런 탓에 진정한 디지털 트랜스포메이션을 시도한다 해도 인재 부족으로 진척 속도가 답답할 정도로 느립니다. 따라

●　기업 경영의 기간이 되는 부분을 IT로 관리하는 시스템.

서 현실적으로 대부분의 디지털 트랜스포메이션은 다소 수동적인 프로젝트에서 시작하는 경우가 많습니다. 즉, 기존 업무를 고도화한다거나 기존 고객을 바탕으로 해서 추가로 신규 가치를 창출하는 식이지요. 생산 조직이라면 자동화를 통해 효율화를 꾀하는 경우도 있습니다만, 그것은 전산에 지나지 않습니다. 물론 기존 고객과의 접점을 활용한다거나 업무를 개선하는 것도 주요한 혁신입니다. 그렇지만 다른 누군가는 디지털 트랜스포메이션을 통해서 신사업 아이디어를 새로운 비즈니스 모델로 만들어내고 있다는 것을 명심해야 합니다. 이들에 비해 경쟁력이 있는지 늘 스스로에게 물어야 합니다.

디지털 트랜스포메이션의 본질과 효과

스마트폰이 등장한 이후로, 우리는 이 기계에 과하게 의존하게 됐습니다. 심지어 중독을 이야기할 지경입니다. 스마트폰은 한 번 쓰기 시작하면 벗어나기가 어렵습니다. 그만큼 스마트폰이 우리 생활에 가져다주는 변화가 크기 때문이지요. 스마트폰은 이전의 전자제품과는 압도적으로 다른 효과를 지니고 있습니다. 그간 계산기, PC, PDA, DMB 등 수많은 전자제품이 있었지만, 스마트폰과 같은 특성을 가진 제품은 없었습니다. 스마트폰은 그 모든 것을 하나의 기계에서 구현합니다. 전화기로 쓰이다가 어느 때는 TV가 되고, 또 어느 때는 컴퓨터가 되기도 합니다. 즉, 내 손안의 스마트폰은 극장이 되기도 하고 때로는 학원이 되기도 하며 어느 때는 친구들과의 대화의 장이 되기도 합니다. 이처럼 스마트폰은 수시로 '변신'합니다. 이는 결국 소프트웨어가 부리는 디지털의 마법이라고도 할 수 있습니다. 스마트폰은 어떤 애플리케이션을 설치하느냐에 따라서 전혀 다른 모습을 보여줍니다.

디지털 트랜스포메이션 논의의 시작점은 이처럼 스마트폰을 통해 우리 곁에 이미 와 있는 현실의 기대치에서 찾아볼 수 있습니다. 스마트폰의 특성을 설명하면서 이를 더 자세하게 말해보고자 합니다.

스마트폰의 큰 특성 중 하나는 화면을 터치하면 바로 결과가 나오는 능동적 즉시성입니다. 쇼핑도, 탈것도, 배달음식도 손가락만 몇 번 움직이면 내 앞에 곧 대령해줍니다. 모든 것이 내 의지에 따라 수행되는 듯한 이 능동성은 우리에게 큰 놀라움을 선사했습니다. 그리고 스마트폰은 그간 미디어는 수동적이라 여겨지던 통념을 깼습니다. 유튜브가 TV를 이미 능가했거나 곧 넘어서리라 평가받는 이유도 바로 이러한 능동적 즉시성이 지닌 효과 때문입니다.

또한, 예전의 기술 발전은 효율을 높이는 데 치중돼 있었습니다. 1, 2, 3차 산업혁명 모두 그랬습니다. PC도, 인터넷도 기존의 방식에서 계산과 정보 소통의 효율을 늘리는 방향으로만 발전했습니다. 빠른 것을 더 빠르게 하고 생산량을 늘리며 질을 고도화하는 데만 치중했습니다. 이것은 선형적인 발전입니다. 하지만 최근의 변화는 이처럼 단순한 개선에서 끝나지 않습니다. 즉, 단지 더 효율적인 것으로 발전하는 게 아니라 근본적으로 더 효과적인 것을 찾아가는 이행이 시작됐습니다.

우버나 에어비앤비로 상징되는 공유경제는 전환의 효율과 효과를 보여주는 좋은 예입니다. 예전에도 여행 업계에 IT라는 것은 있었습니다. 다만 그 사용처는 기존의 틀에서 물류와 여행 업계의 효율을 높이는 전산 시스템이나 사이트가 대부분이었습니다. 하지만 우버나 에어비앤비는 시장에 유통돼 공급되는 상품 경제 자체에 누구나 참여할 수 있는 방식으로 시스템을 변혁시켰습니다. 공급자도, 수요자도 스마트폰 하나만 있으면 됩니다. 공유할 수 있는 모든 것을 스마트폰을 통해서 공유하는 것은 사회 전체의 생산성을 높이는 효과를 가져옵니다. 이는 효율적으로 발전한 것이 아니라 전에는 없었던 효과를 창조한 것입니다.

클라우드도 마찬가지입니다. 예전에는 데이터의 보관 및 공유를 위해 사용자가 기계를 사서 소프트웨어를 설치했습니다. 그러다가 관리가 어려워지면 데이터 센터에 입주시키곤 했습니다. 이렇게 하면 사업을 시작하기 위한 초기 투자 금액이 부담스러워집니다. 하지만 지금은 클라우드에서 시간 단위로 서버를 생성해서 사용자가 사용한 만큼만 비용을 지불하면 됩니다. 저렴한 비수기와 여유 시간에만 쓰려면 경매를 통해 최저가로 입찰하는 방식도 있습니다. 즉, 디지털 트랜스포메이션을 통해서 지금까지 없었던 효과를 발휘할 수 있는 셈입니다.

산업혁명은 기본적으로 모두 생산성 혁명입니다. 다만 지금까지의 생산성 혁명은 효율 제고를 통한 생산성 향상에 주안점을 두었습니다. PC 혁명도 마찬가지입니다. 하지만 이제는 단순히 기존의 것을 효율적으로 발전시키는 게 아니라 디지털을 이용해 아예 다른 효과와 가치를 창조해내는 시대에 접어들었습니다. 즉, 효율을 넘어서 효과의 시대로 접어든 것입니다.

디지털 트랜스포메이션이 게임의 룰을 만든다

넷플릭스나 유튜브 등을 이용하면 언제 어디서나 보고 싶은 영상을 바로 볼 수 있습니다. 꼭 TV에서만 볼 필요도 없습니다. TV에서 보던 영상을 스마트폰에서 바로 이어서 볼 수도 있습니다. 시공간적인 면에서 스마트폰이라는 단말기의 효과는 탁월합니다. 스마트폰은 영상은 반드시 특정 장소에서만 봐야 한다는 통념을 아예 바꿔버렸습니다. 이처럼 기존의 것을 더 빠르게 하는 효율 경쟁이 아니라 아예 기존에는 없던 효과를 만들어내는 압도적인 생산성으로 게임의 룰 자체가 바뀌는 일이 사회 곳곳에서 발생하고 있습니다.

게임의 룰이 바뀌니 게임에 참여하는 우리에게도 그 여파가 미칩니다. 지금까지는 의심하지 않았던 성공 방정식이 새로운 시대에는 효능이 떨어지기 시작합니다. 그런데도 우리는 여전히 관성처럼 기존의 관습에 집착하곤 합니다.

이제는 일하는 시간을 더 투입해도 생산성은 올라가지 않습니다. 오히려 무리한 만큼 능률은 더 떨어집니다. 점점 생활에 여유가 없어지고 마음만 다급해집니다. 만약 효과적인 일의 방법을 찾을 수 있다면 그만큼 일하는 시간도 줄일 수 있습니다. 물론 예전 방식대로 일하는 효율을 올릴 수도 있습니다. 하지만 그래도 인간인 만큼 같은 입력 방식에서 다른 출력을 내는 데는 한계가 있습니다. 결국, 지금은 효율 향상이 아니라 효과 창조가 필요한 시대입니다.

반면에 전혀 다른 방식으로 더 높은 효과를 낼 수 있다면 차별화가 생깁니다. 그 여세를 몰아서 조직 내에서 더 중요한 일을 할 수도 있고, 같은 시간 안에 더 많은 일을 해냄으로써 삶의 여유를 찾을 수도 있습니다. 효과가 어느 쪽이든, 무엇보다 중요한 것은 성과를 가져오는 일의 방법을 찾는 것입니다.

이러한 효과는 대개 새로운 도구의 도입으로 촉발됩니다. 도구를 사용하며 신석기 시대가 열린 것처럼, 새로운 도구의 도입을 통해서 하나의 시대가 열리기도 합니다. 현대적 의미에서 새로운 도구란 대개 디지털, 즉 IT입니다. 이처럼 새로운 도구에 의해 우리가 만들어낼 수 있는 부가가치의 총량은 완전히 달라집니다. 그리고 만약에 이런 가치를 양산해내는 인재로 자리매김할 수만 있다면 그 인재의 시장 가격 또한 달라집니다. 실제로 많은 기업, 특히 글로벌 테크 기업에서는 직군에 따른 임금 격차가 상당합니다. 주로 조직의 리더를 보좌하는 스태프Staff 직군의 연봉과 기술자의 연봉은 그 격차가 너무 심해 위화감을 조장하고 조직 건강에도 영향을 끼친다는 사례가 다수 보고될 정도입니다.

이처럼 인재든, 설비든 개별 단위의 생산성, 즉 효과의 격차가 점점 커지고 있습니다. 그리고 이를 토대로 개별 단위에 따라서 시장 가격이 설정되는 추세도 점점 빨라지고 있습니다. 얼핏 보기에는 잔혹한 트렌드처럼 보일 수도 있습니다. 그러나 거꾸로 생각해보면 어떨까요? 만약 투입한 자원에 비해 더 큰 효과를 낼 수 있는 초고도 생산성을 유지할 수 있다면, 지금 시대에는 오히려 자신의 페이스에 맞게 느리고 여유 있는 삶을 살 수도 있습니다.

효과가 가져오는 격차는 여유를 만듭니다. 이 차이는 기술에 의해 더 멀리 가게 돼 벌어지는 효과일 수도 있고, 아이디어에 의해 다른 방향으로 가게 돼 만들어지는 효과일 수도 있습니다. 즉, 방향과 세기를 함께 가진 벡터값입니다.

스타트업에서 자주 쓰는 '10×문화'라는 용어가 있습니다. 그것이 성장률이든, 매출이든 아이디어와 기술이 뒷받침된다면 기존에 비해 10배의 차이쯤은 만들어낼 수 있다는 믿음입니다. 실은 10배에서 끝나지 않기도 합니다. 기존의 방식과 일을 통해 나온 경쟁사의 결과물은 아예 설 자리가 없어질 수도 있기 때문입니다.

노동은 여전히 시간 단위로 계산됩니다. 하지만 시간만 들이면 어떻게든 해결되는 일은 결국 소프트웨어와 기계의 반복 작업으로 대체될 수 있습니다. 기계는 지치지 않고 반복합니다. 예전에는 소프트웨어나

기계에 어떻게 일을 시킬지가 난관이었습니다. 그러나 최근에는 기술의 발전으로 인해 이전에는 불가능해 보이기만 했던 기계와 함께 일하는 방식이 손쉬워졌습니다. 특히 사람이 하는 것과는 비교도 안 되게 격차가 급격히 벌어질 수 있는 일은 서둘러 전환되겠지요. 결국 생산성과 효과의 초격차 사회가 머지않아 도래할 것입니다. 아니, 실은 이미 와있는지도 모릅니다.

이제까지 해왔듯이 공채로 범용 인재를 확보하고 이들의 노력과 시간을 투입해서 해결해왔던 타성으로는 급변하는 시장에 효과적으로 대응하지 못합니다. 일 자체가 맹렬한 속도로 재정의되고 있기 때문입니다.

게임의 룰을 새로 만드는 사람들

여러분이 속한 조직을 둘러보면 어디에나 안타까운 인력이 있습니다. 열심히 일하는 것에 비해 효과를 내지 못하는 이들이 있습니다. 그 이유는 단 하나입니다. 효과적이지 않은 일을 하고 있습니다. 열심히 하지만 그 행위의 결과가 효과적이지 않습니다. 그러니 조직의 입장에서는 결과를 얻지 못합니다. 게다가 만약에 그런 이들이 높은 지위에라도 있다면 오히려 일의 진행에 장애가 될 제약 조건을 만들어서 효과를 내려는 이들의 사기를 꺾기도 합니다. 더 좋은 업무 방법이 있음에도 시도하지 않습니다. 급기야는 일을 하면 할수록 조직 전체의 생산성이 저하되는 재난이 펼쳐집니다.

디지털 트랜스포메이션도 본질적인 의미를 다시금 정의해야 합니다. 사회의 급격한 변화 속에서 우리 모두 달라진 사회에 어떻게 적응하고 살아가야 할지를 스스로 생각해야 합니다.

이 문제를 해결한 사람들도 있습니다. 그들은 남들의 10배가 넘는 생산성을 발휘해 효과적인 결과를 만들어냅니다. 이제는 이들이 게임의 룰을 만들고 있습니다. 즉, 어느 산업 분야든 모든 산업에는 디지털 선도 기업에 의한 게임 체인지 위협이 도사리고 있습니다. 이 점을 간과해서는 안 됩니다.

그런 의미에서 디지털 트랜스포메이션은 미래를 의미 있게 살아가고 더 알찬 조직 생활을 영위하기 위해 직장인 모두가 익혀야 할 변신의 능력이라 말할 수 있습니다. 미래가 만들어내는 방향을 미리 보고 타성을 털어내는 일. 디지털 트랜스포메이션은 가장 나다운, 우리 기업다운 업무 수행 방식을 익혀서 미래의 난관을 경쾌하게 해결하고 생존하기 위한 전략입니다.

또한, 이는 사회의 급격한 변화 속에서 잠재적 의미를 찾아내는 일이기도 합니다. 생산성이 낮은 요소들은 결국은 도태된다는 것을 겸허하게 인정하고 이를 불안하게 여겨야 합니다. 그리고 그 불안감은 자원 대비 성과가 낮은 일을 떠나서 우리를 새로운 곳으로 가게 합니다. 이런 과정에서 효율과 효과와 효능을 생각하게 됩니다. 전통적인 생산성만으로 측정되지 않는 가치가 있음을 주장하는 일 역시 모두 디지털 트랜스포메이션과 이어져 있습니다. 디지털 트랜스포메이션은 달라진 시대의 일과 성과, 인재와 직업의 모습을 고민하게 하고 초고효능 사회로 가는 길에 박차를 가합니다.

아직도 우리 사회에는 너무 많은 양의 일을 하는 사람들이 많습니다. 시간당 단가가 너무 낮은 직업도 많습니다. 즉, 약간의 돈만 있어도 절대 하지 않을 일들이 이 세상에는 여전히 많습니다. 이런 상황에서 디지털 트랜스포메이션으로 조직의 생산성, 나아가 사회 전체의 생산성이 높아진다면 꼭 필요한 필수 노동에는 그에 합당한 대가가 돌아가는 사회가 될 것입니다. 물론 단일 기업의 전환과 사회 전체의 전환에는 달리 고려해야 할 사항이 많기에 여기서는 더 깊이 다루지 않겠습니다. 하지만 게임의 룰이 바뀌는 세상이기에 지금부터 스스로 본인이 하는 일의 효과에 대해 조금이라도 더 민감하게 고민해봐야 한다는 말씀은 확실하게 드릴 수 있습니다.

자기효능감Self-efficacy이란 말이 있습니다. 자기효능감은 어떤 상황에서도 합당한 행동을 할 수 있다는 신념, 즉 내 능력으로 행동을 계획해서 목표를 달성해낼 수 있다는 믿음이자 자신감입니다. 디지털 트랜스포메이션은 이 믿음을 지닌 이들이 조직과 경제, 사회를 전환해나가는 움직임입니다.

02

디지털 시대,
기업의 생존 전략

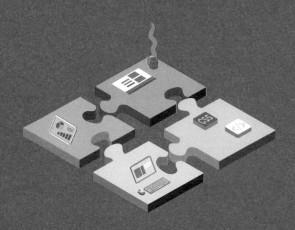

기업에 제대로 된 디지털 트랜스포메이션이 필요한 이유

대한민국의 기업 중에서 디지털과 인터넷, 4차 산업혁명, 모바일, 스마트 등 21세기적인 미사여구가 들어간 기획을 한두 번쯤 해보지 않은 곳은 없을 것입니다. 그런데 물론 성공한 곳도 있지만, 반대로 크게 실패해 역사의 뒤안길로 접어들거나 쇠락의 기로에 선 기업들도 적지 않습니다. 이는 기업의 규모와는 별로 상관이 없는 문제입니다. 누구나 들으면 알 만한 기업도 디지털이라는 변화의 흐름을 타지 못해서 결국 밀려나곤 합니다. 유서 깊은 전산실을 보유하고 있고 심지어 별도의 전산 조직이 분사화돼 자회사처럼 보좌하고 있는데도 안타까운 결과로 끝나기도 합니다. 실행 속도나 방향도 오히려 몇 명이 모인 스타트업만 못한 경우도 있습니다. 이렇게 생각처럼 되지 않는 현실 덕에 업계의 질서가 재구성되는 것이겠습니다만, 이 문제를 당면한 조직 당사자의 입장에서는 답답하고 안타까운 일입니다. 어느 날 일어나 보니 디지털의 파고波高가 바로 우리 회사의 문 앞까지 밀어닥쳤는데도 갈피를 잡지 못하고 우왕좌왕할 뿐입니다.

디지털의 역사는 깊습니다. 그러나 사실 지금까지의 전산 조직은 현장 및 현업의 수요를 충실하게 이행하는 후방 부서의 역할을 주로 맡았습니다. 그러다 보니 사업마다 별도의 시스템이 구축될 수밖에 없던 탓에 업력이 더해갈수록 정리되지 않은 여러 시스템이 난무합니다. 이런 상황에 더해서 부서 간에 서로 긴밀한 소통이 이뤄지기 어렵다 보니 제각각 분절된 사연의 축적, 즉 각각의 역사를 껴안게 됩니다. 현대 기업의 고질병인 사일로Silo화가 발병합니다. 그리고 그 증상은 부서 간 이기주의로 드러나게 됩니다.

이런 상황에 이르면 경영진에서는 신속한 치료가 필요한 상황임을 금방 체감합니다. 결국 일종의 특명 부서가 설치됩니다. DT 혹은 DX 추진실, 디지털 총괄 부서, CDO Chief Digital Officer 등 새로운 시대의 새로운 사명을 추진하기 위한 부서나 임원이 내부 특별 발탁이나 외부 초빙으로 급조됩니다. 그렇게 디지털 트랜스포메이션의 중차대한 임무를 부여받은 주인공이 무대에 등장합니다. 그런데 IT나 ICT를 다루는 부서, 즉 전산 조직은 대개 이미 기업 내에 있습니다. "이미 우리가 있는데 왜 또 뭘 만들겠다는 겁니까?"라며 경계가 시작되기도 합니다.

같은 컴퓨터 전문가들이라 해도 디지털 트랜스포메이션 부서의 역할은 어디까지나 IT를 조직 변신의 소재로 활용하는 데 있습니다. 이들은 새로운 사명을 완수하기 위해 조직에 화려하게 등장합니다. 그러나 막상 실제로 진행해보니 생각처럼 잘되지 않습니다. 어느 기업이나 기존의 관례가 있습니다. 지금 이대로의 모습에는 사연과 역사가 있습니다. 변모와 변화를 이야기해도 듣는 쪽에서는 변신 전의 행태가 그리 나쁘지 않았다고 생각할 수도 있습니다. 게다가 그들은 모두 자기 일의 전문가들이라고 자부하고 있습니다. 예컨대 어떻게 홍보 마케팅을 집행하고, 영업은 어떻게 수행하는지에 대한 성공체험을 보유하고 있습니다. 큰 기업일수록 그 당당함은 강합니다. 기업이 중요하다고 생각해왔던 접점마다 역사가 있고 그 역사를 만든 이들이 있습니다. 이미 자리 잡은 관행 조직이 있는 셈입니다.

그러나 조직 내에서 디지털 트랜스포메이션이 논의된다는 것은 그 변화의 대상이 바로 그 관행 조직이라는 이야기가 됩니다. 서늘하게 느껴지는 이야기지만, 지금껏 그 대상이 전체 조직을 먹여 살린 조직이라 하더라도 이제는 변화되고 개선해야 할 대상일 수도 있습니다.

그 예로 영업 부서를 들어보겠습니다. 영업 부서는 고객을 안다고 자부합니다. 특히 관계 영업이 중요한 업태에서는 영업을 CR Client Rep, Client Representative 이라고도 부릅니다. 내부 조직에 고객을 대변하는 입장이라는 뜻입니다. 이는 내부의 누구라도 자신을 거쳐야만 고객과 만날 수 있다는 관문의 역할을 자처하는 경우로 해석할 수도 있습니다. 고객의 얼굴을 익히고 발품을 팔아서 계약을 끌어내고 거래를 만드는 것이 영업 부서의 전통적인 업무 방식입니다. 하지만 앞으로는 영업 부서에서 이렇게 빈번하게 고객의 문을 두드려 리드를 따내는 일이나 심지어 소위 접대를 하는 것이 웹, 메일, 매거진의 정보 전파나 SNS 등의 입소문보다 얼마나 더 효율이 높은지를 스스로 증명해야 할지도 모릅니다. 이미 곳곳에서 그런 눈치를 보내고 있습니다. 그리고 그 시기는 점점 빨라지고 있습니다.

이제는 디지털이 더 효과적이고 효율이 높다는 점을 전도할 필요조차 사라지고 있습니다. 특히 코로나19 사태는 그 변화의 촉매 중 하나가 됐습니다. 지금까지는 기존 업무를 디지털로 전환하자고 하면 "유난스럽다"라는 반응이나 "실무를 알지도 못하면서 되지도 않는 것을 요청한다"라는 반응이 돌아오기 일쑤였습니다. 하지만 코로나19는 종래의 모든 활동을 동결시켰습니다. 특히 이런 시기에 디지털의 위력과 효능은 적나라하게 드러납니다. 즉, 코로나19 사태는 디지털 트랜스포메이션을 폭발적으로 촉진하는 하나의 계기가 됐습니다.

기업에서 디지털 트랜스포메이션을 이미 선진 사례 벤치마킹이나 경영 전략상 포커스 과제로서 추진하기로 결정한 이상, 멈출 수는 없습니다. 기업이 살기 위해서는 어쩔 수 없는 일입니다. 헛스윙이 되더라도 일단은 휘둘러봐야 합니다. 디지털은 기존의 접점을 점점 대체해나가야 한다는 숙명이 있습니다. 그렇지만 전체와 개별적이고 국지적인 조직의 사정은 다릅니다. 밖의 변화와 안의 변혁은 다른 이야기입니다. 아무리 고객이 손안에 스마트폰이라는 전산실을 손에 쥐고 전례 없는 교섭력과 정보력을 지닌 시대가 됐다 하더라도 기업의 입장에서 디지털 트랜스포메이션은 쉽지 않은 일입니다. 이런 상황에서 디지털 트랜스포메이션 부서의 인원들은 홈런을 치기 위해 타석에 들어섰지만, 자신이 없습니다. 디지털 트랜스포메이션의 돌직구를 날리는 일은 쉽지 않습니다. 설령 훌륭한 디지털 시책施策 아이디어가 있더라도 "비효율적이고 효과적이지 못한 인력 승부는 더는 무의미합니다. 조직 슬림화를 해서 경영의 부담을 줄입시다"와 같은 말은 할 수 없습니다. 누가 할 수 있을까요. 디지털 트랜스포메이션을 의뢰한 이도, 의뢰받은 이도 모두 그 필요성을 느끼기만 할 뿐이고 실제로 그 말을 입에 담지는 못합니다. 말을 했다가는 조직적인 반감을 야기하거나 그 결과로 조직 문화 전체가 보신주의로 빠져버릴 수도 있기 때문입니다. 하지만 사람들은 눈치가 있습니다. 그런 분위기는 금방 감지합니다.

디지털 트랜스포메이션 추진 부서의 설립은 대부분 경영자의 관심에서 시작합니다. 현장에서는 이처럼 사적인 관심이나 애착에 의해 추진되는 프로젝트를 펫 프로젝트Pet project라는 용어로 부르기도 합니다. 그러나 경영상 꼭 필요하고 중요한 디지털 트랜스포메이션이 일종의 펫 프로젝트가 되는 일은 안타까운 일입니다. 왜 이런 일이 발생할까요?

경영자 차원에서는 이렇습니다. 대부분의 경영자는 변화가 필요하다는 말을 쉽게 하지만, 어느 방향으로, 어떤 속도로 내달려야 하는지에 대한 각론에는 자신이 없습니다. 그렇다 보니 처음에는 자신이 애착을 갖고 있거나 심지어 승부수라고 생각하는 부서라 할지라도 쉽사리 전사적全社的 권한을 주지 않습니다. 한편으로 추진 부서의 차원에서는 부서의 성격상 IT 기술이나 디지털 마케팅 전문가들이 모여들기는 합니다만, 스타트업이 아닌 이상에야 이들이 큰 조직에서 할 수 있는 일은 한계가 있습니다. 그로스 해킹Growth hacking이니 애자일Agile이니 하며 첨단 트렌드를 도입하지만, 이를 전사에 적용할 실행력과 의지가 부족하니 어딘가 겉돌고 맙니다. 결국, 수단만 디지털로 바뀐 채로 다른 누군가가 이미 하던 일을 반복하는 꼴이 되고 맙니다. 그나마 성과라도 압도적이면 좋겠지만, 대부분의 직원이 이 부서를 보며 '어디 얼마나 잘하나 보자'라는 심리를 가동하고 있을 가능성이 높으니 그나마도 쉽지 않습니다. 급기야 주위에서 도와주지는 않고 "자기들끼리만 놀고 자기들끼리 잘했다고 한다"라며 뒤에서 흉을 보는 경우도 생깁니다. 틀린 말은 아닙니다. 전사적인 변화를 이끌어야 하는데 자기들끼리 할 수 있는 일만 어찌어찌 해보려고 하니 말입니다. 한편으로는 다른 현업이 상대해주지 않다 보니 중요한 시기임에도 오히려 내부보다는 외부에 의존하기도 합니다. 그러나 오픈 이노베이션Open innovation은 분명 좋은 전략이긴 해도, 조직 내부를 동원하는 것 이상으로 정치와 전략이 필요한 방법이므로 항상 유의해야 합니다.

섣부른 외주도 마찬가지입니다. 각종 신제품 및 신기술 트렌드로 정신 무장한 벤더들이 한 번에 모든 것을 해결해줄 것 같은 뉘앙스로 제품과 서비스 도입을 권하기도 합니다. 이는 비단 최근의 문제가 아니라 기술 조직에서 반복해서 발현되는 난제입니다. 수많은 차세대 프로젝트와 고도화된 안건들이 이처럼 새로운 시스템이나 외부 솔루션, 혹은 제3의 업체가 기적적으로 모든 문제를 해결해줄 것이라는 낙관에 과하게 의존해 외주로 진행되곤 합니다. 기업의 차세대 부서는 종종 이런 상황에 처합니다.

디지털 트랜스포메이션 추진 부서가 같은 길을 걷기도 합니다. 차세대가 데이터라는 말로 바뀔 뿐입니다. 그렇지만 안타깝게도 권한이나 경력이 일천한 추진 부서의 경우에는 디지털로 차별화를 꾀하려 할 때 정작 내부적인 관계 설정을 통해 전사를 움직이는 정치력 발휘에는 역부족인 경우가 많습니다. 모처럼 첨단 트렌드에 맞춰서 새로운 제도와 도구를 도입했지만, 조직에 동화되지 않고 겉돌기도 합니다. 분명히 다른 곳에서는 성공적으로 검증된 기술이나 방법을 도입하고 인재들을 모았는데, 우리 조직에서는 힘을 못 씁니다. 하지만 그렇다고 해서 이 부분을 대놓고 이야기하기도 어렵습니다. 결국에는 그들이 기존 조직에 동화되어 또 하나의 부담스러운 기득권이 돼버리기도 합니다.

디지털 트랜스포메이션의 본질은 결국 병을 낫게 하는 것과 같습니다. 체질 개선이나 때로는 수술이 필요하며 대개 고통이 수반됩니다. 혁명革命, 혁신革新, 개혁改革 모두 혁革, 즉 가죽을 뜯는 고통이 있었기에 가능한 일입니다. 디지털 트랜스포메이션이 모든 것을 해결해주리라는 낙관이 디지털 트랜스포메이션이 가져올 조직 변경의 아픔과 갈등을 해소해주지는 못합니다. 결국, 내 몸에 칼을 대기 위해서는 경영진 및 주주의 결단과 각오가 필요합니다. 디지털 트랜스포메이션은 아픔을 초래하지만, 결국은 아물게 될 과정입니다. 그러니 이 일을 실행할 추진 주

02 디지털 시대, 기업의 생존 전략

체에게는 그에 합당한 권한과 책임을 줘야 합니다. 그리고 그 권한과 책임이 자리 잡도록 기다려주면 좋습니다.

디지털 트랜스포메이션을 위한 지식은 어떻게든 수혈할 수 있어도, 카리스마나 정치력, 사내에서의 선망과 신뢰처럼 전사적인 변화를 추진할 동력은 빌려서 쓸 수 없습니다. 관성이나 지금의 규모가 지켜주던 날들은 떠났습니다. 코로나19 사태와 같은 시대적인 변화는 위기감을 일으켜 변화의 속도를 가속화했습니다. 이런 위기 상황에서는 영속 기업이 지닌 회복 탄력성을 믿고 환경이 나를 바꾸기 전에 내가 먼저 바뀌어야 합니다. 자, 이제 어떻게 해야 할까요? 물론 비결은 있습니다. 그 방법을 알아보기 전에 이 변화의 본질을 먼저 살펴보도록 하겠습니다.

모든 것이 변화하는
디지털 시대

디지털 트랜스포메이션은 요즘에 들어서야 기업에서 다시금 많이 언급되지만, 실은 꽤 오래된 용어입니다. 번역상으로는 디지털 전환이라는 용어로 정착되는 듯합니다. 그러나 사실 '트랜스포메이션'이란 말은 한자어로 번역하기 힘든 단어입니다. 변형, 변혁, 변환, 변신 등 다양한 용어가 존재하기 때문입니다. 물론 이는 결국 형질 전환이라는 사전적 의미를 내포한 용어들입니다. 다만 용어의 번역이 이렇다 보니 기업의 경영자나 임직원들은 예전의 각종 기업 혁신 운동을 대했을 때처럼 처음에는 이야기가 나오면 바로 "우리 기업은 바뀔 게 없습니다"라며 거부하는 일이 많습니다. 그러나 처음에는 그렇게 거부하다가 세상이 급격하게 바뀌고 그 결과가 큰 영향을 주는 모습을 체감하고 나서는 "조금만 바꾸면 안 될까요?"라고 얘기합니다.

그런데 문제는 그다음부터입니다. 변화의 방향이 '나는 괜찮은데, 주위가 바뀌었으면 좋겠다'라는 쪽으로 점점 이행합니다. 대부분의 기업은 디지털 트랜스포메이션과 관련해서 내심 이런 스트레스에 노출돼 있습니다. 즉, 팀장은 '팀원들이 바뀔 수 있을까?'라고 생각하고, 팀원들은 '팀장만 바뀌면 된다'라고 생각하는 경우가 많습니다. 그렇다면 이 디지털 트랜스포메이션이라는 화두가 왜 지금에서야 활발하게 나오고 우리 기업에는 어떤 의미를 지니고 있는지, 그리고 우리는 어떤 행동을 해야 할지를 알아봐야겠습니다.

예를 하나 들어보겠습니다. 보통 디지털 트랜스포메이션 기업을 이야기하자고 하면 대부분의 사람은 첨단 기업을 생각합니다. 여기 우리가 흔히 보는 주식 차트 그래프가 하나 있습니다. 현재 집필 시점까지의 주가 표입니다. 이 차트만 보면 어떤 기업인지 아시겠나요?

이 그래프는 꽤 아름다운 곡선을 그리고 있습니다. 오래전부터 사업

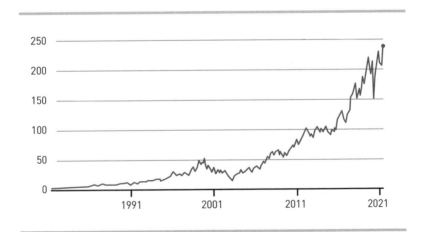

을 운영해온 기업 같습니다. 어디일까요? 예전부터 사업 중이며 홍보를 하다가 근래에 상당히 올라간 기업, 코로나19 때 약간 부침을 겪었지만, 다시 반등한 기업. 여기까지 말씀드리면 IT 기업 혹은 디지털 기업이라고 생각하실지도 모르겠습니다. 그러나 이 기업은 우리에게도 친숙한 맥도날드입니다. 필자가 맥도날드를 디지털 트랜스포메이션 사례로 꼽은 이유는 바로 이것 때문입니다.

디지털 트랜스포메이션의 사례, 키오스크

이 그림을 보여드리면 실망하실 수도 있습니다. "겨우 키오스크가 디지털 트랜스포메이션이라는 건가요?"라고 하면서 말이지요. 대부분의 사람이 키오스크 설치 이유로 알고 있는 것들은 비용 절감, 고용 감축 등입니다. 한국에서 키오스크가 급히 퍼지게 된 시기가 최저임금제 논쟁이 있을 때여서 더 그렇게 생각할 수도 있습니다. 즉, 일자리를 줄이기 위해서 설치했다는 부정적인 인식이 있어서 "이런 걸 가지고 디지털 트랜스포메이션이라고 말하는 것입니까?"라는 반문이 있을 수도 있습니다. 게다가 키오스크는 처음 사용할 때 어려움을 느끼는 경우가 많아 디지털 디바이드Digital divide(디지털 격차)의 원흉으로 지목되기도 합니다. 일부 지자체는 어르신들한테 키오스크 사용법을 가르쳐드리는 사업도 하고 있습니다. 그만큼 이런 기술은 '어르신 친화적'이지 않습니다. 실제로 키오스크 앞에서 불편해하시는 분들이 꽤 많습니다.

그런데 만약에 이 기계에 익숙해지기만 한다면, 처음의 허들을 넘기만 한다면 이야기는 달라집니다. 한국에서 정말 키오스크 도입으로 인건비를 줄이고 있는지는 정확한 데이터를 확인해봐야 알 수 있습니다. 그런데 일단 독일, 호주 등 다른 국가를 보면, 대부분의 매장에서 맥도날드 직원이 음식을 직접 테이블로 서빙합니다. 심지어 주문을 키오스크로 해도 음식은 직접 가져다주곤 하지요. 이를 보면 키오스크의 설치가 단순히 고용을 줄이기 위해서 하는 게 아니라는 것을 알 수 있습니다. 그렇다면 키오스크 설치의 목적은 무엇일까요? 바로 주문량 증가입니다. 실제로 키오스크를 통해서 주문을 받았더니 사람들이 주문을 더했다는 결과도 있습니다. 다만 국내에서는 키오스크의 확산과 보급이 당시 최저임금제 이슈와 맞물려서 많이 보도되었지만, 맥도날드가 키오스크를 도입하게 된 진짜 이유는 실은 비용 절감 때문이 아니라 주문량을 늘리기 위한 시도였던 것입니다.

또한, 많은 고객을 대상으로 조사해보니 사람들은 키오스크 앞에서 주문할 때 대화하지 않고 화면을 직접 누르니 조금 더 마음이 편하고 일순간이지만 자기가 전지전능해진 듯한 감각을 느꼈다고 합니다. 특히 요즘 화두인 디지털 네이티브 세대의 경우에는 디지털 화면이 더 편하다는 장점도 있습니다. 그들의 입장에서는 사람을 대하는 것이 더 힘들고 때로는 피곤하기까지 합니다.

이런 현상은 국내에서도 많이 벌어지고 있습니다. 국내에서도 배달 애플리케이션 산업의 활성화 이유가 사람들이 전화 거는 일을 불편하게 느끼기 때문이라는 분석이 있습니다. 다들 전화하는 일을 내심 힘들어합니다. 오히려 비좁은 화면을 손가락으로 꾹꾹 누르는 것이 심리적으로 편합니다. 어쩌면 인류가 그렇게 진화하는 것 같기도 합니다. 이전에는 주문을 받는 직원과 대면해서 거북해하면서 했던 주문을 이제는 손안에서 마음 편하게 하고 싶어 합니다. 또한, 많은 사람이 화면 앞에서는 조금 더 마음 편하게 여러 가지 조합도 해보고 지금까지 하지 않았던 맛의 조합도 실험해보는 등 조금 더 자유롭게 행동합니다. 이처럼 디지털이라는 것이 고객에게 전지전능한 느낌을 줄 수 있고 그 느낌을 우리 기업의 고객에게도 전해줄 수만 있다면 예전에는 미처 생각하지 못했던 기회가 생길 수도 있습니다.

맥도날드는 미래 체험EOTF, Experience Of The Future이라는 기치 아래

2013~2015년경부터 다양한 시도를 해왔습니다. 그중 하나가 바로 이 키오스크입니다. 기계를 설치해서 직원을 줄이는 것이 목적이 아니라 이런 기계의 화면을 통해서 고객의 행동을 디지털로 전환하고자 한 것입니다. 즉, 사람들이 키오스크 앞에서는 더 자율적이고 스스로 통제력을 가진다고 생각하게 되리라는 가설을 세웠던 겁니다. 중요한 것은 바로 이 가설입니다. 가설을 검증하는 일은 어렵지 않았습니다. 실제로 사람들은 직원 앞에서 주문할 때보다 화면 앞에서 주문할 때 조금 더 주문을 많이 한다고 합니다. 물론 실제로 우리도 그럴 때가 있습니다.

맥도날드에 들어가서 직원과 대면해서 주문하면 말이 잘 안 나오고 원래 주문하려던 것들이 생각이 잘 안 날 때도 있습니다. 물론 익숙하신 분들은 피클을 더 넣어달라거나 치즈는 두 장으로 해달라는 등 다양한 주문들을 굉장히 유창하게 합니다. 그러나 말이 잘 나오지 않는 이들도 분명히 많습니다. 내 뒤에 줄이라도 길게 서 있는 상황에서는 더 안 나옵니다. 물론 거꾸로 생각하면 대면 주문은 편한데 화면 앞에서는 뒤에 서 있는 줄이 부담돼서 잘 못하는 사람도 있겠지요. 이처럼 여러 가지 시도는 물론 각각의 득실이 있습니다만, 우리가 주목해야 할 점은 바로 맥도날드가 가설을 세우고 고객에게 새로운 힘을 주려고 시도했다는 점입니다. 이 점이 의미가 있고 소중합니다.

맥도날드는 그동안 다양한 시도를 많이 했습니다. 심지어 기행이라고 여겨질 만한 것들까지도 다양하게 감행했습니다. 햄버거 드론 배송이나 주방 로봇 설치 등 그동안 관습적으로 해왔던 것들을 디지털을 써서 어떻게든 바꿔보려고 노력했습니다. 키오스크도 하나의 시도입니다. 물론 세계 최초는 아니었지만, 이 정도 규모의 기업이 디지털 트랜스포메이션에 본격적으로 달려든 것은 이례적인 일이었습니다.

맥도날드가 이처럼 여러 가지 일을 굉장히 많이 시도한 것은 실질적인 성과와 움직임으로 드러나고 있습니다. 맥도날드는 디지털 트랜스포메이션을 위해 여러 테크 기업들을 인수했습니다. 다이나믹 일드도 그렇게 인수한 기업입니다. 다이나믹 일드는 빅데이터를 활용해서 인공지능으로 추천 알고리즘을 만드는 기업입니다. 또한, 음성 인식을 통해서 드라이브 스루에서 음성으로 주문을 받을 수 있도록 해주는 기업도 인수했습니다. 모바일 애플리케이션 개발 업체도 인수했습니다. 패스트푸드 기업인데도 실제로는 엔지니어의 근거지를 늘린 셈입니다. 그러면서 한편으로는 기술 연구소인 맥도날드 테크랩이라는 기구를 실리콘밸리 한가운데에 뒀습니다. 마치 테크 기업인 것처럼 보이려는 의도가 농후합니다. 또한, 그런 뉘앙스를 풍기는 사업 전략도 공표했습니다. 맥도날드는 이처럼 디지털 기술을 통해서 익숙하고 오래된 비즈니스를 바꿔보겠다며 디지털 트랜스포메이션의 기치를 내걸었습니다.

맥도날드의 이런 시도들의 공통점은 모두 소프트웨어에 기반을 뒀다는 것입니다. 맥도날드가 그야말로 좌충우돌하면서 다양한 시도들을 하는 와중에도 우리는 이 점을 눈여겨봐야 합니다. 그리고 그들이 왜 이렇게 자신감과 확신을 가지고 디지털 트랜스포메이션을 하려고 하는지 깨달아야 합니다. 우리의 상식으로는 IT와 멀리 떨어져 있다고 여겨지는 이런 기업들조차 왜 디지털 트랜스포메이션을 지속해서 시도할까요? 바로 그들이 IT, 특히 소프트웨어가 가져온 변화와 효율에 대해서 체감했기 때문입니다.

맥도날드와 스타벅스는 구글이나 마이크로소프트 등의 테크 기업과 함께 코로나19의 타격을 가볍게 뛰어넘은 기업으로 손꼽힙니다. 맥도날드는 백신 보급이 시작된 2021년 봄에 이미 코로나 이전의 매출을 회복했습니다. 맥도날드나 스타벅스가 그렇게 위기를 극복한 이유를 충성도가 높은 고객을 소유한 덕이라고 생각할 수도 있습니다. 그러나 코로나19로 인한 경기 위축으로 큰 타격을 받은 기업들을 살펴보면 하나같이 충성도가 높다고 여겨지던 브랜드였습니다. 결국 이는 정답이 아닙니다.

맥도날드와 스타벅스의 공통점은 테크 기업 수준의 디지털 트랜스포메이션을 이미 수년째 시도하고 있다는 점입니다. 스타벅스는 여타의 소매 유통 체인보다 먼저 다양한 디지털 결제 방식과 주문 방식을 시도해왔습니다. 물론 시행착오도 많았습니다. 2012년에는 트위터의 창업자인 잭 도시Jack Dorsey의 페이먼트 기업인 스퀘어와 파트너십을 맺어서 디지털 트랜스포메이션을 시도했습니다. 그러나 생각처럼 잘되지 않자 2015년경에 독자적으로 개발 조직을 갖추고 지금의 사이렌 오더의 기반이 되는 다양한 시스템을 만들었습니다. 스타벅스처럼 테크 기업과는 멀다고 여겨졌던 기업들이 디지털 기술자를 채용하고 애플리케이션을 개발하며 디지털 트랜스포메이션을 시도하는 점에 주목해야 합니다.

스타벅스는 마치 테크 기업처럼 데이터 사이언스, 애플리케이션 개발 등 디지털 기술자들을 적극적으로 채용하고 디지털 트랜스포메이션을 시도한다.

코로나19와 같은 환경 변화 앞에서는 수많은 음식점과 커피숍이 타격을 입어야만 했습니다. 시련은 늘 준비되지 않은 부분부터 괴롭힙니다. 반면에 준비된 이들에게는 이와 같은 혼돈은 기회를 가져다주고 심지어는 큰 성과를 선사하기도 합니다. 그리고 그 기회와 성과는 미래를 만들어갑니다. 맥도날드와 스타벅스는 이미 오래전부터 스마트폰, 디지털, 온라인을 차근차근 준비해왔습니다. 즉, 미래를 상상하고 그 미래에 필요한 모습을 소프트웨어로 만들어놓은 셈입니다. 어쩌면 미래가 소프트웨어로 만들어지는 모습을 목격했기에 소프트웨어에 투자하기로 했는지도 모릅니다. 그리고 그렇게 갑자기 찾아온 미래에 소프트웨어는 결정적인 격차를 만들고 있습니다. 이런 사례는 결국 우리가 앞으로 나아가야 할 방향과 필요한 것을 알려줍니다.

　디지털 시대에서 살아남기 위해서는 먼저 미래의 모습을 적극적으로 상상해야 합니다. 그리고 그 모습을 실현하기 위해 필요한 일을 지금부터 하나씩 준비해야 합니다. 필요한 준비물은 '소프트웨어'와 이 소프트웨어를 만드는 '사람'입니다.

사업 환경의 변화

맥도날드의 사례를 놓고 디지털 트랜스포메이션이 무엇인가를 다시 얘기해본다면, 결국 일종의 사업 양식이 바뀌고 있다는 것입니다. 사업 목표, 비전, 그 기업의 존재 의미, 시장에 대한 태도까지 모두 다 아우르는 사업 취향 자체가 바뀌는 일이 벌어지는 거지요. 그래서 실제로 맥도날드의 발표나 공표 전략을 보면 사업 양식, 즉 비즈니스 스타일에 대한 얘기가 많이 나옵니다. 사업 양식은 사업 목표와 비전 그리고 우리 사업과 우리 조직의 존재 의미, 각 구성원의 시장에 대한 태도 등 전체적인 사업 취향을 아우르는 말입니다.

　아들러 심리학에서 보면 개인의 생활 양식, 즉 개인의 라이프 스타일이 어떤지에 따라서 각자 개인의 행복과 그 행복에 대한 철학이 바뀐다는 말이 있습니다. 마찬가지로 사업 양식이 바뀐다면 그 비즈니스, 그 기업 그리고 그 기업을 둘러싼 고객과 구성원까지도 바뀔 수 있습니다. 이런 철학이 디지털 트랜스포메이션에 녹아 있습니다.

맥도날드 콘퍼런스콜에서 그들이 조직 밖에서 보기에는 기행이라고 여겨지는 이러한 행동과 변화를 감행하는지 그 이유에 관해서 다룬 적이 있습니다. 그들은 "우리가 만들려고 하는 건 에코 시스템, 즉 생태계다"라고 말했습니다. 즉, 맥도날드는 이런 변화를 통해서 에코 시스템(생태계)을 구축하는 것을 목표로 삼고 있습니다. 고객이 상품을 주문하고 돈을 지불하며 상품을 맛보고 소비한 후, 그에 대해서 피드백을 주면 이를 바탕으로 다시금 새로운 순환을 가동할 수 있는 에코 시스템을 만들고 싶다는 것입니다. 이는 어떻게 보면 지금까지 이뤄져온 비즈니스의 관행과 상식을 깨는 생태계를 만들고 싶다는 얘기입니다.

지금까지는 패스트푸드 체인이라고 하면 너무나도 당연하게 여겨지던 상식이 있었습니다. 일단 들어가면 직원에게 제품을 주문합니다. 매장에서 먹고 갈 건지, 포장해서 갈 건지 등을 결정하고 메뉴를 말하고 그 값을 결제했습니다. 때로 부지런한 사람들은 세트 메뉴의 구성도 변경했습니다. 하지만 맥도날드는 이처럼 지금까지 당연하게 해왔던 것들을 의심하는 데서 디지털 트랜스포메이션을 시작했습니다. 그리고 그 전환의 동력으로 삼은 것이 바로 디지털이었습니다. 변화의 강한 동력이자 연료로 디지털 그리고 IT를 꼽았습니다.

시대적인 변화

맥도날드가 시도한 여러 가지 실험 중에는 드라이브 스루와 비슷한 어플라이 스루Apply-through라는 것도 있었습니다. 맥도날드 아르바이트 직원 지원 시 스마트 스피커로 지원할 수 있게 하는 것이었지요. 물론 보는 사람의 입장에 따라서는 큰 필요성이 느껴지지 않는 프로젝트일 수도 있습니다. 그러나 맥도날드는 이처럼 기이한 시도에 가까운 일들을 많이 해보고 있고 그 시도의 횟수도 상당히 많습니다. 즉, 매번 홈런을 치지는 못합니다만, 일단 스윙의 양이 많습니다.

결국, 디지털 트랜스포메이션은 기업의 제도, 문화, 기술 등을 변화시키는 일이라는 점을 맥도날드의 사례를 통해서 알 수 있습니다. 디지털 기술을 자유자재로 다룰 수 있는 인재들을 사내에 들이고, 이들이 시장의 변화에 기민하게 반응해 더 많은 시도를 기탄없이 할 수 있도록 제도적으로 보완하는 일이 바로 기업의 디지털 트랜스포메이션인 셈입니다. 이는 제도와 문화와 기술이 갖춰지면 그렇게 어렵지 않습니다. 그래서 디지털 트랜스포메이션에서는 산출물의 양 또한 주목해야 합니다.

기업이 디지털로 과감하게 전환하는 데는 동기가 있습니다. 계속 언급하는 이야기입니다만 바로 시대적인 변화입니다. 단적으로는 스마트폰 혁명이라고 부를 수 있습니다. 스마트폰이 나온 지 10년도 훨씬 지났는데 아직도 그 이야기를 하느냐고 얘기하실 수도 있습니다만, 사실 IT의 전체 역사를 놓고 봤을 때 대전환이 일어난 계기로는 스마트폰의 등장이라는 사건을 빼놓을 수가 없습니다. 예전에도 웹, PC, 전산, 디지털은 있었습니다. 하지만 지금처럼 전 국민의 대부분이 주머니에 전산실을 넣고 다닌 적은 없었습니다. 스마트폰은 기존의 윈도우나 웹브라우저처럼 대상에 접속하기만 하는 단말기가 아닙니다. 이런 개념을 넘어서 다양한 애플리케이션을 통해서 새로운 가치를 조합하는 전산실의 역할을 수행하고 있습니다.

또한, 지금은 다양하고 수많은 단말기가 낮은 가격으로 많이 출시되기에 그만큼 가격 면에서도 진입 장벽이 낮아졌습니다. 이제는 너무나 많은 일이 자연스럽게 스마트폰을 통해서 이뤄지고 그것이 당연시되는 시대가 됐습니다. 그리고 그 과정을 통해서 고객과 국민은 전지전능한 효능감을 얻게 됐습니다. 스마트폰 시대의 고객은 언젠가부터 스스로 뭐든지 할 수 있을 것 같다고 생각하게 됐습니다. 즉, 전능감을 느끼게 된 것이죠. 스마트폰을 손에 든 이후로 내가 서비스나 제품을 언제, 어디서든지 실시간으로 취사선택할 수 있다는 걸 깨달은 것입니다. 스마트폰을 들고 몇 번 터치만 하면 바로 일을 처리할 수 있습니다. 이제는 오히려 당장 일이 처리되지 않으면 답답해집니다.

맥도날드의 예를 다시 들어보겠습니다. 키오스크에 익숙한 사람은 키오스크 앞에 서는 순간 영감을 얻기라도 한 것처럼 원활한 손놀림으로 이리저리 메뉴를 오가면서 체크해서 장바구니에 넣고 결제까지 끝마칩니다. 게다가 게임의 미션을 처리하듯이 익숙한 조작으로 처리하는 과정을 통해서 디지털만이 가져다주는 어떤 전능감을 맛봅니다. 이런 편리함은 스마트폰의 사용 행태를 조금만 관찰해봐도 알 수 있습니다. 온라인 쇼핑이 급속하게 팽창하게 된 계기 중 하나로도 스마트폰의 활성화가 꼽힙니다. 사람들이 실제 매장에서 물건을 구매하는 것보다 스

02 디지털 시대, 기업의 생존 전략

마트폰의 화면을 살짝 터치해 비대면으로 대화 없이 구매하는 것이 편해서 온라인 쇼핑이 급속도로 팽창했다는 것입니다. 물론 여기서 '대화 없이'라는 부분은 약간 좀 쓸쓸하기도 합니다. 그래도 사람과 대화하는 일이 어딘가 껄끄럽거나 익숙하지 않아서 스마트폰을 통해서 하다 보니까 시장이 팽창했다는 분석이 있습니다.

　이는 우리에게 어떤 하나의 현상을 가르쳐주고 있습니다. 지금까지 디지털 트랜스포메이션을 수행한 기업들에게 왜 디지털 트랜스포메이션을 했냐고 물어보면 변화에 대한 직감을 느꼈다고 입을 모아서 말합니다. 사실 요즘 세대들이나 이런 직감을 느꼈으리라고 생각하기 쉽지만, 실제로는 누구라도 이렇게 스마트폰으로 모든 것을 하는 게 더 편합니다. 육성으로 전화하면 약간 당황하고 말도 좀 버벅거리는 것 같고, 에너지 소모도 좀 더 큽니다. 같은 작업을 하더라도 스마트폰 애플리케이션으로 작업을 수행할 때 더 원활하고 편합니다. 그야말로 시대가 바뀌니 습관이 바뀌고 있습니다. 현대의 고객들은 각자의 주머니 속에 전산실을 갖게 됐습니다. 모든 것이 이뤄지는 전지전능한 화면입니다. 전능감이 스스로 만물을 취사선택하고 조합할 수 있다는 느낌이라면, 이 영향으로부터 자유로울 수 있는 비즈니스는 어디에도 없습니다.

　결국 고객이 스스로 자율성과 통제력을 갖고 있다는 것을 깨달았다는 점이 중요합니다. 전능감은 지금까지 이뤄져 온 비즈니스 모델 전체를 뒤흔드는 파급 효과를 지니고 있습니다. 이 말은 지금까지 우리가 당연시해왔던 비즈니스 모델, 그러니까 종래의 전통적인 밸류 체인(가치 사슬)의 사업 양식을 뒤흔들기 시작했다는 말입니다. 대부분의 기업은 고도 성장기였던 20세기부터 21세기 초반까지 이런 밸류 체인의 사업 양식을 지니고 있었습니다. 제품과 서비스를 계획해서 이를 만들고 조립해서 공장을 거쳐 출하하면, 그걸 홍보와 마케팅 부서가 받아서 대중에게 소개합니다. 그 후 광고와 언론이 동원돼서 고객에게 그 가치를 알리는 것이 지금까지의 사업 양식이었습니다. 그런데 스마트폰의 등장으로 이 모든 과정이 급격하게 뒤흔들리게 됐습니다.

디지털 트랜스포메이션의 주요 장점 중의 하나는 바로 이처럼 고객의 자율성을 보장함으로써 전능감을 느끼도록 해주는 데 있습니다. 그리고 이를 가능하게 한 주인공은 바로 스마트폰입니다.

고객의 변화

전산실을 어디서나 들고 다닐 수 있게 된 것은 굉장히 큰 사건입니다. 예전의 오프라인 상거래 현장에서는 정보의 비대칭성이 존재했습니다. 즉, 판매자가 더 많은 정보를 소유하고 있었기에 고객을 얼마든지 자신의 페이스대로 설득할 수 있었습니다. 하지만 요즘에는 고객들도 의문이 생길 때면 바로 스마트폰을 꺼냅니다. 꺼내서 정보를 훑어보기도 하고 의문점도 해결합니다.

예전에 필자가 겪었던 일입니다. 가전 양판점에서 제품 설명을 듣다가 문자가 와서 스마트폰을 꺼내서 잠깐 사용했더니 점원분께서 씁쓸한

표정으로 중얼거렸던 적이 있습니다. "혹시 가격 비교하시나요?" 가격 비교가 아니라 문자를 확인한 것인데, 스마트폰을 꺼내자마자 그렇게 말씀하시는 것을 보고 가격을 비교하는 분들이 많다고 느꼈습니다. 매장에 와서도 할 정도면 평소에는 훨씬 많이 하겠지요. 이런 트렌드를 쇼루밍Showrooming이라고 부르기도 합니다. 어쨌든 그만큼 전지전능해진 고객들이 전산실 급의 정보 검색력을 갖게 되다 보니 종래의 푸시Push형 제품 서비스 유통 모델은 이제 도태돼버렸습니다. 제품과 서비스를 아주 잘 만들고 적절한 홍보와 마케팅 계획을 세운 뒤 광고와 언론이라는 데이터를 통해서 내보내던 이전의 제품들 말입니다. 그러니까 '푸시'하면 고객들이 순박하게 구매하던 비즈니스 모델이 굉장히 뒤흔들리기 시작한 것입니다. 이제는 지금까지와는 달리 고객이 직접 정보를 챙겨서 가져갑니다. 즉, "나한테 연락하지 마세요. 제가 연락하겠습니다"라는 뉘앙스로 상황이 바뀌었습니다. 누구나 풀Pull할 수 있게 됐습니다. 이런 상황에서는 기업들이 지금까지 해왔던 비즈니스 양식들이 큰 혼돈을 겪을 수밖에 없습니다.

디지털 시대의 소비자 행동 양식은 이처럼 '풀'을 기반으로 합니다. 소비자가 제품과 서비스를 끌어당기는 시대로 급속하게 넘어가고 있습니다.

최근 들어서 인플루언서라든지 여러 가지 새로운 마케팅 수단이 동원되는 이유도 바로 이런 상황에서 연유합니다. 소비자들은 자신들이 지목한 이들에게 풀이라는 행위를 맡기는 경향이 있습니다. 그래서 기

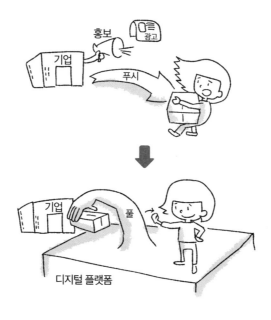

업의 입장에서는 그곳을 조작해야겠다고 생각하기 마련입니다.

이처럼 디지털로 인해 소비자가 기업이 만든 제품을 풀할 수 있는 디지털 토양이 갖춰진 상황에서는 아무리 기업들이 종래의 방식으로 고객을 푸시해봐도 고객은 이를 다 튕겨냅니다. 아니, 고객들은 튕겨내는 걸 떠나서 그런 것들을 받아들일 시간이나 여유조차 없습니다. 예전처럼 지하철 안에서는 신문을 보거나 하다못해 멍하니 천장이라도 봐야지 광고를 볼 텐데, 요즘은 다 고개를 스마트폰으로 향하다 보니 기업의 전통적인 판촉 모델이 효과가 없습니다. 결국, 고객들에게 내가 원하는 정보는 내가 원할 때 내 방식대로 끌어오겠다는 강한 동기와 성공체험이 있다 보니 기업의 입장에서는 기존과 같은 방식으로는 종래의 사업을 영위할 수 없게 됐습니다. 그래서 결국 모든 기업은 자의든, 타의든 디지털 트랜스포메이션을 해야 하는 상황 앞에 놓였습니다.

기업의 변화

기업은 규모가 커질수록 분업이 체계화됩니다. 어느 때는 그 단위가 팀이 아니라 법인 단위가 되기도 합니다. 이러한 분위기에서는 소프트웨어도 일종의 일상적 제품 생산이나 설비 투자라고 여기는 경향이 있어서, 당연히 내부에서 기획한 후에 외부에 하청을 의뢰하는 것이라고 생각하는 기업이 많습니다. 하지만 앞서 말했던 것처럼 이제는 종래의 방식을 그대로 적용해서는 시장에서 살아남기 어렵습니다. 맥도날드처럼 전통적인 기업도 실리콘밸리에 테크랩을 만든다거나 다양한 첨단 기업들을 인수해서 내부 역량을 강화하고 있습니다. 맥도날드가 그렇게 내실을 강화하자고 생각하게 된 데는 그만한 이유가 있습니다. 예전과는 달리 IT나 디지털 직군이 기업 역량의 핵심 조건이 됐는데, 그 이유는 기업이 소비자에게 가치를 밀어내는 것이 아니라 소비자가 직접 가치를 끌어당기게 된 시대 변화 때문입니다. 기업의 입장에서는 소비자 행동의 터전이자 플랫폼, 생태계인 디지털에 끼어들 수 없다면 아무리 큰 기업이나 유서 깊은 브랜드라도 순식간에 소비자와의 관련성을 잃는 상황을 목격하고 위기의식을 갖게 됐습니다.

물론 우리 기업이 중추적인 플랫폼이 되고 그 위에서 소비자가 가치를 끌어당기는 일이 벌어지면 더없이 좋을 것입니다. 그러나 그렇게 하지 못하면 약간의 손해가 아니라 갑자기 기업의 존재감조차 사라지는 시대가 될 수 있다는 것을 체감하게 된 것입니다.

전통적인 대기업들은 'IT' 하면 익숙하게 떠올리는 단어가 하나 있습니다. 바로 '차세대'입니다. 차세대 프로젝트는 IT 혁신, IT 고도화와 같은 이름으로 표현하기도 합니다. 국내 대기업들은 바로 이 차세대 프로젝트라는 이름 아래에서 그간 미뤘던 경영 개혁을 도구의 힘을 빌려서 시도했습니다. 이는 대규모 자본을 투하하고 대규모 인력을 소집해서 장기간에 걸쳐서 시스템을 구축하고 성대하게 오픈하는 모델이었습니다. 즉, 대규모 사옥 건설 공사와 비슷한 느낌의 대형 프로젝트가 벌어졌습니다. 지금까지 우리에게 'IT란 무엇인가?'를 돌이켜보면 대개 그런 것이었습니다. 그런데 이제는 이런 모델이 급격하게 불가능해졌습니다. 그 이유는 다음과 같습니다.

첫 번째, 변화의 기간을 기다리기 어렵습니다. 시대가 급변하고 시장이 원하는 것들이 너무 빨리 달라져서 차세대 프로젝트를 시작할 때와 끝날 때의 상황과 요건이 크게 다른 경우가 자주 발생합니다.

두 번째, 세상의 예측 불가능성이 더욱 커졌습니다. 이제는 소위 집 짓는 식의 프로젝트가 가능할 정도로 모든 것이 단순한 세상이 아닙니다. 단순하지 않기에 예측이 어렵습니다. 지금처럼 새로운 단말, 새로운 사용 환경 그리고 새로운 수요가 있을 때는 종래의 방식으로 안이하고 평온하게 프로젝트를 한다는 것 자체가 무모한 일이 됩니다.

차세대 모델이 좌초하게 된 마지막 요인은 더 본질적인 문제입니다. 바로 차세대 프로젝트 결과물의 품질이 그다지 뛰어나지 않았다는 점입니다. 남에게 일을 맡겨서 만들어진 결과물이 스스로 자기 손으로 빚어낸 것과는 질적 차이가 엄청나게 크다는 것이 속속 드러나기 시작했습니다.

이처럼 차세대 프로젝트라고 추진했던 것들이 하나둘씩 생각처럼 잘 안 되며 어그러졌습니다. 지난 십수년간 수많은 기업이 차세대 프로젝트라는 기치 아래에서 대규모 시스템 구축 프로젝트를 진행했습니다. 연간 인원만 해도 천몇백여 명을 동원하는 수천억 원짜리 프로젝트도 태연하게 진행하곤 했습니다. 그런데 그 돈과 시간을 쓴 만큼의 성과가 안 나왔습니다. 그나마 뭔가 완성이라도 되면 좋은데, 완성조차 안 되는 일도 허다했습니다. 미완성인 채로 시간과 비용은 사라져가고, 남에게 하라고 시킨 일이기에 그 실패와 좌절이 조직의 경험으로 체화되지도 않았습니다. 결국, '도대체 우리가 그동안 무엇을 한 것인가?'라는 허망함을 많은 기업이 겪었습니다. 이런 각 기업의 절망적인 경험은 내부적으로 변화를 가져옵니다. 여기에 더해서 외부적인 변화도 있었습니다. 외부적인 변화란 전 세계적으로 유명한 소프트웨어 기업들이 나타나서 진정한 소프트웨어란 어떤 것인지 알려준 것입니다. 이 역시 스마트폰과 관련이 있습니다. '왜 우리의 전산 업무는 스마트폰처럼 하지 못

할까?' 하는 소박한 의문에서 시작된 것이라서 그렇습니다.

예전에는 IT를 당연히 코스트 센터Cost center(원가 중심점), 경영의 시녀라고 생각했습니다. 그래서 지금까지는 IT라고 하면 대부분 내부에서 만든 기획을 외주 업체에 위탁해서 만든 뒤에 다시 가져오는 방식을 취했습니다. 이런 방식에 익숙해져 군이 직접 몸을 움직일 필요를 느끼지 못하는 일부 IT 구성원 같은 경우에는 디지털 트랜스포메이션을 시도할 때 수동적 저항 세력이 되기도 합니다. "우리 기업의 업무는 특이하니까 특수하게 만들어야 한다", "전부 다 특별 주문 외주로 만들어와야 한다", "클라우드로 이행하지도 못한다", "데이터가 우리 전산실 내에 있는 것이 얼마나 중요한데 그러시느냐?"라며 부정적으로 대응합니다.

그러나 이런 문화도 스마트폰의 영향이 전 세계 소비 시장에 퍼지자 점진적으로 바뀌고 있습니다. 비즈니스는 굳어 있는 밸류 체인 위에서 하는 게 아니라 생태계라는 유연한 발상 안에서 벌어지는 일임을 모두가 목격했고, 이제는 그 일이 각자의 조직 앞에 놓인 현실이 됐기 때문입니다.

이제는 디지털이라는 거부할 수 없는 큰 파고의 움직임에 올라타야 합니다. 디지털은 고객에게 전능감을 선사합니다. 디지털은 이 모든 것이 벌어지는 가상의 토지와 그 토양을 만드는 소프트웨어를 포함합니다. 그리고 그 소프트웨어를 만드는 사람들이 소중하다는 걸 기업들이 이제라도 다시금 깨달아야 합니다.

디지털 트랜스포메이션의
필수 요소

스마트폰으로 상징되는 디지털 기술은 소비자에게 힘을 주고 그들이
달라지도록 만듭니다. 소비자가 달라지자 시장도 달라집니다. 여기에
더해 도무지 예측할 수 없는 사건이나 사고, 재난과 같은 충격파는 이
변화 속도를 더욱더 빠르게 가속화합니다. 큰 환란은 시장에 혼돈을 가
져오고 그 빈 곳을 채우기 위해서 기술이 동원됩니다. 네이버의 라인이
일본에서 자리 잡게 된 계기로 동일본대지진이 꼽히는 것이 그 예입니
다. 즉, 디지털 트랜스포메이션은 세상의 변화를 성장의 계기로 삼기도
합니다. 그런데 많은 경영자가 아직도 사업은 감과 용기에 의한 것이라
고 생각하는 경향이 있습니다. 틀린 말은 아닙니다만, 이제는 경영진이
디지털에 대해 더 공부해야 하는 시대입니다. 감과 용기로 이뤄내는 성
공의 확률보다 더 높은 승률을 지닌 이들과 경쟁해야 하는 시대가 찾아

왔기 때문입니다. 바로 디지털 트랜스포메이션의 시대입니다.

예를 들어서 지금까지의 매체 광고는 투자에 대한 효과가 바로 가시화되지 않았습니다. 홍보도 마찬가지였습니다. 마치 씨앗을 뿌리듯이 최선을 다하고 무작정 결과를 기다려야 했습니다. 반면에 디지털 온라인 광고는 ROI Return On Investment(투자이익률)를 바로 가시화해줍니다. 즉, 얼마나 많은 사람이 광고를 보고 어떤 행동을 취했으며 얼마의 매출을 일으켰는지를 데이터로 환산해줍니다.

광고를 팔아야 하는 입장이나 사야 하는 입장 모두 디지털이 가져온 이런 변화는 즉시 자기 것으로 만들어야 합니다. 온라인은 센서 역할을 합니다. 예컨대 전통적인 오프라인 광고를 집행한 후라도 검색 등 온라인 접속의 증감률을 토대로 간접적으로 광고 효과를 비교할 수 있습니다. 디지털과 온라인은 데이터를 가져다줍니다. 이제 필요한 것은 눈썰미입니다. 그 데이터를 보는 눈, 데이터의 가치를 살리기 위한 기술과 플랫폼을 고르는 안목이 필요합니다. 디지털과 온라인은 비즈니스에 수많은 센서를 꽂아줍니다.

데이터는 사업 활동이 얼마나 효과가 있었는지를 즉시 파악할 수 있게 해줍니다. 데이터를 근거로 판단하고 다음 행동을 바로 결정할 수 있습니다. 즉, 비즈니스에서 한 바퀴의 사이클이 고속 회전하기 위한 연료가 바로 데이터인 셈입니다.

그런데 비즈니스에 센서를 달고 데이터를 수집하며 이 사이클을 가동하는 것은 결국 사람입니다. 많은 경영자가 아이디어만 있으면 그 구현은 외주를 주거나 사람을 뽑으면 금방 만들어질 것으로 생각하곤 합니다. 그러나 기업이 실제로 디지털 트랜스포메이션에 실패하거나 진척이 느린 이유를 거슬러 올라가서 찾아보면, 대개 이처럼 전환을 추진할 인재가 부족한 경우가 태반입니다. 결국 디지털 트랜스포메이션의 성패는 사람에게 달려 있습니다.

그렇다면 이 '사람'들은 누구일까요? 그들은 디지털과 온라인을 활용해 무언가를 하는 것을 워낙 좋아한다는 공통점을 가진 사람들입니다. 바로 기크Geek들입니다.

디지털 인재, 기크의 등장

다른 기업의 하청을 받아서 철저하게 그 기업에서 시키는 대로 만드는 것은 아무래도 흥이 나지 않습니다. 주어진 생산 라인을 따라 위에서 내려오는 일을 처리하며 다음 단계로 넘어가는 일에서는 갑자기 10배의 생산성을 발휘하기 힘듭니다. 밸류 체인의 한계입니다.

반면에 생태계에서는 작든, 크든 제각각의 구실과 보람을 지니고 성장할 수 있습니다. 밸류 체인에서 에코 시스템으로의 이행이 중시되는 것은 이처럼 그 구성 요소들에게 주어지는 자율적 역할이 큰 차이를 만들 수 있어서입니다. 그 구성 요소에서는 소비자와 사용자의 위치도 중요합니다. 결국 에코 시스템이란 바로 달라진 소비자가 활동할 수 있는 디지털 토양입니다.

이제 이 생태계의 토양을 비옥하게 만드는 주체들에 관해서 이야기하고자 합니다. 그들은 바로 기크들입니다. 기크나 너드Nerd 모두 뜻은 약간씩 다르지만 비슷한 맥락에서 쓰이는 용어입니다. 일본에서 쓰는 오타쿠라는 말도 어떻게 보면 약간 일맥상통하는 면이 있습니다. 어쨌든 기크는 어떤 하나의 대상에 빠져서 이를 자신의 힘으로 최적화하고, 더 나아가서 이를 발전시키고 새롭게 만들고 싶어 하는 인종들입니다. 기크라는 외래어에는 특유의 뉘앙스가 있습니다. 사전에서는 그리 긍정적 의미로 쓰이고 있지 않습니다만, 디지털의 문화권에서는 그렇지 않습니다.

세계에서 가장 유명한 기크. 마이크로소프트 창업자 빌 게이츠와 페이스북 창업자 마크 저커버그. (2010년 5월호 《Wired》)

조직 생활을 해보신 분들이라면 이 이야기를 읽으면서 누구나 마음속에 어떤 상황이나 인물이 떠오를 겁니다. 물론 아마도 지금 여러분의 조직 안에도 꽤 있을 가능성이 큽니다. 혹은 '아, 내가 기크구나', '내 옆에 있는 사람이 기크구나' 이런 생각들을 하실 수도 있겠지요.

기크는 대개 개발자 혹은 엔지니어적인 성향을 지닌 분들이 많습니다. 즉, 컴퓨터를 만지는 걸 굉장히 좋아하고 컴퓨터로 뭔가를 이뤄내는 것을 좋아하는 편입니다. 그리고 자질구레하지만 그 안에 의미가 담긴 것들을 좋아하는 분들이 많습니다. 그래서 개발이나 엔지니어링 조직에서는 구성원의 대부분이 기크일 수도 있습니다. 다만 우리가 기크를 이야기할 때는 그간 기크와는 어울리지 않던 곳에 이들이 들어오기 시작할 때 발생하는 온도 차를 함께 이야기하곤 합니다. 이제는 이 기크들이 곳곳에서 대거 양지로 등장하면서 새로운 디지털 생태계를 만들어갑니다. 그들의 위치는 상관없습니다. 기업에 소속됐거나 기업에 속해 있지 않은 경우도 있습니다.

어떻게 보면 우리 스마트폰에 들어 있는 많은 것이 실은 기크에 의해 만들어진 것일 수도 있습니다. 그만큼 기크가 만들어내는 일종의 자생적 성장이 많습니다. "그냥 재미로Just for Fun"● 한번 시작해본 일이 생각지도 못하게 쑥쑥 자라서 큰 나무가 되곤 합니다. 그래서 모두가 이런

● 리눅스의 창시자인 리누스 토르발스Linus Torvalds 가 리눅스 오픈 소스 프로젝트를 시작하게 된 배경을 나타내는 말. 동명의 서적도 있다.

새로운 풀뿌리의 혁신이 사회를 바꾼다는 것을 깨닫습니다. 이제 여기에 물을 주고 비료를 주는 기업들도 생겨납니다. 단적인 예로 구글, 애플, 페이스북, 아마존, 마이크로소프트 등 근래 빅 테크 기업들은 기크들의 배후를 도맡고 있습니다. 맥도날드처럼 지역적 비즈니스 모델로 운영되던 유서 깊은 기업이 땅값이 비싼 실리콘밸리 한복판에 테크랩까지 만들어가면서 '그들도 변신하고 있더라'라는 뉘앙스를 풍기려는 이유는 그렇게 해서라도 달라진 디지털 세상과의 연관성을 유지해야만 한다는 절박함 때문입니다.

기업에서 많이 쓰이는 오피스 영어 숙어이지만 번역이 어려운 단어가 하나 있습니다. 바로 '관련 있게Stay relevant'입니다. '렐러번트Relevant'라고 하면 사전적인 의미로는 '당면한 사회 문제나 생활과 관련이 있는'이라는 뜻입니다. 결국 효과나 의미가 있을 수 있느냐는 뜻입니다. 이제 기업은 시장과 시대 속에서 얼마나 렐러번트할 수 있는지를 신경 쓰게 됐습니다. 그런데, 흥미롭게도 많은 기업이 그 비결을 기크의 유무에서 찾기 시작했습니다. 디지털이 가져올 미래에서는 빅 테크 기업들처럼 해야 미래를 꽃피울 씨앗이자 혁신의 촉매인 기크들을 안으로 데려와 핵심 인재로 삼을 수 있다는 걸 깨달았기 때문입니다. 그런데 왜 꼭 그렇게까지 하면서 기크들을 수중에서 키워 가야 할까요? 여기에는 필연적인 이유가 있습니다. 누구도 피할 수가 없는 이유가 있습니다.

그건 바로 조직의 특성 때문입니다. 조직은 필연적으로 모호함을 싫어하고 모호함을 회피합니다. '모호성 회피Ambiguity aversion'라는 단어로 표현할 수 있습니다. 어떤 조직이든지 높은 분을 보면 단번에 알 수 있습니다. 높은 분들은 소위 '깜짝 놀라는 것'을 굉장히 싫어합니다. 모든 것이 안정적이고 일상적이며 순항하고 있어야지만 마음을 놓습니다. 더 정확하게 말하자면, 기업 관련 경험이 많을수록 리스크는 견딜 수 있어도 모호함은 못 견디는 리더들이 많습니다. 리스크, 즉 위험은 어떤 일이 벌어질지 그 확률을 알 수 있는 상태이니만큼 기업의 입장에서는 이에 대해 대비할 수 있다는 자신감이 있습니다. 반면에 모호함은 조직에게 두려움을 가져다줍니다. 그래서 높은 자리에 오를수록 이 모호성에 대한 근본적인 두려움이 표출됩니다. 예측이 안 되거나 뭔가 설명이 안 되는 상황, 이 모든 것은 경영자를 불안하게 합니다. 그래서 조직은 모호성을 회피하기 위해서 스스로 방어적으로 변합니다. 특히 가만히 있어도 그냥 굴러가는 소위 순항 중인 기업이라면 더 그렇습니다. 이런 곳은 어제와 같은 오늘을 변함없이 지키기 위해서 집단 속에서 응당한 동조가 일어나야 합니다. 괜히 튀는 사람을 용납하지 못합니다. 조직원이라면 이런 환경에 적응할 수밖에 없는 것이 기업 조직의 정서입니다.

조직의 이런 속성은 결국 어쩔 수 없이 발생하는 속성입니다. 그러다 보면 뜻하지 않게 집단 속에서 강한 고착이 만들어지고 "좋은 게 좋은 거지" 하면서 어제와 같은 오늘을 유지하기 위한 순응적인 문화가 정착됩니다. 그래서 혈기왕성한 청년들은 꿈의 직장에 들어가면 실망하게 됩니다. 힘들게 입사했지만, 몇 년 이내에 떠나고 마는 이들은 그래서 생겨납니다. 유능한 신입 사원일수록 생각과 달라서 그렇다고 피드백도 남깁니다.

그런 피드백을 들으면 특히 주주라든지 오너 등 기업의 입장에서는 이런 상황이 굉장히 위험하게 여겨집니다. 이대로 두었다가는 기업이 끓는 물속의 개구리처럼 시장에서 서서히 도태될 수밖에 없기 때문이겠지요.

그렇다면 모호함을 그저 회피하려고만 하는 이 맹목적인 성향을 어떻게 변화시킬 수 있을까요. 집단적인 동조는 기업에 추진력을 주는 팀워크가 될 때도 있지만, 반대로 기업이 엉뚱한 방향으로 가더라도 아무도 브레이크를 안 거는 일이 벌어지게 만들 수도 있습니다.

하지만 이 흐름에 반기를 들 수 있는 인종들이 있습니다. 바로 기크입니다. 브레이크를 거는 역할을 하는 이들이 개발자와 같은 이들입니다. 개발자는 모호성을 향해서 불나방처럼 나아가는 사람들입니다. 개발자는 모호한 걸 길들이는 걸 너무나 좋아합니다. 그래서 코드를 짜는 것입니다. 즉, 뭔가가 모호하면 이걸 정리하고 싶어 합니다. 자신의 논리로 코드로 감싸서 시스템을 만들고 싶어 하는 속성이 있습니다. 그 모호함을 논리로 압축해나가는 게 결국 코딩이고 개발입니다. 이런 사람들은 새로운 아이디어를 내고 프로젝트를 만들어냅니다. "지금 상황은 이래도, 이런 게 한번 가능할 것 같습니다"라고 얘기합니다. 소프트웨어 엔지니어의 시야에 모호함이 포착될 때, 그때가 바로 그들에게 할 일이 생기는 때입니다. 그들은 이걸 기회라 여깁니다. "이 부분이 모호하므로 제가 이걸 해결하겠습니다", "이 부분은 말이 안 되므로 지금 여기서 해결해보겠습니다", "지금까지는 이런 방식으로 해왔지만, 계속하면 안 될 것 같으니 지금 기획을 해봐야겠습니다" 등, 기크들은 이런 이야기를 할 수 있는 이들입니다. 그래서 기업에서는 이 기크들을 찾아내려고 애를 씁니다. 이 사람들이 조직 내에 들어가서 문제점을 발견해서 해결해주지 않으면 문제는 그냥 덮어지겠지요.

이제는 그 어떤 기업도 지금까지의 궤적 그대로 효율성 위주의 선형적 성장을 할 수는 없는 시대입니다. 무언가가 바뀌어야 하지만, 그 무언가가 과연 무엇인가에 대해서는 모두 의견이 다릅니다. 그런데도 이 모호함을 알아채는 데 더 적합한 후각을 지닌 이들이 있다는 것을 이제는 모두 알아차렸습니다. 이런 이유로 디지털 트랜스포메이션의 주요한 요소 중 하나로 늘 사람을 꼽을 수밖에 없습니다. 자, 그렇다면 어떻게 우리 조직에서 이런 사람들을 늘릴 수 있을까요?

디지털 생태계의 탄생

디지털 생태계의 얼개를 목격한 모든 기업의 지상 목표는 이제 '어떻게 하면 자신들의 색채로 생태계를 물들일 수 있을까?'입니다. "왜 이런 일을 하느냐?"라는 물음에 대한 답으로 소프트웨어의 여러 가지 특성 중 하나를 들 수 있습니다. 요즘 시대의 소프트웨어란 다음의 그림처럼 고객이 올라타서 자신이 원하는 제품이나 서비스를 끌어오기 위한 도구의 역할입니다. 즉, 풀하기 위한 도구, 끌어당기기 위한 도구, 소비자가 스스로 가치를 당기는 경로를 최적화하기 위한 도구가 된 것입니다. 소프트웨어의 역할이 확실히 재정의됐다고 볼 수 있습니다.

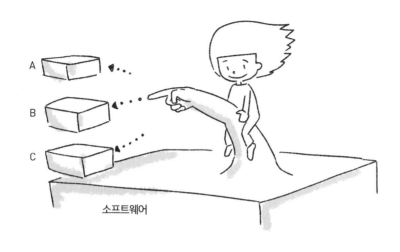

그래서 그 경로에 영향을 미칠 수 있다면 누구라도 소비자들의 마음을 조작할 수 있게 됩니다. 조작이라고 하니까 좋지 않은 어감으로 들릴 수도 있습니다. 하지만 소비자에게 간접적이면서도 즉각적인 영향을 미칠 수 있다는 점에서는 과장해서 묘사한 말은 아닙니다. 시장이 움직이는 규칙이 바뀐 세상에서 소비자를 움직이게 하는 일. 어찌 보면 그것이야말로 디지털 트랜스포메이션의 비전입니다. 물론 과거와 같이 공급자가 새로운 가치를 진열해서 변화를 일으키는 것도 중요합니다만, 약간 우회해서 소비자의 손에 들어가는 도구들에 기업의 가치가 반영될 수 있도록 하고, 다시 기업의 가치로 이뤄지도록 할 수만 있다면 훨씬 더 큰 가치로 뭉쳐진 비즈니스로 되돌아온다는 것을 모든 기업이 깨달았습니다.

지금은 기업 안팎의 구분이 사라지는 시대입니다. 기업의 경계 지점에는 굉장히 넓은 회색지대가 존재합니다. 이 회색지대에서는 오픈 소스와 같은 협업 문화가 적극적으로 이뤄지고 있습니다. 즉, 기업의 울타리를 넘어서면 훨씬 더 울창한 생태계가 존재합니다. 그리고 이제는 이곳의 가치가 재조명되고 있습니다. 생태계라는 말이 유행하게 된 이유입니다.

지금 IT 업계에서 GAFA, GAFAM, FAGA, MAGA 등의 약칭으로 불리는 유명 빅 테크 기업들은 모두 자기 제품들을 스스로 만들고 있습니다. 이들은 하청을 통해서는 자신만의 제품과 서비스를 만들어낼 수 없다는 것을 알고 있으므로 스스로 무언가를 만들고 싶어 하는 이들, 즉 기크를 확보하려고 애씁니다. 이러한 기업의 깨달음은 기크들의 몸값을 높이는 원인이 되기도 합니다.

에코 시스템이란 말도 널리 쓰입니다. 이런 표현은 결국 소비자가 원하는 제품, 원하는 서비스를 끌어당기는 과정에서 생태계와 같은 열린 공간의 소임이 있고, 그 생태계의 일원이 되는지, 안 되는지에 따라서 그 제품의 존재가 크게 영향을 받을 수 있는 상황이 두드러졌기 때문에 유행하는 표현입니다.

구글, 아마존, 페이스북, 마이크로소프트 등의 빅 테크 기업은 이제 디지털 토양에 물과 비료를 주는 기업으로 자리매김하고 있습니다. 예전과는 다른 양상입니다. 예전에는 소프트웨어를 만들면 패키지로 만들어서 돈을 받고 팔았습니다. 물건을 만들었으면 상품화해서 파는 것이 당연한 일인데, 이제는 상당히 많은 부분을 오픈 소스화한다거나 회색지대의 열린 공간에서 다른 개발자들이나 기업들과 협업하기 위해 무료로 풀어주는 일들이 크게 늘어났습니다.

소프트웨어에 있어서 왜 이런 움직임이 중요할까요? 지금 시대는 전능감을 지닌 고객이 직접 다가오기 때문입니다. 고객을 우리 서비스로 오게끔 할 때 그 경로를 바꿔주는 역할을 소프트웨어가 합니다. 왜 구글이나 페이스북이 공들여서 만든 소프트웨어를 소비자한테 돈을 받지 않고 뿌리고, 그뿐만 아니라 경쟁사를 포함한 다른 개발자들한테까지도 뿌릴까요. 그것은 바로 생태계 안에 자기 기업의 물길을 만들 수 있어서입니다. 그렇게 물길을 만들어서 한번 경로가 굳어지고 나면 그다음부터는 바꾸기가 굉장히 힘들기 때문에 그렇게 노력하고 투자하는 것입니다. 기업 고유의 물길을 만들면 당연히 생태계 전반에 그 기업들의 색채가 스며들 수밖에 없습니다. 그리고 이런 기업들이 새로운 시대의 공급업자, 즉 벤더가 돼가고 있습니다.

전통적으로 전산에서는 벤더와의 관계가 굉장히 중요합니다. 어떤 혁신을 위해서는 기술자든, 솔루션이든 무언가가 동원돼야 합니다. 예전에는 새로운 가치를 제공해줄 수 있다고 주장하거나 새로운 제품을 만들어내는 벤더들이 물건을 팔러 오면 적당히 사줘서 그걸 활용해야만 새로운 비즈니스가 수월해지는 것이 상식이었습니다. 그래서 지금까지는 큰 벤더라고 하면 오라클이나 IBM 같은 곳을 떠올렸습니다. 그러나 요즘은 기크들, 그중에서도 개발자나 소프트웨어 엔지니어들은 벤더라고 하면 특히 빅 테크, 즉 구글, 애플, 페이스북, 아마존, 마이크로소프트 같은 곳들을 떠올립니다. 이렇게 벤더의 정의가 바뀌었습니다. 흥미롭게도 그 기업들은 오라클이나 IBM처럼 기업에 팔기 위한 B2B 제품에만 신경 쓰던 기업들이 아닙니다. 오히려 많은 것을 무료로 공개하거나 오픈 소스로 내놓습니다. 특히 구글이나 페이스북 같은 경우에는 제품의 상당 부분(단, 절대 전부는 아닙니다. 핵심 부분은 전부 본인들이 가지고 있습니다), 그러니까 함께 공유할 수 있는 것은 최대한 공유합니다. 그 덕에 경쟁사를 포함한 많은 개발자가 구글이나 페이스북에서 나온 라이브러리를 무료로 가져다 쓰며 가치를 대신 확산합니다. 그리고 그 대가로 해당 기업에게 점점 의존하게 됩니다. 그 기업들이 주는 비료와 물을 먹고 더 커나가 점점 더 큰 생태계를 만들어갑니다.

결국 이제는 모두가 개발자들의 환심을 사기 위한 것들을 시장에 내놓고 선택을 받으려고 굉장히 노력합니다. 단가가 있는 제품이 아니라 명성이 달린 오픈 소스 말입니다. 즉, 새로운 시대의 벤더들은 과거와는 다른 가치를 공급하고 있습니다. 그렇다면 이 벤더들은 무엇을 대가로 받고 있을까요. 그건 바로 경로를 바꾸는 힘입니다. 소비자와 기업이 이어지는 경로를 자기에게 의존하도록 많은 기업이 소비자뿐만 아니라 이 소비자에게 영향을 줄 수 있는 기크도 함께 키우고 있었던 것입니다. 그것도 기업 내가 아니라 기업 밖의 생태계, 즉 회색지대에서 키우고 있었습니다. 그들이 어디에도 속하지 않는 곳에 물을 주는 일을 하는 이유는 바로 이것 때문입니다.

이처럼 디지털 시대의 생태계에는 다양한 물길을 만들려는 전략이 굉장히 많이 퍼지고 있습니다. 경로라는 것은 한번 굳으면 그대로 고착되므로 내 비즈니스 모델과 내가 제공하는 솔루션으로 길이 만들어질 수 있게끔 많은 기업이 열심히 노력하고 있습니다.

사실 이제는 벤더라는 말도 거의 쓰지 않습니다. 요즘의 벤더들은 과거의 벤더와는 전략이나 행동 면에서 아예 다릅니다. 예전에는 운영체제나 데이터베이스 모두 다 당연히 가격이 있었고 서비스 단가가 있었으며 유지·보수 비용이 있었습니다. 하지만 요즘에는 일단 먼저 오픈 소스로 소스를 통째로 올립니다. 개발자들이 서로 소식을 공유하는 일종의 SNS 같은 역할을 하는 깃허브Github라는 곳이 있습니다. 그곳에 리포지터리Repository*, 그러니까 소스 코드 저장소를 원천 소스 그대로 전부 다 올려놓고 그곳에서 바로 개발하기도 합니다. 이렇게 모든 이슈와 변경 이력, 실력이 다 드러나는 극단적인 방식으로 투명하게 제품을 개발합니다.

과거의 상식으로 봤을 때는 '아니, 왜 힘들게 저런 걸 하지?'라고 생각할 수 있습니다. 확실히 저 활동의 맨먼스Man Month**를 계산해보면

● 소프트웨어 저장소. 소스와 데이터가 저장되고 관리되는 공간으로, 이 공간에서 직접 협업이 일어나고 그 이력이 축적된다. 현재 대세로 꼽히는 것은 리눅스 개발에서 파생된 깃Git이다. 깃허브나 깃랩Gitlab도 이 깃 방식을 지원하는 저장소다.

●● 한 사람이 한 달 동안 생산·개발하는 양을 이르는 용어. 예컨대 '4맨먼스(M/M이라고 쓴다)에 얼마'라는 식으로 대가를 산정하는 방식이다.

아깝게 느껴질 수 있습니다. 아니면 '월급을 받고 고용된 개발자들이 기업에서 개발한 걸 왜 저기에 그냥 그대로 올려놓지?' 하고 생각할 수도 있습니다. '수지 타산이 맞지 않는 일'이라거나 '내가 힘들게 만든 것을 왜 누구나 가져다가 쓸 수 있도록 하나?'라는 생각도 하게 됩니다. 그러나 깃허브에서 활동하는 사람들을 실제로 살펴보면 여기서 그치지 않습니다. 그렇게 만든 걸 부디 써주기를 바라면서 이를 홍보하고 계몽활동을 펼치기도 합니다. 심지어는 사내에 DR Developer Relations 부서(개발자 관계부서)를 두기도 합니다. 왜 그런 것일까요?

지금 당장 이것을 팔아서 약간의 돈을 버는 것보다, 앞으로 어디에서 어떤 변화를 야기할지도 모르는 기틀을 만들고 나에게 의존하게 만드는 편이 훨씬 더 가치가 있고 값비싸다는 것을 플랫폼 벤더와 기업들은 깨달은 것입니다.

이와 같은 자양분이나 장난감들은 재야의 기크, 혹은 조직 내에서 잠들어 있던 기크들을 깨웁니다. 지금까지는 전례가 없었던 다양하고 알찬 리소스로 무장한 기크들이 조직 전면에 대거 등장해서 오픈 소스로 조금씩 연구 중이던 기술들을 가져다가 대폭발시키는 것이 근래 디지털 혁신의 풍경이라고 볼 수 있습니다.

요즘 새로 나오는 것들이 다 옛날부터 있던 것이라는 주장들이 많습니다. 어느 정도는 수긍할 만합니다. 그래도 예전에는 그런 것들을 조작하고 실제로 개화할 수 있도록 하는 기크들의 힘이 그렇게 강하지 않았습니다. 하지만 스마트폰이 나온 이후로는 스마트폰의 가치에 힘입어서 성장하게 된 플랫폼 기업들이 지금까지와는 다른 방식으로 생태계를 만들기 시작했습니다. 그러면서 이 기크들에게 굉장히 큰 힘이 돌아가게 되고 이들이 무럭무럭 자랄 수 있게 됐습니다. 그리고 이 기크들은 다시 각자의 디지털 생태계에 긍정적인 영향을 듬뿍 끼칩니다. 대기업에서 오픈 소스를 시작했지만, 이들을 키우는 것은 커뮤니티라는 것이 정설이 됐습니다. 즉, 기크를 얼마나 포섭하느냐에 따라서 기업의 성패가 갈리는 시대가 됐습니다. 어떻게 하면 조금 더 많은 기크가 우리 곁에서 잘 자랄 수 있도록 할 수 있을까요? 테크 기업의 수많은 활동이 이들에게 물을 주는 데 집중하는 이유입니다.

03

공식의 첫 번째 요소,
기크

기크 문화의
정착

이제 기업에게는 기존의 실질적인 고객인 소비자 이외에도 개발자와 기크들도 또 하나의 중요한 고객군이 돼버렸습니다. 플랫폼에서 말하는 양면 시장●처럼 말입니다. 그러다 보니 많은 플랫폼 기업들이 어떻게 하면 이 기크의 관심을 끌 수 있을지를 고민합니다.

기업 경영에서 많이 얘기하는 표현으로 '투자'가 있습니다. 경영자 입장에서는 설비 투자에 대한 눈썰미를 이를 때가 많지만, 개발자들에게 있어서 투자는 바로 공부입니다. 기크의 입장에서는 내 시간을 들여서 뭔가를 공부하는 것은 큰 투자입니다. 개발자는 묵묵히 코딩만 하는

●　판매자와 구매자가 있는 단면 시장과 달리, 양면 시장에서는 하나의 기업이 두 종류의 고객을 상대한다. 소비자 고객 이외에 광고주가 있는 매체, 가맹점이 있는 카드사 등 두 부류의 고객을 상대하는 경우에 이를 양면 시장이라고 부른다.

것이 아닙니다. 공부야말로 투자한 만큼 결과를 내는 효과적인 투자입니다. 그래서 기업의 입장에서는 개발자들이 공부할 수 있을 만한 소재를 제공하고 공부하게끔 만드는 환경을 조성하는 것이 효과적인 투자입니다.

기크가 본인의 소중한 시간에 무언가를 공부해서 앞으로도 그것에 의존하겠다고 한다면 이는 큰 결정입니다. 무언가를 스스로 골라서 기꺼이 의존하겠다고 하는 것, 이 자체가 기크들한테는 상당히 큰 선택입니다. 그리고 기업이 기크들에게 공부할 수 있는 아이디어를 제공할 때 이 시너지는 더욱 커집니다.

여기에 주목할 만한 점이 있습니다. 기업이 만든 아이디어를 공부한 기크들은 다시 생산자 역할을 하기 시작합니다. 오픈 소스가 잘되는 이유는 기업들이 단지 자기가 쓰기 위해서 만드는 것을 넘어서 조직 밖의 사람들이 쓰게 해주고, 이 과정에서 안팎의 기크들이 그걸 공부하고 다시 그 지식을 확장해서 새로운 가치의 재료를 만들기 때문입니다. 개방성 그리고 호환성, 파급, 확대 재생산 등 일련의 메커니즘이 이렇게 개방되고 공유된 지식 상품을 둘러싸고 움직입니다. 결국, 개발자들과 같은 기크들은 어떤 기업이 가지고 있는 가치, 서비스, 제품을 둘러싸고 커뮤니티를 키워나가게 됩니다.

한편으로, "저희가 만든 거예요", "저희가 틈틈이 쉬는 시간에 만든 것들을 공개합니다" 등 사소한 일들이라도 개방형으로 공개하면 이는 다른 누군가를 자극하고 또 다른 혁신에도 쓰이게 됩니다. 선의가 점점 파급력을 가지면서 확대 재생산이 이뤄지는 사이클이 생겨납니다.

물론 이런 것들은 이타심에 의해 돌아가는 것처럼 보입니다만, 실은 오픈 소스야말로 지극히 이기주의적인 활동입니다. 훌륭한 오픈 소스를 만들 수 있다는 것은 개발자의 입장에서는 무엇보다도 강력한 경력이 됩니다. 그래도 오픈 소스라고 하면 '그렇게 공짜로 뿌리는 게 과연 믿을 만할까?', '그것을 우리 업무에 쓰는 게 과연 옳은 일일까?'라고 생각할 수도 있습니다. 그러나 다음의 요소가 오픈 소스의 신뢰도를 보장해 줍니다.

예전에는 일의 대가를 바로 돈으로 받았다면 이제는 그 당장의 돈보다도 중요한 것이 무엇인지에 대해서 전 세계가 깨닫기 시작했습니다. 바로 어텐션Attention(주목도)입니다. 설령 공짜라고 하더라도 내가 짠 코드를 만약에 백만 명이 쓴다면 그야말로 무너질 수 없는 가치가 됩니다. 백만 명의 팬이 있는 셈이니까요. 그때부터는 여러 아이디어로 다양하게 돈을 벌 수 있습니다. 즉, 단순히 몇 푼 벌겠다고 소수에게만 허락하고 마는 게 아니라 이 어텐션을 얻기 위해서 공짜로 뿌리는 것입니다. 이뿐만 아니라 조직적으로 홍보하고 더 많이 퍼뜨리기 위해서 노력하는 이유 역시 어텐션 때문입니다. 그렇게 해서 어텐션이 생기면 그 사람들이 내 편이 되고, 그렇게 내 편이 만들어지면 일종의 가치 경로가 생깁니다. 경로라는 것은 가치가 만들어지는 길이기도 하지만, 더 나아가서는 소비자가 우리 제품과 서비스로 오게끔 하는 것이기도 합니다.

더 나아가서 오픈 소스는 그 창작자에 주목하게 합니다. 그 때문에 오픈 소스의 개발은 자연스럽게 개발자 자신의 경력이 될 뿐만 아니라 성공적인 오픈 소스의 경우에는 그를 스타로 만들어줍니다. 남을 위해 짜준 프로그램은 대강 얼버무리고 털어버리고 싶지만, 내가 관리하는 오픈 소스라면 모두의 주목을 받고 있으므로 정성껏 관리합니다. 이 정성 때문에 오픈 소스는 선순환할 수밖에 없습니다. 그리고 그 과정을 통해서 내 시간과 내 소스 코드를 커미트Commit*하게 되는 일종의 기크 문화가 정착됩니다.

요즘에는 많은 소프트웨어가 '오픈 소스 퍼스트', 즉 애초부터 오픈 소스를 염두에 두고 만들어집니다. 그래야만 환심을 살 수 있기 때문이지요. 중요한 건 소프트웨어가 오픈 소스로 만들어지는 것은 단가 때문이 아니라 가장 희소한 가치인 사람들의 주목도를 얻고 싶어서입니다. 특히 그중에서도 생산자인 기크의 관심을 얻고 싶어서입니다. 오픈 소스처럼 소프트웨어를 개방하는 이유는 그저 선의가 아니라 그렇게 해야지만 관심을 얻고 새로운 혁신에 내가 참여할 수 있기 때문입니다. 이제 많은 사람이 이를 깨달았습니다. 과거에는 기업이라는 벽을 통해서, 또는 기업이라는 벽 안에서 전반적인 순환이 이뤄졌다면 이제는 벽을 뛰어넘는 오픈 이노베이션의 시대로 넘어가게 된 셈입니다.

● '위탁한다', '맡긴다', '행한다', '약속한다' 등의 사전적 의미 이외에도 "소스 코드를 커미트한다"라고 하면 변경 내용을 짜서 저장소에 반영하는 일을 말한다.

전통적인 인재보다 기크가 더 중요하다

이처럼 소프트웨어는 방방곡곡으로 퍼져나가면서 모든 것을 재정의하고 있습니다. 그 덕분인지 '소프트웨어 디파인드SD, Software Defined', 즉 '소프트웨어로 정의된'이라는 표현이 유행어처럼 쓰이고 있습니다.

사회에서 소프트웨어의 비중은 점점 커지고 있습니다. 소프트웨어로 많은 일을 할 수 있게 되면서 그동안 하드웨어나 기계에 굳은 형태로 제공됐던 제품들도 아예 소프트웨어로 만들 수 없을까, 소프트웨어로 이용할 수는 없을까 하고 생각하는 기크들이 활약하기 시작합니다. 그 말은 모든 것이 'SD everything'의 세상이 됐다는 것을 의미합니다. 예전에는 하드웨어 제품으로 만들어야만 납품할 수 있었던 것이 소프트웨어 모듈 하나로 끝낼 수도 있는 편리한 시대가 됐습니다. 이런 상황에서는 지금까지 당연시했던 많은 것을 소프트웨어로 해볼 수는 없을까 하고 되물으며 다시 한번 만들어보려는 노력들이 많이 일어납니다.

소프트웨어는 복제와 확장을 저렴하게 할 수 있어서 큰 시스템의 부품으로서도 활용도가 높습니다. 그러다 보니 예전처럼 어떤 가치를 설계해서 외주를 주고 하청을 요청해서 납품받는 느긋하고 선형적인 절차가 아니라 몇 번이고 시제품을 반복 생산하고 수정해낼 수 있는 속도감 있는 사이클이 중요시됩니다. 따라서 이 순환에 직접 참여할 수 있는 당사자들을 조직 안에 데리고 있느냐, 없느냐가 굉장히 중요해집니다. 개발자와 같은 엔지니어 그리고 IT 전문가들이 중요 경영 자원이 된 시대가 도래했습니다.

그런데 왜 기크라고 불릴 수 있는 이들 소프트웨어 애호가들을 조직 내에서 주요한 자원으로 봐야 하는 것인지에 관해서 의문이 생길 수 있습니다. 그들이 중요한 이유는 바로 생산성의 두 가지 가치 때문입니다. 하나는 소프트웨어가 발휘할 수 있는 생산성의 힘이고, 또 하나는 그 소프트웨어를 생산해내는 생산성의 격차입니다. 이 두 종류의 생산성으로 무장한 기업은 강해질 수밖에 없습니다.

어느 기업이나 인재가 중요하다는 얘기는 많이 합니다. "인재가 중요하고 훌륭한 인재를 찾아야 한다", "우리 조직 내에 훌륭한 인재를 초빙해야 한다" 등의 얘기를 지금까지 많이 해왔습니다. 하지만 인재라는 말은 모호합니다. 보통 기업의 일반적인 업무에서 인재의 격차는 그렇게 크지 않습니다. 영업 실적 1위를 달성한 영업왕은 그냥 보통 영업사원보다 100배나 1,000배 더 잘하지는 않습니다. 영업사원이 영업을 아무리 잘해봤자 남보다 10배 이상 잘하기는 힘듭니다. 또한, 아무리 잔뼈가 굵은 노련한 생산직이더라도 같은 조립 라인의 옆 동료 노동자보다 2~3배의 성과를 내는 것은 굉장히 힘든 일입니다. 게다가 조립을 아무리 잘해봤자 라인이 움직이는 속도에 맞춰야 합니다. 하지만 소프트웨어 개발자는 다릅니다. 누군가는 주어진 과제의 해법을 만들어내는 데 더해서 생각지도 못했던 아이디어를 구현해냅니다. 하지만 그러한 기량이 없는 이는 아예 시도조차 하지 못합니다. 그러니까 이 성능 차이, 퍼포먼스 차이, 생산성의 차이가 무한대로 벌어지는 일이 발생합니다. 일을 해내는 기크 한 명이 있고, 없고에 따라서 그 결과가 완전히 달라지는 극단적인 생산성의 시대로 넘어왔습니다.

지금은 엄청나게 유명해서 우리가 이름만 들어도 알 수 있는 소프트웨어나 프로그램도 굉장히 짧은 기간 안에 한두 사람에 의해서 최초의 초기 버전이 만들어져서 퍼진 경우가 다반사입니다. 리눅스가 좋은 예입니다. 21세의 리누스 토르발스는 홀로 외롭게, 하지만 '그냥 재미로' 자신만의 운영체제를 개인 프로젝트로 만들어냈습니다. 그리고 이 노력에 감명받은 다른 이가 그래픽 인터페이스를 이어서 이식했습니다. 생각해보면 모든 소프트웨어의 초기 버전은 대부분 한두 사람의 실험에서 시작됐습니다. 이처럼 한두 사람이 단기간에 일을 벌인 상황이 바로 우리 안에서 일어날 수도 있습니다. 물론 그렇지 않을 수도 있습니다. 이런 상황이 소프트웨어가 지닌 흥미로운 잠재력 중의 하나입니다. 상황이 이렇다 보니 기업들은 소프트웨어 개발이라는 것에 대해서 다시금 생각하게 됐습니다.

비즈니스에 필요한 요소들을 소프트웨어가 전부 다 만들어내고 있습니다. 그야말로 'SD everything'의 세상에서 모든 것이 소프트웨어에 의해서 정의되기 시작한다면, 그 정의를 내리는 이들이 중요해지는 것은 당연한 일이 됩니다. 그렇기에 소프트웨어로 무언가를 정의할 수 있는 개발자야말로 지금 벌어지는 소프트웨어 혁명에서 가장 중추적인 역할을 한다는 얘기들이 나옵니다. 데브옵스DevOps*, 풀스택 개발자Full-stack developer**처럼 개발자를 히어로처럼 다루는 키워드들도 유행합니다. 데브옵스도 얼핏 듣기에는 개발자와 운영자가 사이좋게 지내야 한다는 이야기로 들릴 수 있습니다. 그러나 실은 운영마저도 개발해 버릴 수 있다, 즉 개발자가 운영까지 다 해버릴 수 있다는 선언일 수도 있습니다. 개발과 운영이 협업해 시너지를 내자는 것이 아니라 사실은 개발자가 다 할 수 있다는 이야기가 됩니다. 페이스북의 경우 이미 수십만대의 서버를 운영하고 있습니다.*** 하지만 이들 서버를 수동으로 손수관리한다는 것은 인건비도 안 나올 뿐만 아니라 업무 속도 면에서도 불

---

* 단어만 놓고 보면 개발과 운영을 합치자는 개념으로 들리지만, 개발을 통해서 운영을 효율적으로 자동화하자는 뜻이다.

** 서버에서 클라이언트에 이르는 다양한 스택을 전부 다 다룰 수 있는 개발자를 말한다.

*** 어느 기업이나 명시적인 서버 대수를 공개하지는 않지만, 데이터 센터의 규모와 사용자 수, 전력 소비량 등을 근거로 대략 서버 수를 추론할 수 있다. 2009년에 약 3만 대, 2013년에 약 15만 대, 현재는 100만 대에 육박할 것으로 추산하고 있다.

가능합니다. 이런 상황에서 일종의 도시 전설처럼 페이스북에서는 개발자 한 명이 10만 대의 서버를 관리한다는 얘기가 나오는 이유는 개발자가 직접 몸을 써서 관리하는 것이 아니라 그걸 관리하기 위한 코드를 만들고 코드에 일을 시키는 방법이 있다는 것을 깨달은 덕분입니다.

옛날에는 사람들이 직접 해야 했던 수많은 일이 이제는 기계의 힘으로 이뤄지고 있습니다. 그런데 그 일들의 폭이 점점 더 넓어지고, 깊어지며, 심지어는 화이트칼라의 업무로까지 넘어오고 있습니다. 이 자동 엔진을 가동할 수 있고 만들 수 있는 이들이 바로 기크나 소프트웨어 엔지니어라는 것을 깨닫게 된 것입니다.

이제는 기업 경쟁력이 어떤 가치를 소프트웨어로 개발해낼 수 있는 생산력과 등가가 된 시대가 오고 있습니다. 아니, 실은 이미 와 있는지도 모르겠습니다. 지금처럼 생산성이 폭발적으로 증가한 경우가 없기 때문입니다. 한 개발자의 아이디어와 개발자가 만들어낸 작은 프로토타입이 지금 우리가 당연시하는 그 수많은 기업 부서들을 무의미하게 만들 수도 있습니다.

개발자가 모든 것을 다 할 수 있다는 이런 상황에서는 어떻게 보면 개발자에 대한 낭만적인 서사들이 많이 벌어집니다. 이른바 개발자 초인설입니다. 점점 IT 업계가 할리우드나 프로스포츠처럼 변하고 있습니다. 모든 프로스포츠는 격차가 흥분을 만듭니다. 정말 놀랍게 잘하는 이들만 스타가 되고 부와 명성을 거머쥡니다. 그리고 이를 부각할 수 있는 경기가 인기가 높습니다. 소프트웨어 개발자는 무한대로 차이가 벌어질 수 있는 직업입니다. 할 수 있고, 없고에 따라서 차이가 적나라하게 벌어집니다. 무언가를 개발하거나 지금까지 존재하지 않았던 걸 만들어내는 사람이 있습니다. 그래서 점점 더 잘하는 사람을 띄워주고 그를 스타로 만들어서 그 사람을 흠모하는 문화가 발생하기 시작했습니다. 유명한 소프트웨어 엔지니어들은 개발자 사이에서 록스타와 같은 취급을 받습니다. 개발자 초인설이란 기크가 기크를 숭상하는 문화를 기크 스스로 만들어내는 트렌드라고 볼 수 있습니다.

디지털 트랜스포메이션의
주역인 기크

최근 많은 기업이 개발자들을 애정의 시선으로 바라보고 있습니다. 지금 밖에서 일어나는 저 변화가 우리에게도 일어나면 우리 기업에는 어떤 변화가 있을 것인지, 또 지금까지 우리가 당연시했던 기업의 밸류 체인에 어떤 영향을 줄지 신경이 쓰이기 때문입니다.

지금까지 IT 업계에서 일해온 IT 노동자들은 어떻게 보면 노동 가치설에 따라서 일해왔습니다. 노동력과 시간을 들인 만큼의 가치만 결과가 나온다는 것을 당연시했기 때문에 대가 산정도 그런 식으로 이뤄졌습니다. 즉, 디지털 노동을 '몇 시간 일했으니까 몇 라인의 코드가 나온다' 하는 식으로 20세기적으로 다뤘습니다. 그러나 실은 그렇지 않다는 것들이 속속 증명됐습니다. 이것이 디지털 트랜스포메이션, 즉 지금 벌어지는 '전환 혁명'의 교훈이라고 볼 수 있습니다.

물론 맨먼스 기반의 노동을 여전히 벗어나지 못하는 기업들도 많습니다. 40시간이니, 52시간이니 하면서 시간을 들인 만큼 가치가 산출된다는 노동 가치설에 입각한 기업 운영에 우리는 아직도 얽매여 있습니다. 또 하나의 구태舊態로는 디지털 트랜스포메이션을 외주로 할 수 있다는 안이한 생각을 들 수 있습니다. 외주 프로젝트를 겪어본 분들이라면 아시겠지만, 남의 일을 대신하는 과정에는 혼이 들어가기 힘듭니다. 그래서 한 번 만들고 틀면 끝인 광고라면 모를까, 기업의 비즈니스 모델을 좌우하는 중추 소프트웨어를 남에게 맡길 수는 없습니다. 게다가 요리사가 자신이 쓸 칼을 직접 갈 듯이, 내가 쓸 거라면 내가 만들어야 손에 익는 법입니다. 그래야 그 도구로 신기에 가까운 묘기도 선보일 수 있는 건데 남을 위해 만드는 것으로는 그런 일들이 쉽사리 되지 않습니다. 결국 내가 직접 만드는 과정에서 발견하는 그 어떤 번뜩임의 순간, 그 순간이 우리 안에 있어야 한다는 것을 깨닫게 된 뒤에는 그 과정에 참여하는 그들이 곧 미래의 씨앗이고 혁신의 촉매라는 것을 깨닫기 시작합니다.

핵심 인재는 내재화를 해야 합니다. 외주로는 좀처럼 해결될 수 없는 일이란 것이 있습니다. 남의 일이라면 굳이 하라고 말할 때까지 안 하기 마련입니다. 또한, 말을 한다 해도 계약이 끝나가면 하면 안 되는 법입니다. 섣불리 일을 먼저 끝내지도 않습니다. 업계 전문 용어로 소위 '힘 조절'이라고 하는 걸 해줘야 합니다. 할 수 있는 일이라며 하청이 괜히 일을 키우면 파견 업체는 싫어하기 마련입니다. 이런 다양하고도 근본적인 문제가 있는 탓에 핵심 인재로서의 기크, 디지털 혁신가와 개발자들은 기업 안에서 키우려고 노력할 수밖에 없습니다. 결국, 새로운 사업 양식의 주역이 바로 기크라는 각성이 시작된 셈입니다.

기크 활성화 방법

그렇다면 이제 과제는 어떻게 기크라고 불릴 만한 인재를 활성화할 수 있는지로 넘어가야 합니다. 우선 공통으로 보이는 힌트를 찾아보면, 기크는 노마드적 습성을 가지고 있습니다. 디지털 노마드라는 트렌드도 그들에게서 나왔으니 그들이야말로 현대적 의미의 노마드 문화의 원조라고 할 수 있습니다. 노마드라고 하면 말 그대로 유목민적인 성향을 지닌 이들을 이릅니다. 이들은 한 곳에서 일하는 걸 견디기 힘들어합니다. 그러나 디지털은 시공간의 제약을 해방합니다. 심지어 해외에 거주하면서도 한국의 일을 할 수 있습니다. 화상 통화 설비 역시 전 세계적으로 완비됐습니다. 그렇다 보니 언제, 어디서든지 자기가 가치를 발휘할 수 있다는 걸 누군가한테 설명만 할 수 있으면 어떤 방식으로든 일을 이어갈 수 있습니다. 그리고 일을 그렇게 해도 좋다는 조직들도 많이 생겨나고 있으므로 이제는 이런 라이프 스타일도 가능합니다.

지금까지의 고도 성장기형 업무 문화는 이런 노마드와는 전혀 상극이었습니다. 정해진 시간에 생산 라인이나 사무실에 똑같이 모여서 조회를 하는 도열의 문화였습니다. 그러나 디지털 트랜스포메이션으로 이뤄지는 문화는 생산은 어디서 하든지 간에 그 산출물을 '커미트'할 수만 있다면 상관없습니다. 또한, 조직이 무엇을 만들어야 하는지에 대한 '리포지터리'만 함께 관리하는 것이 이뤄지면 됩니다. 그곳이 어디든, 언제 어디서나 로그인만 하고 이슈만 처리할 수 있다면 내가 가장 생산성이 높아지는 시공간에서 일하면 그만입니다.

나 자신을 다루는 방법은 내가 제일 잘 알고 있습니다. 내 사용 설명서는 나에게 있습니다. 그러니 최선의 조작법을 스스로 최선을 다해서 찾으면 됩니다. 하지만 이런 주장이 수용이 잘 안 되는 경우도 종종 있습니다. 즉, 조직 안에서 팀원이나 구성원과 함께 일해야 할 때도 있습니다. 이런 경우에 기크나 개발자들이 전통적 조직과 융화가 잘 안 되는 경우가 종종 있습니다. 특히 익명화·분업화된 조직에서는 주체성을 상실하는 순간 길을 잃고 평범해지다가 이를 못 견디는 상황 또한 많이 목격할 수 있습니다. 노동으로부터 소외된 셈입니다. 스스로 더 많은 일을 할 수 있으리라고 생각했던 이들일수록 허무감과 자괴감에 빠지면 이것이 갈등으로 이어지는 일이 적잖이 있습니다.

디지털 노마드로서의 요청이 조직에서 수용이 잘 안 되다 보면 기크들의 성향과 조직의 성향이 맞지 않아서 일종의 문화적인 충돌이 일어납니다. 이 갈등이 거대하게 나타난 경우가 있었습니다. 10년 이상 지속됐던 일본 전자 산업의 몰락도 그중 하나입니다. 즉, 기크들이 기크로서 활약하지 못하게 될 경우에 어떤 일이 벌어지는지 일종의 장기적 사회 실험이 벌어진 사례로 볼 수 있습니다. 일본에서 잘나가던 전자 기업들이 디지털로 넘어가면서 조직 내에서 각종 문화적 충돌을 일으키고 충분한 생산성을 내지 못해서 조직 전체의 생산성이 떨어지며 몰락했던 사건이 많이 전해집니다. 도시바, 샤프 등 한때 전 세계를 풍미했던 일본 전자 기업은 디지털 트랜스포메이션에 실패하고 과거의 영광을 재현하고자 무리하게 투자를 진행합니다. 도시바는 원자력 발전 비즈니스로 소위 홈런을 쳐보고자 미국의 웨스팅하우스를 인수하다가 분식회계까지 저지르게 됩니다. 샤프는 60인치 대형 액정 사업에 승부를 걸기 위해 공장 건설에 너무 일찍 모든 것을 쏟아부어 정작 스마트폰과 4K, OLED 등 새롭게 떠오르던 더 큰 기회를 한국 기업에게 빼앗기고 몰락했습니다. 그리고 결국에는 폭스콘에게 인수되는 수모를 겪게 됩니다. 이 두 사례에는 공통점이 있습니다. 그것은 바로 시대의 명백한 변화를 읽지 못한 채 과거의 성공체험을 과신하고 책임지지 못할 투자를 했다는 것입니다. 기크라면 하지 않았을 일들이었습니다. 구세대의 의사 결정이 초래한 결과입니다. 기크나 너드라고 할 수 있는 인종이 조직 내에서 성장하지 못했을 때, 바로 그 때문에 산업 전체가 흔들린 사례인 셈입니다.

한편으로 디지털은 다양한 실험을 저비용으로 할 수 있게 합니다. 스타트업 문화가 좋은 사례입니다. 그렇게 흩뿌린 씨앗 중에서 무언가는 싹을 틔웁니다. 그리고 그 작은 싹을 큰 기업이 사들입니다. 일찍이 글로벌 경영에 나선 소니는 전 세계를 누비며 인수합병을 진행합니다. 그리고 지금의 소니를 유지하기 위한 콘텐츠를 확보했습니다. 또한, 일

03 공식의 첫 번째 요소, 기크

본 기업 중에서 살아남은 테크 기업들, 예를 들면 닌텐도나 소니에게는 공통점이 있습니다. 이 기업들의 공통점은 놀이의 마음, 그리고 생산과 창조하는 일이 지닌 낭만성을 어떻게든 지킨 곳입니다. 그런 곳들만이 지금까지 살아남아서 활발하게 활동하고 있습니다. 그리고 이를 다른 말로 표현하면 바로 소프트웨어 기업으로 표현할 수 있습니다. 이들은 소프트웨어의 가치를 중시하고 소프트웨어가 결국 위기에서 자신을 구원한다는 것을 믿었습니다. 이처럼 쓰러진 전자 업계에서 그나마 유일하게 생존한 분야는 놀이의 마음을 지니고 있고 새롭게 뭔가를 만드는 것을 정말 재미있다고 느끼는 이들이 있던 분야였습니다. 바로 기크들의 기업이었습니다.

이 사례들은 우리에게 주는 시사점이 상당히 많습니다. 열정이 넘치는 젊은 계층, 즉 사회 초년생에게 기회가 돌아가지 않거나 이들을 소외해서 그 과정에서 허무감이나 자괴감을 겪게 만들어서는 안 된다는 것입니다. 그리고 그 결과로 신구세대가 문화적으로 충돌한다면 조직은 물론이고 사회 전체의 생산성이 올라가지 않습니다. 전 세계는 초고도화의 초생산성화로 변하고 있습니다. 상황이 이러한데 20세기적인 생산 방식에서 비롯된 조직 문화에 매몰된 채로는 더이상 전진할 수 없는 조직이 될 뿐입니다.

그러다 보니 지금 각 기업에서는 어떻게 하면 조직 문화를 바꿀 수 있을지에 대한 고민이 끊임없이 나타나고 있습니다. 어떻게 하면 조직 문화를 혁신해서 기크가 자라나고 살아나는 업무 절차를 만들 수 있을지, 기크의 감수성을 꽃피울 수 있을지를 고민하기 시작했습니다. 관련 논의 끝에 긴급히 기크 활성화 운동이라고 부를 만한 조직 문화 개선 활동이 벌어지기도 합니다.

조직 문화 혁신에 관한 얘기는 경영 혁신을 이야기할 때 늘 빠지지 않고 나오는 이야기입니다. 그러다 보니 기업에서 조직 문화 혁신을 얘기할 때는 이를 주로 인사 부서의 과제나 역할로 다뤘습니다. 그러나 지금은 뭔가를 생산해내고 만들어내는 이들을 위한 조직적인 포용력과 여유의 가치를 필요로 하는 시대입니다. 그리고 꼭 소프트웨어 개발자가 아니더라도 무언가를 우리 안에서 우리끼리 만들어내고 기획하는 문화, 즉 기크 문화가 중요하다는 것을 모두가 깨달았습니다. 이런 구체적인 변화가 곳곳에서 보이고 있습니다.

생산성은 공장 라인의 컨베이어 벨트 속도를 높여서 달성하는 것이 아니라 자유로운 마음과 창의력을 통해서 키우는 것입니다. 생각지 못했던 일을 벌인 결과가 엄청났기에, 생산성이 폭발할 수 있다는 걸 모두가 깨닫기 시작했습니다. 보통 창조성이라는 것이 그렇습니다. 규율에 따른 스트레스를 받는 순간 오히려 생산성이 떨어지는 역효과가 발생합니다. 특히 창의적 결과물의 생산성은 창작자의 마음이 불편할수록 급전직하急轉直下합니다. 그래서 밖에서 보면 일종의 복리후생처럼 여겨지는 사안들도 실은 종업원을 위한 혜택일 뿐만 아니라 조직의 생산성을 극대화하기 위한 얼개입니다. 원격 근무나 재택근무처럼 '스마트워크' 부분에서 앞서 나가는 적극적인 기업들은 대부분 기크 문화가 강한 기업들이 많습니다. 그 이유는 그렇게 했을 때 오히려 생산성이 더 높다는 점이 증명됐기 때문입니다.

정착되거나 학습되지 않은 초보 상태에서 섣불리 시도했을 때는 역효과가 날 수도 있겠지만, 제대로만 할 수 있다면 새로운 일하는 방식이야말로 새로운 문화 운동이 일어날 수 있는 계기가 됩니다. 각 조직에서 시도해야 할 것 중 하나가 바로 기크와 함께할 수 있는 문화 운동입니다.

기크가 만드는 디지털 혁신

기업이 기크 친화적으로 변한다는 것은 조직 문화적인 변화 이상으로 실용적인 효용성이 있습니다. 요즘은 사회와 시장의 많은 요소가 소프트웨어에 의해 재정의되고 있는데, 바로 이러한 것을 만들어내는 이들이 기크이기 때문입니다. 미래의 비즈니스를 움직이는 마법들이 바로 이 코드들입니다.

IT 업계에서는 최근 '-드리븐Driven'이라는 용어들이 굉장히 많이 쓰입니다. 대부분 소프트웨어 차원에서 우리 사회와 우리 기업 활동이 실질적으로 구동되고 있다는 뜻으로 널리 쓰입니다. '소프트웨어로 정의된'이라는 접두어가 그야말로 곳곳에서 붙기 시작한 근래에는 어떻게 하면 이 코드의 마법을 부릴 수 있을지에 대한 고민들이 늘어납니다. 이는 큰 기업도 마찬가지입니다. 이런 마법을 누가 부릴 수 있을까요. 답은 바로 기크입니다. 그들이야말로 조직 내의 디지털 마술사들입니다. 어느 날 기분이 좋아서, 새롭게 무언가에 도전해보고 싶은 용기가 생겨서 어떤 한 명이 우연히 만든 한 벌의 프로그램이 기업과 시장을 바꿀지도 모릅니다. 비즈니스를 바꾸는 마법을 기크가 부릴 수 있습니다. 그런데 기업에서 이 기크를 다루는 법은 다들 서툽니다. 기크를 어떻게 다룰 수 있을까요? '다룬다'라고 표현하면 거북하게 느껴질 수도 있겠습니다. 그럼 '어떻게 하면 기크의 마음이 활성화될 수 있을까?'라고 생각해봅시다.

여전히 개발이라고 하면 맨먼스 개념에서 못 벗어나는 경우가 많습니다. 노동 가치설은 끈질깁니다. 건축과 같은 공정에 빗대서 소프트웨어를 이해하려는 시도는 뿌리 깊습니다. 건설 업계의 고질적인 문제점인 돌관공사와 같은 폐습이 전수되기도 합니다. 건물이 올라가는 것을 보면 눈으로 바로 확인할 수 있습니다. 하지만 소프트웨어는 보이지 않습니다. 그래서 힘 조절도 가능하고 충분히 더 잘할 수 있는데도 안 합니다. 기크의 사용 설명서를 잘 읽지 않고 일하게 되면 이런 일이 벌어집니다.

그동안 조직에서는 기크의 사용 설명서를 파악하려는 다양한 시도가 있었습니다. 그중 하나로 등장한 것이 바로 여유의 문화입니다. 시키는 것을 할 때는 잘하겠지만, 극단적인 혁신은 공정에서는 나오지 않을 수도 있다는 것을 깨닫게 된 것입니다. 즉, 어느 정도 여유가 있을 때, 혹은 딴짓을 할 수 있을 때, 혹은 좀 멍하니 있을 때 무에서 유가 나올 수 있다는 것을 눈치채게 된 것이지요.

기업 중에 그 가설을 실험해본 곳이 있습니다. 일과 중의 20%는 당신이 하고 싶은 일을 매니저와의 상의하에 해도 된다는 구글의 20% 룰 같은 경우가 집단으로 실험했던 대표적인 여유의 문화였습니다. 즐거움과 놀이의 과정에서 나오는 아이디어들로 프로젝트를 채울 수 있는 여유를 보장해준 것이지요. 또한, 이런 20% 룰이 나온 이유로는 일종의 전략적 보호도 꼽을 수 있습니다. 그야말로 시킨 일만 100%로 하게 되면 만에 하나 그 길이 잘못됐을 때 후진하기가 힘들어집니다. 하지만 만약 전 직원이 평소에 20%의 여유를 갖고 다른 곳도 조금씩 보고 있었다면 일명 플랜 B를 생각해낼 여유가 생깁니다. 의외의 곳에서 생각지도 못했던 놀라움이 생겨날 수 있지요. 물론 매출 목표, 근태 등 미리 정한 약속에서는 놀라움이 있으면 안 되지요. 하지만 세상의 일이 생각처럼 이뤄지지 않았을 때, 기업의 일이 생각처럼 진행되지 않았을 때, 전략이 생각처럼 펼쳐지지 않았을 때, 그러니까 어느 날 내리막길에 서 있을 경우에는 의외성이 굉장히 필요한 경우가 있습니다. 어제와 같은 오늘을 그대로 영위했다가는 틀림없이 내리막길 끝의 절벽 아래로 곤두박질칠 상황에서는 누군가가 뭔가를 해주기를 내심 바라는 경우가 있습니다. 이럴 때 누군가가 여유 시간에 혼자 뭔가를 만들어놓았는데 이게 쓸모가 있을 수도 있습니다. 그런 경우에는 정말 긍정적인 서프라이즈가 생긴 겁니다. 경영상의 서프라이즈는 안 좋은 것이지만, 긍정적인 서프라이즈는 우리를 구할 수도 있습니다. 기업이 휘청거리는 와중에 "실은 제가 이런 걸 만들고 있었거든요"라고 말하는 이가 등장합니다. 그렇게 만약 누군가가 기대하지도 않았는데 뭔가를 내놓고, 게다가 그게 괜찮은 것이었다면 정말 긍정적인 서프라이즈가 발생하는 거지요. "어머, 왜 이런 걸. 진작 말해주지 그랬어. 얘기했으면 내가 도와줬을 텐데"와 같은 반응이 이어질 수도 있습니다.

여유의 룰이 이런 성과를 내는 이유는 상대방을 깜짝 놀라게 하고 싶은 마음이 누구에게나 있어서입니다. 물론 기업에서 서프라이즈는 여전히 기피의 대상입니다. 하지만 모든 혁신은 서프라이즈입니다. 조직의 철두철미한 계획에 의해 집행된 주력 프로젝트가 아닌 것들. 어쩌다가 시간이 남아서 놀다가 지쳐서 뭔가를 했는데 그게 맞아떨어진 사례들이 나오기 시작합니다.

장기근속으로 유명한 닌텐도 같은 곳은 하도 오래 다니다 보니 지쳐서 혁신이 나오는 경우입니다. 닌텐도는 최근 닌텐도 스위치라는 제품이 없어서 못 파는 지경이 될 정도로 잘나가고 있습니다만, 늘 그랬던 것만은 아닙니다. 닌텐도는 골수 게이머가 아니더라도 가족 누구나 함께 즐길 수 있는 게임기를 표방해온 기업이었습니다. 철저하게 저작권을 관리하면서 완성도 높은 가족용 콘텐츠를 만들어왔습니다. 게임 업계의 디즈니와 같은 존재였지요. 그런데 닌텐도 DS와 위Wii의 성공 이후로 자신만의 독자적 플랫폼에도 자신감이 생길 무렵, 느닷없이 스마트폰 시장이 열렸습니다. 그리고 게임도 어느덧 온라인과 SNS를 바탕으로 하는 시대로 접어들었습니다. 닌텐도처럼 완성도 높은 완벽한 게임을 개봉 첫날에 발표하는 문화에서는 낯선 일이었습니다. 스마트폰 열풍이 일어나면서 닌텐도의 주가는 5분의 1로 떨어졌습니다. 많은 이가 닌텐도를 그저 아이폰이 쓰러뜨린 과거의 거인 중 하나로 여기기 시작했습니다.

하지만 이 난관을 타개한 것도 모두 닌텐도 내부의 기크들이었습니다. 〈젤다 시리즈〉나 〈마리오 시리즈〉와 같은 전통적인 자산 이외에도 〈스플래툰〉처럼 신세대 취향의 게임 프랜차이즈도 다소 미숙한 상태에서 과감하게 론칭하고 사용자와 함께 개선해나갔습니다. 또한, 〈포켓몬 고〉처럼 미국 기업에 라이선스를 주는 컬래버레이션도 마다하지 않았습니다. 모두 닌텐도의 전통적 완벽주의와는 거리가 먼 행동이었습니다.

사실 닌텐도는 하드코어 게이머에게는 관심 밖의 대상이었습니다. 그래서 대부분의 사람이 굴지의 게임 스튜디오들이 만든 대작 게임이 넘쳐나는 플레이스테이션이나 엑스박스와 과연 다시 경쟁할 수 있을까 우려했습니다. 그런데 막상 뚜껑을 열어보니 닌텐도 안에서 이렇게 협업과 모험 문화가 하드코어 기크들에 의해서 싹트고 있었다는 것을 알게 됐습니다. 이후 닌텐도는 이 두 세계를 마치 '스위치'하듯 닌텐도 스위치를 발표했습니다. 그리고 암흑기를 헤쳐나가고 전성기의 주가를 깔끔하게 회복했습니다.

이렇게 기크의 마음이 동하기 위해서는 놀이의 마음을 끌어내야 합니다. 기업이 사무실을 알록달록하게 꾸미는 것도 그 일환입니다. '조금 놀아도 된다. 당신은 놀다 지치면 엄청난 일을 벌일 분이라는 걸 알고 있다'라는 조직의 여유를 보여주는 셈입니다. 많은 테크 기업이 자사의 분위기를 마치 유치원처럼 이것저것 꾸며놓고 뭔가 약간 널브러진 듯한 느낌을 주려 하는 이유는 여유 속에서 극단적인 생산성을 만들어낼 수 있는 씨앗을 심을 수 있다는 기대감 때문이었습니다.

이제는 가라앉은 일본 전자 기업 중에서도 생존한 닌텐도와 소니처럼 놀이의 문화가 남아 있는 곳이 생존합니다. 몸통이 아닌 곁가지의 정서로 살아남은 이들이 대박을 내기도 합니다. 늘 주력 사업이 성공하는 것만은 아닙니다. 소니의 예만 보더라도 워크맨이나 트리니톤 TV 등 한 시대를 풍미한 과거의 영광 중에서 무엇 하나 지금까지 이어지는 것은 없습니다. 괜찮은 블루투스 헤드셋과 괜찮은 액정 TV를 만들곤 있지만, 그 OLED는 LG에서 납품받은 것입니다. 니콘이나 캐논 대신에 아주 괜찮은 카메라(센서)를 만들어서 아이폰에 납품하는 일이 주력이 될지는 그 당시에는 몰랐겠지요. 사내에서 누군가가 무언가 꼼지락거리면서 꿈을 꾸고 있다면, 무언가를 만들어보려고 애쓰고 있다면 기회는 있습니다.

그런 장기적인 여유가 우리에게도 있으면 좋겠다고 생각합니다. 여유란 억지로 만들어내는 것입니다. 리더가 위기감을 있는 그대로 인정하고 그런데도 용기를 잃지 않을 때, 사내의 누군가도 지금까지 존재하지 않았던 걸 만들어볼 용기를 절박함 속에서도 다시 발휘하게 됩니다.

언젠가는 되겠지요. 안 되면 짐 싸서 다 함께 집에 가는 것입니다.

"Go Big, or Go Home."

모 아니면 도, 대박 아니면 쪽박, 이판사판을 나타내는 영어 숙어입니다. 이는 스타트업의 만트라이기도 합니다.

물론 여유의 문화라고 말은 하지만, 리더들의 마음은 잘 움직이지 않습니다. 사람의 마음이란 것이 또 그렇습니다. 그렇다면 이를 제도적으로 만들 수는 없을까요? 쉽지는 않습니다만, 방법은 있습니다.

03 공식의 첫 번째 요소, 기크

04

공식의 두 번째 요소,
데이터

데이터로 완성하는
폐쇄 루프

디지털 기술에 의해 기업들은 이제 고객이 제품과 서비스에 대해 내리는 피드백을 실시간으로 받아볼 수 있게 됐습니다. 이를 토대로 초단기간에 문제점을 개선해 다시 시장으로 내보내고 다시 이에 대한 피드백을 받을 수 있다면 고객과 연결된 폐쇄 루프Closed loop(자동으로 조정되는 피드백 루프)가 완성됩니다.

고객으로부터의 피드백은 고객의 소리나 의견처럼 직접적인 것도 있지만, 가입이나 탈퇴와 같은 행위, 매출 등의 지표, 입소문 등의 시장 분위기와 같은 간접적인 것도 중요합니다. 그리고 이런 지표는 데이터로 입수할 수 있습니다. 고객에게 제품을 제공하고, 고객의 피드백을 받고, 제품을 개선하고, 다시 고객에게 개선된 제품을 제공하는 폐쇄 루프가 빠르게 돌아갈 수 있도록 할 수 있는 모든 일을 하는 것을 디지털 트랜스포메이션이라고 정의할 수도 있습니다. 그래서 현장에서는 DX의 'X'를 모든 것을 의미하는 'X'라고 이해하기도 합니다.

데이터로 완성하는 폐쇄 루프 구조

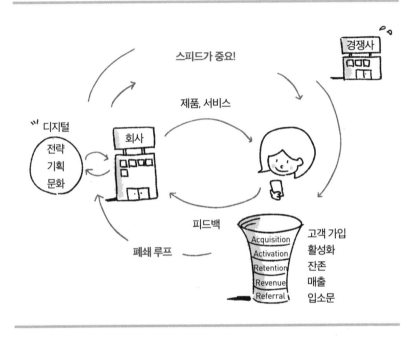

초중고 학습 교재를 만드는 한 업체를 예로 들어보겠습니다. 이 업체는 여러 단계를 거쳐서 제품을 출시합니다. 교수 설계, 원고 발주, 원고 검수, 디지털 외주사 결정, 디지털 외주 개발, 디지털 콘텐츠 검수, 서비스 론칭, 운영이라는 프로세스를 통해서 제품 개발 프로세스를 진행합니다. 이 과정에서 여러 번의 외주가 반복돼야 제품을 출시할 수 있으니 일 년에 제품을 한 번 출시하기도 어렵습니다. 이 기업의 폐쇄 루프 속도는 빨라야 1년에 1회 1Loop per year입니다.

2015년 ING 네덜란드는 한 해에 소프트웨어 제품을 5~6회 정도 대규모 출시Big launches할 수 있었다고 합니다. 소프트웨어 제품을 대규모로 출시한다는 것은 예를 들자면 새 제품을 출시하거나 1.0 버전 이후에 2.0 버전을 출시하는 것입니다. 새로운 버전을 기획하고 발주를 내서 개발하고 납품을 받은 후 출시하는 워터폴(폭포수형) 모델Waterfall model*로 프로젝트를 진행하는 것이 일반적인 형태였기 때문에 최대한 노력해도 제품을 연간 5~6회 출시하는 정도였습니다. 이후 2명의 시니어 임원이 조직을 애자일 조직으로 변경하고 일하는 방식을 변경하는 애자일 전환Agile transformation 작전을 수행했습니다. 약 3,500명의 전통적인 위계 조직을 350개의 스쿼드Squad로 구성하고 이를 다시 13개의 부족Tribes으로 묶었습니다. 이 전환은 디지털 환경에서 소비자가 빠르게 변하는 것에 대응해 빠르게 발맞추기 위한 것이었습니다. 또한, 조직 개편의 목적은 팀의 이름을 바꾸는 것이 아니었습니다. 애자일 업무 방법론을 도입하고 그에 걸맞은 새로운 역할과 조직 운영 방안을 정한 뒤 다이내믹 컴퓨트** 환경을 제공하고 평가와 보상 기준을 변경하는 것이었습

● 폭포수처럼 각 단계를 확실히 매듭짓고 다음 단계로 넘어가는 모델.

●● 컴퓨팅 자원을 동적으로 사용한다는 의미. 동적 사용을 가능케 하기 위한 기술로는 퍼블릭과 프라이빗 클라우드 컴퓨팅, 셀프서비스, CI/CD 등이 있다.

니다. 2년 후인 2017년에 ING 네덜란드는 고객의 피드백을 받아서 다시 제품을 출시하는 루프를 돌려 2~3주의 주기로 새 제품을 출시할 수 있게 됐습니다. 폐쇄 루프의 속도는 1년에 20회20Loop per year에 육박하게 됐습니다.

아마존은 평균 11.7초에 한 번씩 코드를 배포하고 있다고 합니다. 페이스북은 개발자가 코드를 만들어서 사용자에게 보이는 제품이 되기까지 평균 1분 이내의 시간이 소요된다고 합니다. 고객에게 제공하고 싶은 것이 무엇인지 결정하면 바로 구현할 수 있고, 구현하는 대로 바로 제품에 반영하는 것입니다.

기업의 존재 이유를 만들어주는 것은 고객입니다. 고객을 만족시키는 것을 초고속으로 찾아서 수행하는 일, 디지털 트랜스포메이션의 핵심은 여기에 있습니다.

기업이 데이터에
집중해야 하는 이유

기업이 겪는 수많은 좌절 중에서 정작 문제가 되는 것은 기업 철학이나 제품의 기획 의도가 아닙니다. 대부분의 문제는 기업 철학과 제품의 기획 의도는 훌륭하지만, 그것들을 반영해야 하는 제품이 정작 이를 제대로 담고 있지 못할 때 발생하곤 합니다. 그런데 문제가 발생해도 영업 이익이 유지되는 동안에는 문제가 표면적으로 드러나지는 않습니다. 최고경영자에게 문제가 제대로 보고되지도 않습니다. 일반적으로 관련 보고는 복합적이어서 판단하기 어려운 내용으로 채워져 있습니다. "잘됐습니다", "반응이 뜨겁습니다", "아주 좋습니다" 등의 표현으로 웃고 박수를 치면서 넘어가면 당장 기분은 좋습니다.

이처럼 계층적 조직 구조에서 보고 문화는 부패하기 쉽습니다. 특히 대기업의 최고 의사 결정권자는 임기가 정해진 임원들에게 둘러싸여 있습니다. 임원들의 입장에서는 인사권을 쥔 결정권자에게 충성하는 것이 오래 살아남는 유일한 방법입니다. 즉, 자신에게 책임 소재가 있는 문제는 드러나지 않는 편이 좋다고 생각합니다. 심지어는 의사 결정권자가 듣고 싶어 하는 이야기를 해주는 게 임원의 역할이라고 말하기도 합니다. 그런데 그렇게 듣고 싶은 이야기만 해주는 사이에 고객에 관한 이야기는 보고에서 외면당하고 있습니다.

고객을 만족시키고자 하는 기업의 철학과 기획 의도가 반영돼야 하는 제품이 그 철학과 의도와 다르게 만들어질 때 문제가 발생합니다. 제품이 의도와 다르다는 것을 파악하려면 메트릭 Metric (지표)이 정해져야 합니다. 그리고 메트릭은 고객에게 제공하는 가치를 극대화하는 방향으로 맞춰져야 합니다. 진통제를 사려는 고객을 상대하는 기업이 만약 가장 중요한 메트릭으로 매출을 설정하면 어떻게 될까요? 고객의 고충이 완전히 없어지면 매출이 줄어듭니다. 그렇다면 기업의 입장에서는 완전히 고충을 없애는 방법을 제공하지 않고 재구매를 만들어낼 만큼만 진통제를 제공하려고 하지 않을까요?

데이터로서의 메트릭은 측정값입니다. "측정하지 않는 것은 개선할 수 없다"라는 금언처럼 메트릭에 표현되지 않는 것은 조직 차원에서 무시됩니다. 최고경영자가 메트릭에 매출만 넣으면 조직은 매출을 만드는 방법에만 몰입합니다. 영업 이익을 줄여가면서도 매출을 키우는 방법만 찾을 수도 있습니다. 반면에 최고경영자가 메트릭에 영업 이익을 강조하면 조직은 영업 이익을 늘리기 위해서 비용을 줄이고 매출을 늘리려고 합니다. 그리고 그중에서 더 쉬운 방법을 선택하겠지요. 즉, 매출을 유지하면서 비용을 쥐어짤 수도 있습니다. 어쩌면 미래를 위한 투자를 해야 하는 시기임에도 위기를 외치면서 위기를 타개하는 방법으로 비용 절감을 강요해 실상은 미래를 훼손하고 있을지도 모르는 일입니다. 이 처럼 최고경영자가 경영 판단을 어떻게 할 것이며, 더 나아가서는 어떤 데이터를 강조해서 경영적 판단을 하느냐에 따라서 개선되는 것과 무시 되는 것이 구분됩니다.

잘 정의된 메트릭은 좋은 데이터에서 나옵니다. 좋은 데이터는 최고 경영자부터 조직의 말단까지 고객을 바라보게 합니다. 최고경영자의 손 가락을 바라보던 임원들부터 본능적으로 손가락이 아니라 그 손가락이 가리키는 달을 바라보게 합니다.

고객에게 집중하는 데이터 플레이의 중요성

최고경영자가 고객에게 관심을 두고 고객이 만들어내는 피드백을 데이터화해 메트릭으로 측정하고 개선하는 방법을 찾아서 실행하고, 메트릭이 어떻게 바뀌는지 계속 추적 및 감시하는 것이 곧 데이터 플레이 Data Play 입니다. 이것이 우리 모두 손가락을 그만 보고 달을 바라보게 하는 방법론입니다.

디지털 트랜스포메이션을 위해서 기업 문화를 바꾸는 것은 너무나 어려운 일이므로 문화를 바꾸려고 하지 말고 하던 사업에나 집중하라는 말이 들립니다. 그런데 그렇게 하던 사업을 데이터를 기반으로 집중해서 제대로 한다면 나중에는 기업 문화도 바뀌게 됩니다. 결국, 두 표현은 강조점만 다르지, 같은 목적지에 도달하기 위한 표현입니다. 데이터를 기반으로 사업에 집중하면 데이터를 보게 되고 데이터를 활용하게 됩니다. 데이터를 이용한 업무가 비즈니스 임팩트를 만들어내면 데이터의 효과를 본 사람들은 그 맛을 잊을 수 없게 됩니다. 그때부터는 가능한 한 모든 업무에서 데이터의 힘을 끌어내기 위해서 노력합니다. 그러다 보면 기업 문화까지 변화합니다.

대부분의 사람은 달을 가리키면 달이 아니라 달을 가리키는 손가락을 봅니다. 사업을 잘하기 위해서 디지털 트랜스포메이션을 하는 것인데, 디지털 트랜스포메이션을 목표로 상급자가 지시한 업무만을 수행하다 보면 본연의 목적인 사업을 간과하게 됩니다. 내가 무엇을 간과하고 있는지 빨리 깨닫고 다시 달을 봐야 합니다.

기업의 데이터
활용 방법

기업의 디지털 트랜스포메이션은 중점적으로 다루는 데이터의 형태에 따라서 발전 단계를 구분할 수 있습니다. 또한, 단계별로 데이터를 통한 사업적 효과를 구별해서 정의할 수 있습니다.

다들 디지털 트랜스포메이션이라는 동일한 트랙을 서로 다른 지점에서 출발하겠지만, 지나가야 하는 마일스톤Milestone(이정표)은 모두에게 명확하게 적용됩니다. 도착 지점은 정해져 있습니다. 어떤 마일스톤이 존재하는지 진도 표를 확인하고 우리가 트랙 위의 어느 위치에서 달리고 있는지를 점검해볼 필요가 있습니다.

전통 기업은 디지털 트랜스포메이션을 시작할 때 가장 먼저 해야 하는 일이 있습니다. 기존에 다루던 아날로그 데이터를 디지털로 전환하는 것입니다.

디지털 트랜스포메이션 발전 단계	데이터의 형태	데이터의 의미	데이터의 사업적 효과
디지타이제이션 Digitization	원시 Primitive 데이터 사실 Fact 데이터	정확한 현실	데이터에 기반한 정확한 의사 결정 Data driven decision
디지털라이제이션 Digitalization	폐쇄 루프 Closed loop 에서 도출된 고객 행동 데이터	고객에 대한 깊은 이해	실행 속도 증가
디지털 트랜스포메이션 Digital transformation	도출 & 유추 Derived & inferred 데이터	예측 가능한 이해	다른 맥락의 사업 다분야 Multi-sector 핵심 역량 Core competency

상전이 相轉移

예를 들어서 만약 고객으로부터 입회 원서를 종이로 받는 업체라면 파일화해서 태블릿에 넣는 방식으로 전환하는 건 쉽게 해볼 만한 시도입니다. 이렇게 고객 접점이 디지털화되면 입회 원서 작성과 동시에 해당 내용이 데이터베이스에 저장돼 고객이 즉시 혜택을 받을 수 있습니다. 고객이나 관계자에게 전달할 내용을 프린터로 출력하고 있었다면 그 프린터의 사용을 멈추고 디지털로 할 방안을 찾아서 전환해보는 것도 좋습니다.

이렇게 디지털 디바이스를 이용해서 아날로그를 대체하는 일을 디지타이제이션 Digitization 이라 합니다. 고객과의 접점에서 아직 아날로그로 데이터를 만들고 있었다면 디지털 디바이스를 도입할 수 있는 디지타이제이션 기회가 있는 것입니다. 데이터에는 생애 주기가 있습니다.

시작 시기부터 늦어진다면 속도 면에서 경쟁이 어렵습니다. 자료, 그러니까 데이터를 만들고 취합해서 전달하는 과정이 모두 측정될 수 있도록 해야 합니다. 그렇게 하면 데이터 수집이 빨라지는 것과 동시에 데이터의 품질을 확인하는 것도 가능해집니다.

한편으로 종이에 적힌 내용은 즉시 검증이 어렵습니다. 그러나 데이터를 디지털 디바이스에서 볼 수 있다면 즉시 검증 가능한 방법을 만들어낼 수 있습니다. 측정할 수 있는 것만이 개선할 수 있습니다. 업무 자체도 측정해서 개선하고, 측정한 데이터의 품질도 측정해서 개선할 수 있습니다. 이처럼 디지타이제이션을 진행하면 빠르게 데이터 품질을 높일 수 있습니다. 오류투성이였던 아날로그 데이터도 생성 시점부터 디지털로 생성하면 생성 시점에 발생할 수 있는 오류의 수정 속도를 단축할 수 있습니다. 예컨대 고객 입회 원서에 주소를 잘못 적었거나 입회 원서를 타이핑해서 데이터베이스에 입력하는 현장에서 잘못 입력했다고 가정해봅시다. 차후 오류를 발견하면 전자의 과정은 고객에게 다시 연락해서 정보를 하나하나 정정하거나 입회 신청서를 새로 받아야 합니다. 즉, 수많은 수작업을 포함한 업무가 다시 진행돼야 합니다. 고객 역시 수고를 들여서 작성한 입회 원서의 효력을 보기 위해서 더 많은 시간을 기다려야 합니다. 그러나 디지타이제이션만이라도 어느 정도 진행돼 태블릿에서 입회 원서를 작성한다면 작성하는 즉시 데이터에 대한 검증이 이뤄집니다. 그리고 데이터 품질이 높은(오류가 없는) 데이터가 데이터베이스에 바로 저장됩니다. 이런 상황이라면 고객은 몇 밀리초 안에 노력에 대해 보상을 받을 수 있습니다. 그리고 기업은 그 순간 정확한 현실을 파악할 수 있습니다. 아날로그로 입회한 고객의 숫자는 전국 지점의 정보를 취합해야 하니 취합 시간이 필요하지만, 디지털로 입회한 고객 숫자는 버튼을 클릭하자마자 정확한 숫자를 알 수 있습니다.

데이터는 과거에 벌어진 일을 정확하게 전달하는 힘이 있습니다. 데이터와 데이터 사이의 관계가 정의되면 자료는 정보가 됩니다. 데이터에 기반을 둔다는 것은 감이나 추측이 아니라 사실에 기반을 두고 의사 결정을 할 수 있게 된다는 뜻입니다. 디지타이제이션을 하면 의사 결정을 하기 위해 필요한 데이터가 항상 준비된 상태가 됩니다. BI Business Intelligence*라는 표현에 익숙한 기업이라면 아마도 이 단계의 마일스톤을 지나가고 있을 가능성이 크겠지요.

디지털라이제이션Digitalization은 디지타이제이션보다 한 단계 더 업그레이드된 것으로 디지털로 수행하는 업무를 말합니다. 인터넷으로 연결된 디지털 디바이스로 업무를 진행하고 그 위에 데이터를 결합합니다. 데이터가 흐르니 고객과도 디지털로 소통할 수 있게 됩니다. 물론 종래의 전산화·디지털화도 PC를 사용했지만, 인터넷에 연결돼 있다고 보기는 힘들었습니다. PC야 물론 인터넷에 연결돼 있었지만, 업무는 그렇지 않았기 때문이지요. 이제는 업무 속도를 더 빠르게 할 수 있는 가

---

* 사업적 정보를 일컫는 말로 경영진에서 의사 결정을 하기 위해 필요한 사업과 관련된 자사의 지표뿐만 아니라 시장, 경쟁사, 고객 등에 관련된 각종 정보를 뜻한다.

능성이 많이 생겼습니다. 인터넷이 가져온 이 변화는 커다란 주판을 쓰다가 전자계산기를 쓰는 정도의 큰 변화라고 여겨도 좋습니다.

많은 대기업에서는 업무 요청이 발생하면 IDC Internet Data Center에 있는 메인 프레임의 DBMS DataBase Management System에서 데이터를 PC에 내려받아서 스프레드시트에 올려서 원하는 대로 가공한 후에 리포트로 만들어서 이메일로 보내고 있습니다. 이 정도의 전산 업무를 하고 있다면 상당한 수준에 도달한 기업이겠지만, 안심하기는 이릅니다. 리포트를 이메일에 첨부하고 송부 버튼을 클릭하는 수작업에서 오류가 언제든지 끼어들 수 있습니다. 또한, 사람이 하는 일인 만큼 속도도 느립니다. 이제 클라우드로의 전환으로 속도를 더 빠르게 해볼 차례입니다. 같은 시장 내의 경쟁자들은 이미 전환을 완료했을 수도 있습니다.

고객과 디지털 디바이스를 통해 대화할 수 있다면 제품을 이용하는 고객의 피드백을 즉시 수집하고 분석할 준비가 된 것입니다. 수집한 데이터 분석을 통해서 고객이 명시적으로 전달하지 않는 의중과 그 안에 숨겨진 이슈 및 니즈도 간파할 수 있습니다. 고객이 제품을 이용하면서 남기는 행동 데이터를 잘 분석하면 고객이 제품을 사용할 때 어떤 관심 Attention을 가지고 사용하는지, 어떤 의도 Intention가 있는지를 판단할 수 있습니다. 고객을 이해하는 매우 중요한 과정인 셈입니다.

또한, 고객의 행동 데이터가 분석되면 제품의 개선 포인트를 찾을 수 있습니다. 어떤 부분에 고객이 관심을 가지고 어떤 의도로 사용하려고 하는데, 제품은 어느 부분에서는 고객을 만족시켰고 어느 부분에서는 실망을 줬는지 파악할 수 있습니다. 문제점이 파악되면 이제 망설일 필요 없이 사업적 파급력이 큰 것부터 우선순위를 잡고 제품을 빠르게 개선하면 됩니다.

디지털 트랜스포메이션 과정을 거친 후에 만들어지는 '디지털 제품'은 그 개선 속도가 비약적으로 빠릅니다. 개발자, 소프트웨어 엔지니어들이 그 업그레이드의 주인공들입니다. 그렇게 개선된 제품들은 완성 후 고객에게 전달하는 간격이 극단적으로 줄어들 수 있습니다. 특히 소프트웨어 제품의 경우에는 제품을 개선한 후에 고객이 사용할 수 있게 되는 때까지 수분의 시간*만에 제품이 출시될 수도 있습니다. 개선된 업무가 100% 디지털라이제이션이 이뤄져 있다면 중간에 수작업이 걸쳐 있는 경우와 비교해서 제품을 엄청나게 빠른 속도로 고객의 손에 쥐어 줄 수 있게 됩니다. 제품을 내고 고객의 피드백을 받아서 제품을 개선한 후 다시 제품을 출시하는 이 과정이 빠르면 빠를수록 제품의 고도화가 빨라지고 그 완성도 또한 높아집니다. 이렇게 되면 고객의 만족도가 높아집니다. 급기야는 열광하는 팬이 생기고, 그렇게 바라던 브랜드 로열티도 생깁니다. 즉, 개선 업무가 선순환을 이루고 양적으로 쌓이면 질적 변화가 일어날 수 있는 상황이 다가옵니다.

이제 데이터 플레이의 상위 단계로 넘어갈 차례입니다. 기업의 데

---

* 자사가 100% 통제하는 웹 업무의 경우에 가능한 일이다. 애플리케이션의 경우에는 스토어의 검수 정책 때문에 간격이 조금 더 벌어진다.

이터 분석 역량이 향상되면 예측 분석Predictive analysis*이나 처방 분석 Prescriptive analysis**을 할 수 있는 역량을 갖게 됩니다. 과거나 현재를 분석해서 이해하는 것보다 미래를 예측하고 예측 결과에 따라서 어떻게 행동하면 좋을지 판단하게 되면 비즈니스 임팩트의 크기가 거대해집니다.

데이터로 일하는 방법에도 고수가 있습니다. 이런 분석 역량을 자유자재로 다루게 되면 거의 고수의 단계입니다. 이 지점에서 분석 역량을 좌지우지하는 것은 이론이나 알고리즘이 아니라 사용할 데이터를 준비하는 일입니다. 이론이나 알고리즘을 갖추는 일은 단시간에 압축해서 따라잡을 수 있지만, 데이터를 갖추는 일은 시간이 오래 걸립니다. 또한, 필연적으로 하위 단계의 발전을 직접 겪어야 합니다.

데이터를 기반으로 고객의 만족도를 높이는 경험을 빠른 속도로 여러 번 반복하게 되면 사업적으로 기존과는 다른 경쟁력이 생깁니다. 속도가 충분히 빨라지면 임직원과 고객은 기업이 기존과는 다른 사업을 할 수 있다는 것을 알게 됩니다. 양질 전환, 즉 양이 쌓이면 질적 변화가 나타납니다. 분석 역량도 성숙해져서 현황을 기술Descriptive하거나 진단 판단Diagnosis하는 수준에서 예측이나 처방하는 수준으로 업그레이드됩니다. 분석에 필요한 데이터도 미리 갖추게 됩니다. 그중에서도 가장 중

---

* 과거 데이터의 패턴을 분석해 미래 결과를 예측하는 데이터 분석 기법.
** 비즈니스의 목표와 제약 조건 간의 균형을 이루는 최적화된 해법을 찾는 데이터 분석 기법.

요한 질적 변화는 비즈니스 모델의 플랫폼화입니다. 디지털 트랜스포메이션의 성숙도가 진척된 기업들은 제품과 고객을 양면 시장을 가진 플랫폼으로 발전시키게 됩니다. 강력한 제품과 열광하는 팬을 확보한 상태에서 새로운 제품을 공급하게 되고, 새로운 제품으로 인해 고객의 폭을 넓히게 됩니다. 게다가 강력한 데이터의 비즈니스 임팩트를 목격한 다른 사업 주체들과 연계돼 플랫폼을 조성해 더 큰 시장을 창출하게 됩니다. 이후로는 다른 사업 주체들이 이 플랫폼에 올라타기 위해서 안간힘을 씁니다. 지금도 디지털 트랜스포메이션을 성공적으로 이뤄낸 기업들을 보면 플랫폼의 문을 열어주지 않았을 뿐이지, 수많은 업체가 문을 열어주기만 한다면 그 플랫폼에 올라타려고 애씁니다. 이쯤 되면 디지털 트랜스포메이션의 완성이라고 할 수 있습니다.

데이터 플레이 4행정 엔진 도입

디지털 트랜스포메이션의 핵심은 이처럼 빠르게 변하는 고객의 요구사항을 파악하고 고객 만족을 이끌어내기 위해 업무 속도를 높이는 데 있습니다. 기업의 실행 속도를 더 빠르게, 더 기민하게 만들기 위해 해야 할 모든 일을 다 하자는 것이 디지털 트랜스포메이션의 철학입니다. 업무 속도를 극적으로 높이기 위해서 아날로그 방식인 수작업으로 하던 것들을 디지털로 변경합니다. 분업화·전문화로 생산 속도를 높였던 기존의 제조업 방식을 인터넷에 연결하고 컴퓨터로 자동화·최적화해서 더욱더 속도를 높입니다.

폐쇄 루프를 더 빨리 돌리는 방법이 있습니다. 데이터 플레이로 일하는 겁니다. 데이터로 일을 벌이고 데이터로 일하는 새로운 방식을 도입해야 합니다.

데이터 플레이는 데이터를 연료로 삼아서 구동하는 4행정 엔진Four-stroke, Four-cycle engine이라고 생각할 수 있습니다. 데이터를 ① 수집 및 분석해 ② 가설을 세우고 ③ 실험과 실행으로 ④ 가치를 창출해서 고객에게 전달하는 네 단계 사이클 순환의 한 바퀴를 초고속 RPM으로 돌리는 것입니다. 좀 더 자세히 설명하면 다음과 같습니다.

첫 번째는 데이터 흡입Intake 단계입니다. 이 단계에서는 4행정 엔진의 연료인 데이터를 수집합니다. 시장 경쟁 상황, 고객 반응 데이터도 흡기합니다. 이미 순환이 시작됐다면 그 대상이 직전 프로젝트의 결과물일 수도 있습니다.

두 번째는 가설 압축Compression 단계입니다. 데이터를 분석하고 평가해서 가설을 수립해갑니다. 상황을 이해하는 동시에 가설을 검증하게 됩니다. 이 단계에서는 디자인 싱킹Design thinking과 같은 방법론이 활용됩니다.

세 번째는 실행력 폭발Explosion 단계입니다. 아이디어를 토대로 실제 동력을 만들어내는 단계입니다. 이 단계에서는 가치를 만들어냅니다. 애자일한 실행력이 요구됩니다. 스크럼Scrum(애자일 기법의 일종) 등이 활용됩니다.

네 번째는 가치 배출Exhaust 단계입니다. 이 단계에서는 시장을 향한 밸브가 열리면서 가치를 엔진 밖으로 마음껏 배출하며 다음 사이클을 준비합니다. 이 과정까지 가치의 크랭크축은 충분히 회전합니다. 이 단계에서는 확장성Scalability이나 그로스 해킹이 논의됩니다.

데이터 플레이 4행정 엔진 구조

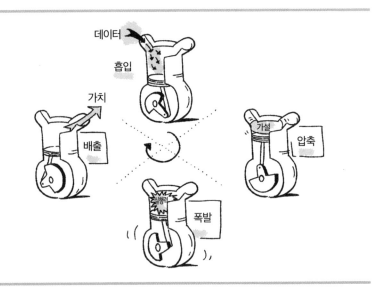

이런 데이터 플레이의 흡입·압축·폭발·배출의 각 활동은 이미 널리 활용 중인 여러 개념 및 방법론에서도 목격됩니다. 컴퓨팅 사고, 데이터 사이언스 프로세스, 디자인 싱킹, 애자일, 그로스 해킹 등이 모두 데이터 플레이와 같은 회전을 중시하고 있습니다.

예를 들어서 컴퓨팅 사고에서 목격되는 4행정 엔진은 다음과 같은 구조입니다. 먼저 현실 세계의 데이터를 수집해서 문제를 추상화합니다. 그리고 논리와 숫자로 문제를 풀어낼 방법을 찾아서 가설 모델을 만듭니다. 이어서 데이터와 알고리즘으로 문제를 풀 수 있는 프로그램을 만듭니다. 마지막으로 이를 현실 세계의 문제에 적용합니다.

데이터 사이언스에서 목격되는 4행정 엔진은 다음과 같은 구조입니다. 먼저 사업적 질문과 사업에 대한 이해, 즉 사업에 대한 데이터를 수집합니다. 가설을 세우고 모델을 만듭니다. 사업적 질문에 답을 해줄 수 있는 모델이 만들어질 때까지 이 과정을 반복합니다. 모델이 완성되면 현실에서 사용돼 가치를 창출할 수 있도록 배포합니다.

4행정 엔진 구조 실제 적용 사례

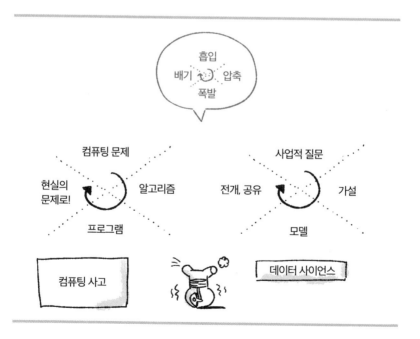

디지털 혁신에 적용되는 다양한 사고법 및 방법론에서 데이터 플레이 4행정의 핵심 원리는 모두 동일하게 적용됩니다. 4행정을 반복해서 수행하면서 현실의 문제를 점진적으로 개선해나갑니다. 한 사이클을 돌고 한 번에 해결되는 문제는 없습니다. 지속해서 점진적으로 개선해나가는 것이므로 이 폐쇄 루프를 얼마나 빠른 속도로 회전시키느냐에 사업의 미래가 달려 있습니다.

디지털 네이티브라고 불리는 기업들이 아날로그 기업의 영역을 잠식하고 있습니다. 조금 늦게 변하는 사업은 있어도 변하지 않는 사업은 없습니다. 고객과 환경이 변하고 있고 그 속도도 가속화되고 있으므로 기업의 디지털 트랜스포메이션 속도도 가속화돼야 급변하는 환경에서 생존할 수 있습니다. 아직도 아날로그 방식으로 업무를 진행 중인 종래의 기업들은 매우 느린 속도로 고객과 환경에 적응해가고 있습니다. 속도를 높여야 할 때입니다.

데이터 플레이 역량 고도화 5단계 활용

데이터 플레이는 데이터로 일하는 법을 말합니다. 데이터 플레이는 데이터를 사용해서 업무의 효율과 효과를 높입니다. 즉, 비즈니스 임팩트를 키웁니다. 또한, 데이터 플레이 방식을 통해 데이터로 일하게 되면 자연스레 데이터 자산이 쌓이게 됩니다. 데이터 자산은 업무에 도움을 줘 간접적으로 매출을 상승시키는 데 도움이 되거나 직접적으로는 데이터 자체를 팔아서 이익을 낼 수도 있습니다.

데이터 플레이는 조직이 그 노하우를 체득하고, 이를 살려내는 디지털 업무 환경을 갖추면서 점점 더 고도화됩니다. 그런데 여기서 주의해야 할 점은 데이터 자산은 업무에 활용 가능해야 한다는 점입니다. 또한, 항상 바로 사용할 수 있도록 신선함Freshness을 유지해야 합니다. 품질 또한 업무 효과를 낼 수 있는 수준을 유지해야 합니다.

데이터로 일하는 법에 관한 노하우를 전혀 모르는 조직이 데이터로 일하게 될 때까지는 보통 다음에 나오는 다섯 단계의 발전 과정을 거칩니다. 그러나 노하우를 가진 리더가 이끄는 조직은 일부 단계를 쉽게 건너뛰기도 합니다. 혹은 노하우가 이미 농축된 클라우드 등을 도입함으로써 단박에 높은 단계로 진입하기도 합니다. 단계를 건너뛰는 일에는 필연적으로 비용이 수반됩니다. 그러나 건너뛴다는 표현 그대로 시간을 절약할 수 있다는 이점이 있으므로 각 기업의 상황에 맞춰서 현명한 의사 결정이 필요합니다.

● 1단계: 데이터 탐색 단계

파이썬Python 및 주피터 노트북Jupyter Notebook* 등 데이터 분석을 위한 도구를 다룰 준비가 돼 있습니다. 이런 도구를 바탕으로 주요 데이터와

● '노트북'이라는 대화형 문서에 코드와 의견, 멀티미디어, 시각화 자료 등을 결합해 이를 공유하고 재사용 및 재작업할 수 있게 해주는 시스템.

04 공식의 두 번째 요소, 데이터

데이터를 시각화한 그래프 등의 자료를 (비즈니스 도메인을 알고 있는) 실무 담당자와 수시로 공유하고, 의미 있는 분석 결과는 인사이트 리포트라는 보고서를 작성해 경영진 회의에서 공유하기도 합니다.

1단계에서는 데이터 애널리스트가 분석 업무를 진행한 후에 결과를 시각화하고 보고하는 데 오랜 시간이 걸립니다. 또한, 사업 실무 담당자는 데이터를 다뤄본 경험이 없으므로 분석 결과를 이해하고 질의응답을 한 뒤 분석 결과를 개선하기 위해 필요한 도메인 지식을 전달해주는 데 또 시간이 소요됩니다. 데이터 분석을 담당하는 부서와 데이터를 활용하는 부서 양측의 협의에도 시간이 소요되며 의사 결정이 필요한 사안이 발생하면 추가로 시간이 또 소요됩니다. 즉, 분석 과제 1개에 약 3개월 정도의 시간이 소요됩니다. 이 단계는 어느 데이터가 중점 데이터인지 파악하는 단계이며, 최종적으로 데이터와 데이터를 복합적으로 이용해 새로운 의미를 지닌 고도의 복합 데이터Composite data가 만들어집니다. 이렇게 만들어진 데이터는 현황을 파악하거나 발생한 일의 원인을 분석하는 데 주로 사용됩니다.

1단계가 잘 진행되면 데이터를 기반으로 문제를 제대로 정의할 수 있습니다. 문제 정의는 모든 문제 해결의 시작입니다. 인사이트 리포트에는 문제를 해결할 수 있는 가설을 수립할 때 힌트가 될 데이터가 담겨 있습니다. 막연히 잘하면 된다거나 열심히 하면 된다거나 감이 좋다거나 하는 방식들이 아니라 "근거가 무엇인가요?"라는 질문에 데이터를 기반으로 답변할 수 있게 됩니다.

- 예시: 제품 리뷰의 횟수, 개수, 사진 리뷰 등이 구매 전환율에 주는 영향 분석.
- 예시: 향후 3개월 안에 어떤 사용자가 자동차 구매 캠페인에 흥미를 보일지 분석.
- 예시: 무료 보험을 제공하면 개인정보를 사용하는 데 동의할 가능성이 높은 고객 분석.

● 2단계: 데이터 활용 단계

데이터를 가지고 가서 마케팅 분야에 활용해보거나, 업무 프로세스를 변경해보거나, 서비스에 변경을 가해보는 단계입니다. 이 단계는 결과에 대한 해석이 분분하므로 대부분의 기업은 제대로 된 실험 계획 없이 해보고 나서 사후에 분석하는 일이 많습니다. 그런 이유로 성과가 나는 경우 성과가 디지털 덕분인지, 아니면 전략 덕인지, 혹은 그냥 윗분의 탁월한 인사이트 덕분인지 알기가 어렵고 의견이 분분합니다.

오프라인 업무를 포함하고 있으면 이 단계도 한 번 돌려보는 데 대략 한두 달은 걸립니다. 1단계에서 도출된 데이터와 인사이트에도 불구하고 실제로 데이터를 활용해보려면 별도의 예산이 필요한 경우가 많습니다. 구매 전환율을 높이는 캠페인, 탈회脫會 방지 캠페인 등 예산이 있어야 하는 마케팅, 프로모션 캠페인은 예산 확보와 집행할 때 모두 시간의 소모가 큽니다.

그러나 2단계가 잘 진행되면 1단계에서 정의된 문제를 해결하기 위

125

해 수립한 가설이 검증됩니다. 가설이 검증되는 것은 반복과 규모 확대를 위해서 중대한 사항입니다. 간혹 가설과 다른데도 메트릭에서 좋은 결과를 얻었다고 기뻐하는 경우가 있습니다만, 그런 경우는 기뻐할 일이 아닙니다. 가설이 검증돼야 수십 배, 수백 배의 효과를 목표로 예산을 투입할 수 있습니다. 원인을 모르고 우연히 나타난 결과를 믿고 큰 예산을 투입하기란 어렵습니다. 가설이 정확하게 검증되면 대규모의 실행 계획을 준비할 수 있습니다.

- 예시: 개인정보를 제공하고 무료 보험에 가입하는 가입자를 더 많이 확보.
- 예시: 가구를 사는 사람들과 차를 사는 사람들은 상관관계 Correlation가 높다. 가구를 사는 사람들 대상으로 마케팅을 해서 자동차 구매 캠페인을 집행했을 때 반응률 제고.

● **3단계: 폐쇄 루프 순환 단계**

1단계와 2단계를 반복하면 필요한 데이터가 파생되고 분석 과제가 다양하게 늘어납니다. 실험을 한 번 수행해보고 개선되는 결과를 확인하는 데는 수개월이 걸리기 때문에 연중 내내 진행한다고 해도 실제로는 몇 번 진행하기 어렵습니다. 또한, 들어가는 비용은 데이터 플레이로 만들어내는 추가 수익을 상회하기 일쑤입니다. 그러나 이 단계를 거치면서 '데이터를 만드는 사람'은 데이터가 어떻게 사용되는지, 데이터의 고객이 누구인지 파악할 수 있습니다. 한편으로 '데이터를 가져다 쓰는 사람'은 데이터를 활용한다는 것이 무엇인지, 데이터를 어떻게 만드는지 알게 됩니다. 보통 빅데이터팀, 데이터 분석팀이라고 불리는 데이터와 플랫폼을 다루는 측과 현업이라고 불리는 사업을 담당하는 양측의 협업이 구성됩니다.

현업에서 고객의 피드백을 받아서 분석에 전달하면, 분석은 에러 분석을 하고 다시 모델을 만들어서 현업에 전달합니다. 각각 다른 쪽 상대방이 일하는 동안에 업무가 정체되기 쉬우므로 폐쇄 루프 한 바퀴를 도는 데는 오랜 시간이 걸립니다.

3단계가 진행되면 가설은 폐쇄 루프를 반복하는 횟수에 비례해서 정교해집니다. 모델도 정확도가 높아집니다. 그에 따라 데이터를 활용하는 프로젝트는 효율성과 효과성이 좋아집니다.

● 4단계: 업무 연동 분리 단계

이 단계는 데이터를 만드는 쪽과 가져다 쓰는 쪽의 업무 연동이 분리돼 각자 속도를 높이는 단계입니다. 데이터는 최신이어야 하므로 데이터를 만드는 쪽에서는 매일, 매주, 매달의 최신 데이터를 신선하게 만들어서 저장소에 담아둡니다. 그렇게 하면 가져다 쓰는 쪽은 항상 신선한 데이터를 활용할 수 있게 됩니다.

그러나 만약 이런 일을 수작업으로 하게 되면 그 업무를 감당하기 어렵습니다. 그래서 데이터를 만들어내는 코드에 스케줄을 걸어서 연쇄적으로 데이터가 만들어지도록 자동화하게 됩니다. 자동화가 이뤄지면 사람이 일일이 데이터를 들여다보는 일이 줄어듭니다. 그런데 사람이 매번 잘 들여다보지 않게 되는 순간부터 데이터 품질Data Quality에서 문제가 생겨납니다. 데이터 품질을 주기적으로 관리하지 않으면 문제가 생겼을 때 문제의 원인을 찾기가 어렵습니다. 시간이 지나서 문제의 원인을 알아차렸을 때는 이미 문제가 발생한 이후입니다. 문제가 발생한 뒤에 원인을 찾다 보니 데이터 품질이 원인으로 밝혀지는 것입니다. 빈번하게 발생하는 데이터 품질의 저하는 데이터를 변환할 때 발생합니다. 예를 들어서 몇 개의 유저 테이블을 합치면서 성별란에 어느 곳은 'M', 어느 곳은 '1'로 코드를 입력합니다. 가져다 쓰는 쪽에서 'M'인 유저를 대상으로 해서 데이터를 받아 가면 '1'로 표현된 유저가 누락됩니다. 그래서 이즈음부터는 데이터 품질을 높이기 위해서 DQMS Data Quality Management System (데이터 품질관리 시스템)를 도입합니다.

자동화가 됐다고 해서 모든 업무가 자동화가 되는 것은 아닙니다. 새로 만드는 데이터는 여전히 수작업에 의존할 수밖에 없습니다. 만드는 과정에서 자동화도 일부 이뤄지지만, 양을 늘리고자 할 때는 수작업이 계속 이어집니다.

4단계가 진행되면 반복을 통해 개선의 속도가 빨라집니다. 이 지점부터는 선두주자와 후발주자의 격차가 벌어집니다. 규모로도 따라잡을 수 없는 속도의 경쟁력이 생깁니다. 또한, 4단계의 속도 향상은 분업 후 이뤄지는 것이므로 그 속도를 더욱 가속화할 수 있습니다.

● 5단계: 솔루션화 단계

이미 글로벌 클라우드에는 데이터를 다루기 위한 전문적인 도구들이 많습니다. ETL Extract Transform Load[*]뿐만 아니라 딥러닝 모델도 자동으로 만들고 하이퍼 파라메터Hyper-parameter[**]를 튜닝해줘서 추론Inference 속도를 높이기 위한 모델을 최적화까지 해주곤 합니다. SOTA State Of The Art(최신식의) 기술들도 일용품화돼 있어서 필요한 만큼 즉시 활용할 수 있습니다. 문제는 이런 도구들을 어떻게 엮어서 유기적으로 동작하게 하느냐겠지요.

데이터 플레이 5단계

- ● 데이터의 추출Extract, 변환Transform, 적재Load 의 약어로, 여러 소스로부터 데이터를 읽어 들여서 데이터웨어하우스 등에 적재하기 위한 단계.
- ●● 딥러닝 등 머신러닝 알고리즘의 기동을 조율하는 인자값(파라미터). 알고리즘의 제어판.

데이터가 만들어져서 데이터웨어하우스DW, Data Warehouse*나 데이터 레이크Data Lake**에 저장되면 API Application Programming Interface를 통해 필요한 데이터를 가져가는 세일즈포스 같은 플랫폼이나 태블로 같은 분석·시각화 솔루션들은 이미 널리 활용되고 있습니다. 게다가 이런 솔루션들은 SaaS Software as a Service(서비스형 소프트웨어)나 PaaS Platform as a Service(서비스형 플랫폼) 형태의 클라우드로 제공되고 있습니다. 버튼 몇 번만 누르면 사용 가능한 상태로 바로 앞에 놓입니다. 이렇게 필요한 기술은 예산 사용을 승인받는 즉시 활용할 수 있습니다. 5단계까지 진행되면 업무에 실시간성이 생성됩니다. 업무의 속도가 생각의 속도에 가깝게 빨라집니다. 즉, 좋은 생각이 나면 바로 실행해볼 수 있게 됩니다.

디지털 네이티브 기업의 데이터 플레이 사례

인터넷을 기반으로 사업을 시작한 기업들을 디지털 네이티브 기업이라고 부릅니다. 디지털 네이티브 기업이라고 하면 당연히 데이터 플레이를 능숙하게 실행할 것 같지만, 실상은 그렇지만도 않습니다. 도구로 디

- 데이터의 창고라는 말처럼 대량 통합 업무 데이터 저장 및 관리 시스템을 이른다. 이 정보를 토대로 의사 결정을 위한 분석을 수행한다.
- 데이터의 종류에 상관없이 모든 데이터를 형태 그대로 일괄로 넣어버릴 수 있는 호수 같은 존재. 빅데이터나 실시간 처리 용도로 차별화된다. 데이터웨어하우스에는 구조화된 데이터 위주로 들어가지만, 데이터 레이크에는 외부 데이터를 포함한 비구조화 데이터가 다 들어간다.

지털 디바이스를 사용하고 매체와 채널로 인터넷을 사용하지만, 고객의 반응, 피드백을 받아서 다시 사업에 반영하는 데이터 플레이를 능숙하게 실행하는 데는 다른 역량이 필요합니다.

카카오톡을 활용해서 주소를 몰라도 선물을 보낼 수 있는 서비스인 카카오톡 선물하기 서비스가 어떻게 단계를 건너뛰어서 데이터 플레이 역량을 고도화했는지 디지털 네이티브 기업의 사례로 살펴봅시다.

● 데이터 플레이 이전 단계(2013년, 거래액 약 2,400억 원)

카카오 전사 데이터 조직의 지원으로 카카오톡의 주요 버튼에 대한 로그 등의 일반적인 통계는 있었으나 개발자 부족으로 구매 전환율, 신규 결제자 수 등 개별 서비스 지표를 볼 수는 없었습니다. 당시는 개발자 3명이 서비스 개선·운영·프로모션까지 담당하는 상황이었습니다. 기본 실적 외에는 사실상 거의 데이터를 볼 수 없는 단계였습니다.

● 1단계(2014년)

일부 기획자들이 SQL Structured Query Language (데이터베이스 하부 언어)을 공부하면서 서비스 데이터베이스를 뒤져서 관련 데이터를 직접 추출한 후 엑셀로 분석을 진행했습니다. 별도의 데이터 애널리스트가 따로 없어서 분석의 깊이가 깊지는 않았으나 본인들이 직접 분석을 수행하니 분석 시간은 3~4일 이내로 소요됐습니다.

● **2, 3단계**(2015년, 거래액 약 5,100억 원)

마케터 조직에 데이터 분석 및 사업 담당자가 조직장으로 부임했습니다. 마케팅 조직에서 조직장이 데이터를 직접 분석해 사업을 수행한다는 개념이 잡혔다는 건 그로스 마케팅 Growth marketing(그로스 해킹), 퍼포먼스 마케팅 Performance marketing 문화가 조직 내에 자리 잡았다고 볼 수 있습니다. 그로스 마케팅은 서비스의 성장을 위해 개발 조직과 소통해 UI/UX 등을 개선하는 식으로 제품에 많은 영향을 끼칩니다. 퍼포먼스 마케팅은 데이터 기반의 메시지 전달과 채널 최적화에 초점을 맞춥니다.

데이터를 기반으로 LTV Life Time Value(고객 생애 가치) 혹은 CLTV Customer Life Time Value를 계산합니다. 그리고 데이터를 기반으로 CAC Customer Acquisition Cost(신규 고객 획득 비용)를 계산합니다. LTV와 CAC를 고려해 프로모션 비용 책정, 마케팅 방향성(회원 가입 유도, 신규 모객, 외형 증대 등)을 잡고 마케팅을 진행합니다. 통상 모바일 캠페인은 효과가 2주를 넘지 않다 보니 오래 고민할 시간이 없습니다. 이 과정은 굉장히 빡빡해서 최소 월 1회 새로운 캠페인을 진행하게 됩니다.

이때 카카오의 조직 구조는 최고 의사 결정권자 → 사업 부문 → 팀 → 파트(셀)의 구조였습니다. 예산 심의 정도만 부문장이 관여할 뿐이고 방향성 등에 대해서는 파트(셀)에서 준비해 팀장만 동의하면 업무 진행이 가능한 구조였습니다. 전형적으로 권한이 위임된 상태였습니다. 즉, 의사 결정 구조가 비교적 단순해 빠른 진행이 가능했습니다.

데이터를 가져다 쓰는 마케팅 조직이 직접 데이터를 만들어서 사용하는 조직은 이미 데이터 플레이 업무 역량을 함양한 조직이라고 할 수 있습니다. 그래서 2단계와 3단계가 동시에 진행됐다고 할 수 있습니다.

● 4단계(2016년, 거래액 약 8,000억 원)

전사 조직에서 2, 3단계의 결과들을 수집하기 시작했습니다. 데이터를 만드는 조직이 활용하는 조직보다 나중에 생기면서 오히려 서비스 조직에서는 정기적으로 데이터를 안 보게 됐습니다. 자신의 필요로 직접 데이터를 만들던 상황에서 누군가의 손을 빌려서 데이터를 만들어야 하는 상황이 되면 아무래도 데이터 감수성*이 떨어지게 됩니다.

전사 조직은 다양한 조직의 데이터를 만들어서 저장소에 저장하고 관리·운영합니다. 그러므로 신규 데이터 요청 시에 반영까지는 리드 타임Lead time이 발생하고 이는 데이터 품질 문제로 이어집니다. 데이터 플레이 업무 역량이 있는 서비스 조직이라면 전사 데이터 조직에 업무 요청을 하고 나서 마냥 손 놓고 있을 수는 없습니다. 따라서 여전히 일부 데이터 플레이는 서비스 조직이 직접 수작업으로 진행하게 됩니다.

● 5단계(2017년, 거래액 약 1조 2,000억 원)

4단계의 고충을 해결하기 위해 서비스 조직 내부에 데이터 애널리스트와 엔지니어가 채용됩니다. 전사 데이터 조직에서 데이터를 끌어와 리

● 마음으로 데이터를 보고 파악하는 능력. 5장에서 더 자세히 설명 예정.

대시Redash®와 태블로를 활용해 개별 사용자에게 필요한 자료와 인사이트 리포트를 만들어냅니다. 이렇게 조금 더 고도화된 정보에 근거한 의사 결정을 시작하긴 했지만, 여전히 실무자가 데이터 애널리스트에게 분석을 요청하면 데이터 애널리스트가 업무를 파악하고 데이터를 분석해서 실무자에게 데이터와 인사이트를 전달하는 리드 타임이 존재합니다. 이런 상황에서는 데이터 플레이를 할 수 있고 데이터를 직접 다룰 줄 아는 데이터 문해력Data Literacy이 있는 사람과 아닌 사람 간에 정보력의 차이가 발생합니다. 그리고 이는 역량과 성과의 차이로 나타납니다.

카카오톡 선물하기의 경우에는 2단계에서 비약적인 성장을 했습니다. 이 배경에는 의사 결정 권한이 실무진에 위임된 가운데 데이터 문해력이 있는 실무자들이 빠르게 데이터에 의한 데이터 드리븐Data driven 의사 결정을 할 수 있었던 것이 성장의 핵심으로 작용했습니다.

데이터 플레이 5단계로 바로 진입하기

데이터 플레이 5단계는 이처럼 적용할 수 있습니다. 각 단계는 나름의 존재 이유가 있습니다. 그런데 과연 우리 기업도 각 단계를 거쳐야 하는지, 혹은 이 5단계가 어디에나 일반적으로 적용되는 것인지에 대해서는

● 　데이터베이스를 SQL로 조회해서 시각화해주는 BI 도구.

의문이 생길 수 있습니다. 앞서 설명한 5단계는 IT 부서가 이미 존재하는 상황에서 데이터 사이언스라는 분야가 새롭게 순서대로 차근차근 부각될 때의 진행 단계입니다.

반면에 다른 디지털 네이티브 기업의 사례를 보면 동일 시점에서 단계를 생략하거나 동시에 두세 단계를 한꺼번에 진행한 사례를 찾을 수 있습니다. 즉, 이 5단계는 각 단계를 건너뛰거나 생략할 수 있습니다. 이들 기업이 단계를 건너뛸 수 있게 된 이유를 알면 어느 기업이나 5단계로 바로 갈 수 있습니다. 5단계로 바로 가기 위해서는 두 가지 준비사항이 있습니다. 바로 ① 유경험자와 ② 클라우드입니다.

첫 번째로 유경험자입니다. 경험자가 없다면 1단계부터 5단계까지 가는 동안에 무수히 많은 의심이 들 수 있습니다. '이렇게 하는 것이 맞는 것인가?', '이 결과를 믿어도 되는 것일까?' 경험자가 없다면 하나씩 확인해보고 검증하고 진행하는 것이 안전하다고 생각할 수밖에 없습니다. 실은 느리게 진행하는 것이 지금과 같은 변화 상황에서는 더 위험한 것이지만, 당시에는 그 사실을 깨닫기 어렵습니다. 그러나 유경험자가 있다면 우왕좌왕하지 않고 목표를 향해서 바로 단계를 건너뛸 수 있습니다. 그가 최종적인 그림이 어떤 것인지 명확히 알고 있기 때문입니다. 물론 조직을 리드할 수 있는 유경험자는 몸값이 비쌀 수도 있습니다. 하지만 조직 전체가 한 번이라도 길을 잘못 들었을 때의 손해 비용을 생각해봅시다. 그리고 그렇게 버려진 시간 동안 경쟁사가 만들어내는 진척도의 누적을 생각해봅시다. 벌어지는 격차를 생각해야 합니다. 유경험자가 조직에 있을 때의 위력은 그만큼 상당합니다.

두 번째는 클라우드입니다. 과거에 데이터 플레이 인프라를 구축하기 위해서 컨설팅을 구매하고, 컨설턴트가 벤치마킹한 데이터나 평가 자료를 기반으로 하드웨어를 구매한 뒤 제안 설명회와 입찰을 거쳐서 개발을 외주처에 발주하는 형태로 일을 진행하던 시절이 있었습니다. 이러한 전개가 아직도 익숙하다면 빨리 클라우드 전환을 고려해야 합니다. IDC에 입고시키는 형태의 기존 방법으로는 새로 나오는 솔루션을 납품받는 데만 3개월씩 걸리곤 합니다. 그리고 그 솔루션을 제대로 활용하기 위해서 조직이 배우고 익히는 데 또 3개월이 걸립니다. 그렇게 6개월이 지난 후에는 이미 낡은 솔루션이 돼 있을 가능성이 높습니다. 게다가 그 솔루션을 판매하는 입장에서도 더 이상의 추가 구매자가 없을 것으로 전망되면 업그레이드할 필요도 없습니다.

클라우드상에는 데이터 플레이를 하기에 충분히 많은 최신 솔루션이 있습니다. 대부분은 사용한 만큼만 과금합니다. 또한, 사용을 결정한 그 순간부터 바로 도입해서 사용 가능합니다. 사용법을 익히는 데는 시간이 걸리지만, 클라우드 공급자로부터 풍부한 교육 자료와 예시가 제공됩니다.

그리고 클라우드를 사용하기로 했으면 클라우드에 어떤 새로운 것이 쏟아져 나오는지 지켜보는 노력이 필요합니다. 워낙 빠른 속도로 고도화된 기술이 쏟아져 나오고 있고 기존의 것을 더 저렴하고 빠르게 대체할 수 있는 것이 계속 튀어나오기 때문에 항상 예의주시해야 합니다.

아마존 AWS Amazon Web Services 나 구글 GCP Google Cloud Platform, 마이크로소프트 애저 Azure 등 글로벌 3대 클라우드 사업자가 매년 진행하는 이벤트에서 발표되는 것도 눈여겨봐야 합니다. 자칫 잘못하면 새로운 기술의 혜택은 경쟁사의 몫이 되고 우리는 그만큼 뒤처집니다.

두 가지 준비물을 챙겨서 단계를 건너뛴 기업의 사례를 살펴봅시다. 토도수학*을 서비스 중인 에누마**는 2018년까지 서비스에 사용돼야 할 콘텐츠를 개발하느라고 유료 결제를 위한 데이터 플레이를 시작하지 못하고 있었습니다. 2019년에는 광고 집행이 필요해서 외부의 데이터 플레이 서비스인 앱스 플라이어를 도입해 데이터를 분석하기 시작했습니다.

다행히 이때 데이터 플레이 역량이 있는 유경험자가 업무를 지휘하게 됐습니다. 필요로 하는 솔루션은 클라우드에 있었습니다. 이제 외부 서비스를 직접 연동해서 사용합니다. 단번에 5단계로 점프하는 경우입니다. 데이터의 목적성을 정의하고 데이터가 바로 성과를 낼 수 있다는 것을 가시적으로 보여주고 전체 조직을 변화시켜나간 멋진 사례입니다.

5단계 이후로는 데이터 플레이를 양적으로 늘리기 위해서 데이터를

● 게임을 기반으로 교사나 부모의 도움이 없어도 수학의 기초를 배울 수 있는 애플리케이션. 2014년 출시 이후로 약 800만 명의 누적 사용자를 기록했다.

●● 게임 형식의 학습 앱을 개발하는 소셜 벤처 기업. 테슬라의 CEO인 일론 머스크가 상금을 후원한 글로벌 러닝 엑스프라이즈 Global Learning XPRIZE 대회에서 공동 우승했다.

체계적으로 만들어내는 조직도 구축합니다. 데이터를 활용하는 조직의 데이터 요청도 증가합니다. 즉, 유경험자를 통해서 데이터 플레이의 맛을 본 조직은 여유를 가지고 3단계, 4단계를 역순으로 진행하면서 조직 전체에 데이터 플레이 역량을 흡수하는 과정을 거치게 됩니다. 이제 준비가 됐습니다. 5단계로 바로 점프하는 법을 살펴봅시다.

● 데이터 플레이를 우선 시작한다

각 단계를 거치면 너무 오래 걸리니 전체 그림을 그려 놓고 퍼즐 맞추듯이 한 조각씩 만들어봅시다. 즉, 측정하기로 한 메트릭 하나만이라도 폐쇄 순환 루프를 완성해보는 겁니다. 이후로 추가 메트릭과 데이터를 확장하면서 전체 그림을 완성할 수 있습니다.

● 데이터의 목적을 정의한다

데이터는 명확한 목적이 있어야 합니다. 목적이란 데이터의 활용 방안으로 나타낼 수 있습니다. 어디에 활용한다는 목적이 있어야 그 목적을 달성하는 데 도움이 되는 의미 있는 데이터를 만들 수 있고 필요한 데이터를 모을 수 있습니다.

여러 가지 원천 데이터를 수집 및 가공해서 합계, 평균 등 복합적인 다른 데이터를 만든다고 하더라도 목적이 있어야 관련이 있는 데이터를 직감적으로라도 수집할 수 있습니다. 예를 들어서 탈회 방지를 목적으로 하면 탈회 예측 스코어를 만들어야 합니다. 그렇게 하면 고객마다 탈회 예측 스코어가 부여되고 높은 점수를 획득한 고객에 대해서는 탈회 방지를 위한 설득 작업이 진행될 것입니다. 설득 작업 대상에 정확한 스코어가 매겨졌다면 적은 비용으로도 성공적인 탈회 방지가 가능하겠지요. 아직 데이터 활용이 충분히 능숙하지 않다면, 목적을 가진 활용 방안 하나를 확정합시다. 보통은 특정 부서의 지정된 메트릭이 좋습니다.

● 데이터를 만든다

이제 활용 방안에 필요한 데이터를 만듭니다. 이 데이터는 하나의 숫자나 하나의 값인 경우가 많습니다. 점수는 0과 1 사이의 숫자로 정하곤 합니다. 점수를 만들기 위해서 필요한 기초 데이터를 모읍니다. 기초 데이터란 곧 원천 데이터로 시간이 흐르면서 자동으로 변화가 생기는 걸 말합니다.

고객이 새로 가입하거나 탈회했을 때 변화가 생기면 그 내용이 어디엔가 저장돼야 합니다. 해당 데이터를 필요에 따라 매일 혹은 매시간 수집해서 스코어를 만드는 재료로 사용합니다. 탈회 예측 스코어를 만드는 경우를 예로 든다면, 정확도가 높은 탈회 예측 스코어를 만들기 위해서는 탈회할 것 같은 사람들이 보일 만한 행동에 관련된 행동 데이터를 모아야 합니다. 이 스코어를 잘 구축하는 데 필요한 데이터를 충분히 모아야 합니다. 모을 수 있는 데이터 중에 검색 데이터가 있다면 우리 서비스를 대체할 수 있는 서비스에 대한 검색어가 있는지의 여부나 그 빈도를 탈회 스코어를 만드는 데 사용합니다. 그렇게 하면 정확도가 높은

04 공식의 두 번째 요소, 데이터

스코어가 나올 가능성이 커집니다.

● 데이터를 저장한다

데이터를 만드는 알고리즘에 따라 상용 클라우드에서 적당한 모듈을 찾습니다. 사용할 수 있는 모듈이 없다면 오픈 소스를 활용해서 직접 수행해야 할 수도 있습니다. 스코어와 이 스코어를 만들기 위해 수집한 데이터를 모두 저장소에 저장합니다. 이에 더해 스케줄러를 통해서 저장되는 데이터가 항상 신선한 데이터가 되도록 신경 씁니다.

신선한 데이터의 저장 과정

● 데이터의 결과를 활용한다

활용 방안을 수행해서 나오는 결과를 수집합니다. 이 결괏값도 저장소에 신선하게 저장될 수 있도록 합니다. 결괏값의 정확도에 따라 스코어를 만드는 방식을 개선하거나 계속 사용합니다. 또한, 데이터의 품질을 계속 모니터링하면서 유의점이 있는지 확인합니다.

데이터 플레이 조직 구성

또한, 데이터 플레이를 위해서는 구성원을 갖추고 데이터 조직을 구성해야 합니다. 조직의 각 구성원은 전문성을 지니고 역할을 수행할 수 있어야 합니다. 데이터 플레이 조직을 구성할 때 필요한 직군과 역할은 다음과 같습니다.

● 데이터 프로덕트 매니저 Data Product Manager

데이터 프로덕트 매니저는 데이터를 가져가서 사용할 조직과 원활한 대화가 가능해야 합니다. 또한, 개발자나 데이터 사이언티스트와의 소통도 가능해야 합니다. 디지털 조직과 기존 조직은 둘 사이에 통역사가 필요하다는 말이 있을 정도로 두 조직 간의 대화가 쉽지 않습니다. 생각하는 사고방식이나 우선순위를 결정하는 철학뿐만 아니라 용어가 아예 다른 경우도 있습니다. 데이터 프로덕트 매니저는 이런 상황에서 안내가 가능해야 합니다. 즉, 양측에 대한 이해가 있어야 하는 만큼 확보하기 어려운 인적 자원입니다.

● 클라우드 엔지니어 Cloud Engineer

클라우드 엔지니어는 필요한 솔루션을 찾아내고 평가해서 가장 적합한 솔루션이 무엇인지 판단할 수 있는 안목이 필요합니다. AWS, GCP, 애저는 모두 각각 장점이 있는 솔루션들을 포함하고 있으므로 다수의 클라우드 서비스를 동시에 이용하는 멀티 클라우드가 대세가 됐습니다. AWS에서는 외부의 클라우드를 이용하는 개발자들을 빌더 Builder라고 부릅니다. 본인들이 제공하는 솔루션을 마치 블록 쌓듯이 쌓아 올리면 그것만으로도 서비스를 구축할 수 있다고 이야기합니다. 그 명칭처럼 클라우드 엔지니어의 주요한 역할은 클라우드에서 제공하는 수많은 SaaS, PaaS 중에서 필요한 솔루션을 찾고 그것들을 엮어내는 데 있습니다.

● 데이터 사이언티스트 DS, Data Scientist

예측 분석을 진행하거나 복잡한 분석 과제를 진행하다 보면 통계 지식과 소프트웨어 개발 지식이 동시에 필요한 경우가 많습니다. 데이터 사이언티스트는 무엇보다도 클라우드상의 솔루션을 이용할 때 해당 솔루션이 결과로 제시하는 용어와 수치를 보고 현상을 이해하고 개선 방안을 제시할 수 있는 전문성이 필요합니다. 데이터를 의미 있게 만들어내기 위해서 해야 할 일과 하지 말아야 할 일을 정할 수 있는 리더십도 중요합니다.

● 데이터 엔지니어 DE, Data Engineer

데이터 사이언스Data Science 과제의 80%는 데이터를 다듬는 일이라고 합니다. 빅데이터 플랫폼BDP, Big Data Platform에 데이터를 얹기 위해서는 ETL 작업을 진행해야 합니다. 데이터 엔지니어는 원천 데이터를 받아서 다듬고 사용하기 쉽도록 변형해서 빅데이터 플랫폼에 올립니다. 유의해야 할 점은 업무 난이도보다는 전체 업무량이 기하급수적으로 늘어날 수 있다는 점입니다. 수작업으로 업무의 완성도를 높였다면 늘어나는 업무를 소화하기 위해서 자동화를 할 수 있어야 합니다.

● 데이터 애널리스트 DA, Data Analyst

데이터 애널리스트는 현업 업무 진행에 대한 이해, 즉 도메인 지식Domain knowledge을 가지고 데이터를 분석하는 업무를 진행합니다. 그래서 데이터에 담긴 사업적 의미를 누구보다도 잘 이해하고 있어야 합니다. 물어보지 않는 질문에 대해서는 어떤 데이터도 대답해주지 않습니다. 데이터를 읽고 그 의미를 파악할 수 있는 데이터 감수성과 데이터 문해력이 매우 필요한 역할입니다.

결과적으로, 데이터 조직을 만들 때는 이런 조직 구성을 고려해야 합니다. 모든 역할을 먼저 확보하고 나서 업무를 시작하기는 어렵습니다. 따라서 처음에는 작게 시작하고 역할을 다중으로 묶어서 진행하다가 업무 규모가 커지면 역할을 분화하는 것이 현실적입니다.

데이터 사이언티스트와 데이터 애널리스트는 역할을 묶을 수 있으나 데이터 사이언티스트의 인건비가 워낙 비싸므로 한 명의 데이터 사이언티스트에 주니어 데이터 애널리스트를 여러 명 두는 방식이 일반적입니다.

클라우드 엔지니어와 데이터 엔지니어도 역할을 묶을 수 있으나 그렇게 하면 각각의 전문성이 살아나지 못할 수도 있으므로 할 수 있다면 분화하는 편이 좋습니다. 클라우드 업계의 변화 속도가 워낙 빨라서 클라우드 엔지니어는 새로운 기술을 파악하고 습득하기에도 바쁩니다. 반면에 현장에서의 활용 방안이 도출되는 것은 오히려 속도가 느린 편이라 메가존이나 베스핀글로벌 같은 국내의 외부 클라우드 전문 벤더를 고용하기도 합니다.

대기업에서는 데이터 조직을 만들 때 최소 3명 정도는 확보하고 시작해서 5명까지 모은 후 하나의 팀으로 성장시키는 것이 일반적입니다. 이후로 업무 진행이 능숙해지면 다수의 인원이 같은 역할을 수행하도록 해서 학습 조직으로 성장할 수 있습니다.

데이터 플레이 문화 정착

BI는 비즈니스를 측정합니다. BI에 해당하는 정보들을 기업회계 기준으로 가공해서 모아두고 찾기 편하게 만들어놓은 것을 BI 포털이라고 부릅니다. 그런데 100억 원씩 돈을 들여서 만든 BI 포털을 보유한 대기업에서도 실무자가 데이터를 아무도 안 본다고 볼멘소리를 하곤 합니다. 왜 안 볼까요? 이미 주어진 일을 하는데 BI 포털을 굳이 들여다볼 필요가 없기 때문입니다.

이처럼 쓰지 않는 BI 포털이 만들어지는 이유는 사업을 잘하려는 목적이 아니라 BI 포털을 만드는 것 자체가 목적이 돼버렸기 때문입니다. 사업을 잘하려면 BI 포털을 먼저 만드는 게 아니라 가장 먼저 사업 목적에 부합하는 데이터를 모아야 합니다.

데이터 플레이를 펼치는 곳은 데이터로 일하는 문화가 조직 내에 뿌리를 내린 곳입니다. 과제를 수행하기 위해서는 자사 서비스에 대해서 이해하는 것만으로는 충분치 않고 시장과 고객에 대한 이해도 필요합니다. 측정할 수 없는 것은 개선할 수 없습니다. 측정 불가능한 업무가 만들어지면 업무 성과도 측정 불가능합니다. 그러므로 왜 성공했는지, 왜 실패했는지 알기 어려워집니다.

빅데이터 플랫폼에 담긴 빅데이터를 지금 이 순간 누가 들여다보고 있을까요? 만약 아무도 안 보고 있다면 쌓여 있는 그 데이터는 목적성 없이 수집된 데이터일지도 모릅니다. 수집 자체가 목적인 이유로, 축적돼 있지만 활용되지는 않는 데이터입니다. 제대로 활용되기 위해서는 다시 수집되거나 여러 다른 데이터와 통합돼서 데이터의 품질을 높여야 합니다.

목적을 가지고 수집된 데이터에는 활용 방안에 관한 계획과 전략이 존재하기 마련입니다. 원천 데이터를 볼 때는 알 수 없을 수도 있지만,

데이터 혈통Data lineage의 흐름을 따라가 보면 종국에는 드러나기 마련입니다.

데이터의 힘을 최대한 끌어내려면 데이터를 다루기 위한 인프라만 깔려 있어서는 소용없습니다. 결국, 데이터를 살리는 것은 문화입니다. 데이터 플레이를 기업의 문화로 만들기 위해 다음의 실천 과제들을 살펴봅시다. ① 공용 언어, ② 핵심 질문, ③ 목표 공유, ④ 데이터, 가설, 실험, 검증 그리고 반복입니다.

첫 번째는 공용 언어입니다. 즉, 데이터에 대해서 전사적으로 같은 언어를 사용해야 합니다. 소프트웨어 개발자의 언어와 데이터를 다루는 사람의 언어, 비즈니스를 하는 사람이 사용하는 어휘와 언어가 서로 다르면 문제가 발생하기 쉽습니다. 같은 단어를 사용한다고 해도 같은 의미로 쓰이는 것이 아닐 수도 있습니다. 이럴 때는 의도적인 오버-커뮤니케이션Over-communication으로 서로의 이해를 높이고, 같은 책을 읽고 같은 세미나를 청취하는 것으로 소통의 속도가 빨라질 수 있습니다.

두 번째는 비즈니스의 핵심이 되는 질문이 있어야 합니다. 이 질문에 답할 수 있는 후보를 데이터에서 찾는 것을 탐색적 분석EDA, Exploratory Data Analysis*이라고 부릅니다. 탐색적 분석을 통해 질문에 대한 답변이 될 가능성이 높은 가설이 수립돼야 합니다. 다시 강조합니다만, 어떤 데

---

* 데이터의 전체 구성을 살피고 분석 목적에 부합하는 데이터를 찾아서 데이터 간의 연관 관계를 파악하는 분석. 분석 결과를 바탕으로 인사이트 리포트를 만든다. 그리고 인사이트 리포트를 바탕으로 분석 목적에 부합하는 성과를 낼 수 있는 가설을 만든다.

이터도 질문 없이 답을 말해주지는 않습니다. 데이터를 분석해서 '우리 고객들의 평균 나이는 매년 한 살씩 늘어난다'라는 내용이 담긴 리포트를 받는다면, "왜?"라는 질문이 반드시 뒤따라야 합니다. 기존 고객을 잘 유지하고는 있지만, 새로운 고객을 유치하지 못하고 있다면 당연히 고객의 평균 나이는 1년에 한 살씩 늘어날 것입니다. 그렇다면 왜 젊은 고객을 획득하지 못하는 것인지에 관한 고민을 시작해야 합니다. 이것이 바로 비즈니스의 핵심 질문입니다.

세 번째는 목표 공유입니다. 데이터를 만드는 팀과 가져다 쓰는 팀 사이에는 합의가 이뤄져야 합니다. 각 팀이 맡은 메트릭, 즉 지표가 정해져야 합니다. 데이터 조직은 일반적으로 고객과의 접점을 가지고 있지 않습니다. 데이터 엔지니어, 데이터 애널리스트, 데이터 사이언티스트 등으로 나뉘어서 분업합니다. 데이터를 가져다 쓰는 쪽은 고객과의 접점을 가진 부서이죠. 그러므로 데이터 플레이 프로젝트의 성공은 두 팀의 협업이 얼마나 잘 이뤄지느냐에 달려 있습니다. 성공에 대한 정의가 각기 다르면 두 팀의 우선순위는 다르게 설정됩니다. 두 팀의 업무 우선순위가 다르다면 서로가 상대방이 업무를 마치고 결과물을 전해주기만을 기다리는 교착 상태에 빠질 수도 있습니다. 그러므로 성공의 정의에 따라 중요하게 다뤄야 하는 측정값Metric도 정확하게 동일해야 합니다. 탈회율이라는 데이터를 볼 때, 데이터를 만드는 곳에서는 '3개월 간 구매가 없는 고객'이라고 정의한 반면 데이터를 가져다 쓰는 곳에서는 '탈회 신청을 제출한 고객'이라고 정의하고 있었다면 양 팀의 공동

147

프로젝트는 위기에 빠지게 됩니다.

마지막으로, 데이터, 가설, 실험, 검증 그리고 반복이 필요합니다. 데이터 플레이 4행정 엔진으로 업무를 추진합니다. 회의에서는 데이터로 이야기합니다. 비즈니스의 핵심 질문이 회의의 주제가 됩니다. 데이터 분석을 통해서 인사이트 리포트를 발행합니다. 이를 바탕으로 액션을 취할 수 있는 가설을 수립합니다. 목표에 맞는 가설인지 반복해서 실험하고 또 검증합니다. 검증된 액션 플랜은 조심스럽게 전체 대상 고객에게 적용합니다. 그리고 다시 데이터를 수집하고 취합해서 시각화도 해봅니다. 고객의 만족도를 높일 수 있도록, 할 수 있는 모든 일을 이렇게 바꿔봅시다.

다양한 데이터 분석 방법 활용

데이터는 다른 데이터와 관계를 맺음으로써 정보로 격상됩니다. 데이터 간의 관계를 어떻게 해석하느냐에 따라서 데이터를 보는 여러 관점이 생깁니다. 전통적으로 많이 사용되는 관점으로는 KPI Key Performance Indicator(핵심 성과 지표) 혹은 메트릭이 있습니다. 또 디지털 서비스 중심의 스타트업에서는 AARRR이라는 관점을 선호합니다. 그리고 데이터를 분석하는 성숙도를 두고 조사 기업 가트너가 제시한 서술형 분석 Descriptive analytics, 진단형 분석 Diagnostic analytics, 예측 분석, 처방 분석이 있습니다.

전통적으로 기업에서 데이터를 바라보는 관점은 회계적 성격이 강합니다. 연간 경영 목표를 설정한 MBO Management By Objective(목표 관리)에서 목표를 매출이나 영업 이익 같은 회계상의 숫자로 표현합니다. 매출과 영업 이익처럼 다양한 업무의 결과로 만들어지는 복합적인 숫자는 결과를 만들어내는 데 기여하는 다른 숫자들로 분해돼 표현되기도 합니다. 개별 제품의 출하량이나 연령별·지역별로 나뉜 고객 수나 반기·분기로 나뉜 매출액 등을 예로 들 수 있습니다. 이러한 숫자는 모두 데이터입니다. 분해된 개별 목표를 얼마나 달성했는지를 나타내는 지표로는 KPI를 사용합니다. KPI도 모두 데이터입니다. 특히 KPI는 목표를 얼마나 달성하고 있는지를 알 수 있는 숫자입니다. KPI 역시 복합적이므로 이 데이터를 다시 분해할 수 있습니다. 측정할 수 있는 더 작은 단위의 데이터로 분해한 것을 보통 메트릭이라고 부릅니다. 위계적Hierarchical인 조직 구조를 갖춘 전통 기업이라면 대부분 데이터를 바라보는 회계적인 관점을 가지고 있습니다.

인터넷 기반의 스타트업들은 보통 디지털 서비스를 만들고자 합니다. 스타트업은 매출이나 영업 이익 같은 후행적 데이터를 최우선으로 중요하게 다루지는 않습니다. 그 대신 성장을 우선으로 하는 전략적인 목표를 가지고 있으므로 데이터를 보는 관점이 다릅니다. AARRR은 고객 획득Acquisition, 활성화Activation, 재방문·유지Retention, 입소문·추천Referral, 매출Revenue의 첫 글자들을 모은 것입니다. 모두 서비스 중심의 데이터들입니다. '어떻게 고객이 서비스를 접하게 되는가Acquisition', '지나가는 사용자를 고객으로 바꿀 수 있도록 긍정적인 경험을 제공하는가Activation', '어떻게 재방문하는 고객으로 남기는가Retention', '고객이 자발적으로 입소문을 내는가Referral', '최종적으로 어떻게 구매 고객이 되는가Revenue'로 표현할 수 있습니다. AARRR은 서비스를 이용하는 고객의 흐름을 깔때기Funnel로 모으는 관점에서 보는 데이터들입니다. 인터넷 기반 서비스를 구축하려는 스타트업들은 서비스의 성장을 표현하는 데이터에 초점을 맞추는 관점을 가지고 있습니다.

한편, 가트너는 분석의 성숙도에 따라서 데이터를 바라보는 관점을 제시했습니다. 데이터를 분석하는 역량에도 성숙도가 있습니다. 통계에 기반을 두고 데이터에 의미를 부여하는 것이 가장 기본적입니다. 바로 서술형 분석입니다. 탐색적 분석 과정에서 가장 기본적으로 쓰인다고 할 수 있습니다. 어떤 데이터가 존재하는지, 분석 목적에 적합한 데이터는 어떤 것인지 찾아 나가는 분석입니다. 서술형 분석을 통해서 과거에 벌어진 일을 파악할 수 있습니다. 분석 역량의 성숙도가 높아지면 데이터와 데이터 간의 관계를 보게 됩니다. 데이터와 다른 데이터 간의 인과관계를 찾아낸다면 큰 비즈니스 임팩트를 만들어 낼 수 있습니다. 그러나 실험이나 검증을 통해서 인과 관계를 밝히는 일은 쉬운 일이 아니기에 보통은 연관 관계를 찾는 것만으로도 상당한 성과를 냈다고 할 수 있습니다. 그리고 이런 관계들을 통해서 왜 이런 일이 벌어지는지 분석하는 것이 진단형 분석입니다. 데이터 자체를 보는 것에서 데이터 사이의 관계까지 분석해낼 수 있는 분석 역량이 있어야만 할 수 있는 분석입니다. 진단형 분석 결과로 도출되는 데이터는 과거와 현재에 관한 내용입니다. 비즈니스 임팩트를 키우는 데 가장 애용되는 분석은 바로 예측 분석입니다. 의사 결정 나무Decision tree*를 활용한 알고리즘을 사용해서 모델을 만들고 다수의 데이터를 입력해서 예측력을 갖는 스코어를 만들어냅니다. 분석 결과로 도출되는 데이터는 구매할 고객, 탈회할 고객 등 미래에 벌어질 일에 대한 것들입니다. 그런데 사용된 데이터는 과거에 발생한 데이터들이므로 예측 분석은 과거를 분석해서 미래를 내다보는

● 　의사 결정 나무 분석은 스무고개처럼 질문을 던져서 대상을 좁혀 나가는 분석으로, 데이터들이 가진 속성을 기반으로 패턴을 찾아서 예측값을 만들어낸다.

일이라고 할 수 있겠습니다. 처방 분석은 진단으로부터 처방을 이끌어 내는 데 활용됩니다. 과거와 현재의 데이터가 미래를 예측하는 데이터들과 어떤 관계를 맺고 있는지 파악합니다. 현재 상태를 나타내는 여러 가지 데이터를 진단에 활용합니다. 과거의 데이터와 예측 데이터 사이에 밝혀진 관계를 통해 현실로 예측된 결과를 만들어내기 위해서, 혹은 반대로 만들어내지 않기 위해서 처방을 내립니다.

이상 세 가지 관점을 예로 들었습니다. 모두 데이터 플레이를 잘하기 위해서 관점을 정리하고 데이터를 수집해서 분석한 뒤 그 분석 결과를 다시 데이터로 활용합니다. 업무에 대한 통찰, 고객에 대한 이해, 분석의 성숙도 모두 데이터라는 결과물로 저장되고 누적될 수 있습니다. 그렇게 하려면 데이터를 여러 가지의 다른 관점에서 들여다봐야겠습니다. 데이터 플레이는 그렇게 시작됩니다.

부서 간 데이터 플레이 협업

데이터 사이언티스트가 처음으로 조직에 들어가면 그간 조직이 해오던 사업에 대해서 아는 바가 없는 것이 당연합니다. 몇 번의 오리엔테이션이나 OJT를 통해서 조금씩 알아 나가기는 하지만, 때로는 수개월이 걸려도 일부만 이해할 수밖에 없기도 합니다. 데이터 사이언스를 해보려고 입사했는데 뭐라도 해보려면 사업을 알아야 합니다. 그런데 정작 사업을 잘 알고 있는 사람들은 모두 바쁩니다. 때로는 데이터를 통해 뭐라도 알아내서 의기양양하게 보고를 했다가도 면박으로 끝나곤 합니다. "우리 고객들은 편의점을 좋아해요"라고 보고한다면, 많은 관계자가 어떻게 그런 인사이트를 얻게 됐는지 자세히 듣고 싶어 합니다. 데이터 부서는 여러 가지 숫자와 알고리즘을 들어가면서 설명합니다. 그러나 참석자들은 쉽게 수긍하지 못합니다. 그러다 마케팅 부서에서 "아, 실은 저희가 석 달 전부터 편의점을 대상으로 캠페인을 진행하고 있어요"라고 이야기하면 모였던 사람들은 그제야 "아아~ 그러면 그렇지" 하면서 흩어집니다. 졸지에 바보가 된 데이터 분석 부서는 무용지물이 된 인사이트 리포트를 들고 망연자실할 뿐입니다.

디지털 트랜스포메이션은 대체로 톱다운Top-down으로 진행됩니다. 조직에 있는 현역들은 자기 업무에 능숙합니다. 숙련도를 얻기 위해서 그만큼 많은 시간을 투자한 노련한 전문가들입니다. 그런데 조직 상부에서 이제부터 일하는 방식을 바꿔야 한다고 하면서 그들이 보기에는 아직 애송이에 불과한 사람을 디지털 인재라고 부릅니다. 그러면서 업무에 사용하는 데이터를 보여주라고 합니다. 영 마뜩지가 않고 불길합니다. "디지털 어쩌고저쩌고하는 것들은 보통 일자리를 축소하지 않던가?", "내 밥그릇을 건드리면 어떡하지?" 하지만 위에서 시키는 일이라 거절할 수도 없습니다. 마지못해 회의에 불려가서 앉아 있자니 도통 모르는 이야기만 나옵니다. 알 것 같기도 하지만, 실은 별로 알고 싶지도 않습니다. 즉, 그들의 마음을 진정으로 움직이고 내적 동기를 불러일으키는 이야기는 나오지 않습니다. "그들은 그저 자기 부서의 자기 일을

04 공식의 두 번째 요소, 데이터

하고 자기 성과를 내려 하는데 왜 내가 도와줘야 하지? 왜 내 시간과 노력을 들여야 하는 거지?" 이럴 때 나오는 자연스러운 반응이 있습니다. 눈을 마주치지 않고 말합니다. "무슨 이야기인지 잘 모르겠네요."

이처럼 데이터 분석 부서와 마케팅 부서의 대화는 어렵습니다. 그러지 않아도 공감대를 만들어내기 어려운 터라 양쪽을 다 이해하는 인물이 양쪽의 마음을 이어줘야 합니다. 그래서 이 역할을 프로젝트 매니저 Project Manager나 프로덕트 매니저 Product Manager 혹은 데이터 프로덕트 매니저 Data Product Manager라고 부르는 사람에게 맡기고 양측을 통역해달라고 합니다. 통역사는 보통 협업 부서에서 잔뼈가 굵은 사람 중에서도 특히 이공계 출신이 발탁됩니다. 이들은 업무도 알고 수학이나 엔지니어링에 대한 기본 소양도 갖추고 있습니다. 그리고 무엇보다도 이미 사내 네트워크를 형성하고 있습니다. 데이터 조직이 어려움을 겪을 때 찾아가서 도움을 청할 형님, 동기들과 탄탄하게 연대를 이루고 있습니다.

일반적인 통역사가 하는 일은 언어가 다른 양측의 이해를 돕는 일입니다. 하지만 이런 경우에는 같은 언어를 쓰지만 다른 언어를 쓰는 경우의 통역보다 더 어려운 상황입니다. 양측의 이해관계를 조율하는 역할까지 해야 하기 때문입니다. 그런 의미로 이들이 하는 통역은 통역이라기보다는 사실상 외교라고 할 수 있겠습니다.

통역이 원활하려면 두 조직 간에 소통이 빈번한 것이 좋습니다. 현대카드에서는 소통이 필요한 부서 간에 회식을 장려하는 문화가 있었습니다. 한 부서가 다른 부서를 초대해서 구성원과 하는 일을 소개하고 접대합니다. 다음에는 초대받았던 측이 회식을 준비해서 초대합니다. 이렇게 '홈-어웨이 회식'을 하면서 서로의 뿌리를 찾기도 하고 알고 보니 좋은 사람이었다는 것을 확인하고는 합니다.

같은 책을 읽는 것도 좋습니다. 어느 조직을 막론하고 같은 책을 읽으면 같은 단어를 사용할 때 같은 의미로 받아들일 가능성이 높아집니다. 칼럼이나 뉴스 기사 같은 것을 함께 읽는 것도 좋습니다. 아직 해보지 않은 일을 할 때 과정과 결과를 가늠해볼 수 있는 좋은 방법은 다른 사람의 경험을 간접 체험하는 것입니다. 따라서 통역을 맡은 분은 부지런히 책과 문서를 회람하기를 추천합니다.

그런데 진짜 적절한 통역이 이뤄지려면 무엇보다도 동일한 목표를 갖는 것이 좋습니다. OKR Objective and Key Results*이나 각종 메트릭으로 목표를 서로 일치시킬 수 있는 지점을 찾아봅시다.

데이터 측정값 설정

새로 시작하는 서비스를 대상으로 OKR을 운영한다는 것은 매우 애매한 일이 됩니다. KR Key Results의 중요한 구성 요소를 측정하고 개선하는 것이 주요한 활동인데, 새로 시작하는 서비스는 서비스를 만드는 것

● 디지털 기업에서 유행하는 목표 관리 방법론. 목표 Objective 와 성과 지표 Key Results 를 정의한다.

부터 해야 합니다. 그러니 KR에 적혀 있는 것은 여러 가지 측정값으로 이야기할 수 있는 결과물이 아니라 할 일To-Do 목록이 되고 맙니다. 물론 할 일 목록이 된 게 꼭 나쁜 것은 아닙니다. OKR을 책대로 운영하지 않는다고 해서 나쁜 것이 아닙니다. 그보다는 조직의 구성원이 같은 방향을 바라보고 일을 실행하고 있는지가 중요합니다. 즉, 각 팀의 O Objective, 조직 전체의 O를 달성하는 데 기여할 수 있는지와 O를 달성하는 데 KR이 기여할 수 있는지를 보면 됩니다. 다만 측정할 것이 없다고 해서 투입한 시간을 측정하려고 하면 안 되겠습니다.

무엇인가가 만들어지고 측정할 것이 생기면 이때부터 메트릭을 이용해 KR을 정의하면 됩니다. 메트릭은 보통 KPI를 구성하는 것보다 더 작은 단위의 측정값을 사용합니다. 측정 가능한 것 중에서 개선 가능한 것들, 특히 중요한 두 가지 부류의 지표들을 눈여겨봅니다.

가장 중요한 것은 '고객에게 의미 있는 메트릭인가?'입니다. 고객이 편하게 사용하라고 만들어놓은 기능이 있는데 기대보다 사용량이 떨어진다면 큰일입니다. 개선해야 합니다. 고객이 제품의 효용을 제대로 인지하지 못하거나 사용 방법을 파악하지 못하거나 제품의 효용에 실망하면 큰일입니다. 빨리 개선해야 합니다. 첫 구매를 설득하는 것보다 실망해서 떠난 고객을 다시 고객으로 끌어들이는 것이 더 어렵습니다. 고객에게 잘할 기회가 있을 때 잘해야 합니다. 어떤 데이터가 고객의 만족을 의미하는 데이터인지, 불만을 의미하는 데이터인지 찾아야 합니다. 그리고 제품의 불만 사항을 개선해서 데이터를 바꿔야 합니다.

두 번째로 중요한 것은 '기업에 의미 있는 메트릭인가?'입니다. 의미 있는 업무 활동에 쓰이는 데이터가 의미 있는 측정값이 됩니다. 예를 들어서 탈회 관련 데이터의 커다란 활용 방법 중 하나는 탈회 방지입니다. 매번 회비를 지불하던 고객, 혹은 잠정적으로 구매를 예상하는 고객이 탈회한다는 것은 제품과 서비스에 크게 실망했거나 경쟁사가 아주 매력적인 제안을 했기 때문일 가능성이 큽니다. 이런 상황에서 탈회 고객의 숫자를 줄이는 것은 기업의 생사가 달린 일입니다. 경영진이 관심을 가지고 보는 중요한 지표가 됩니다. 고객의 탈회 이유는 다양합니다. 제품에 따라서, 고객에 따라서 다를 수 있습니다. 그에 따라 다양한 데이터가 탈회 이유를 설명합니다. 이런 경우에는 탈회가 벌어지는 이유를 설명할 수 있는 모든 데이터가 메트릭이 될 수 있습니다. 의사 결정 나무 분석을 하면 어떤 데이터가 가장 비중 있게 탈회를 설명하는지 알 수 있습니다. 비중 있는 데이터를 모아서 메트릭으로 사용합니다. 그 자체를 메트릭으로 사용할 수도 있고, 몇 가지 데이터를 조합해서 새로운 데이터로 합성해 메트릭으로 사용할 수도 있습니다.

입회가 단박에 벌어지지 않는 것처럼, 탈회도 불시에 이뤄지지 않고 사전에 다양한 신호를 보냅니다. 탈회가 임박했다는 시그널을 모아서 예측 분석을 하면 탈회 가능성이 높은 순서가 정해집니다. 탈회 가능성이 높다고 판단된 고객을 어떻게 고객으로 남길 수 있을지 방법을 찾아야 하겠지요. 탈회 방지를 할 수 있는 가설을 세우고 실험을 준비해야 합니다.

05

데이터가 만드는
데이터 드리븐 경영

데이터 드리븐 경영을 위한
사전 과제

디지털 트랜스포메이션에서는 데이터를 빼놓을 수 없습니다. 데이터에 기반한 전략 수립이나 의사 결정은 물론이고 디지털 트랜스포메이션에서 강조하는 일하는 방법의 변화 모두 데이터에 근거해서 수행하는 일들입니다.

일하기 위해서 필요한 데이터를 만드는 일은 그 데이터를 활용했을 때 발생할 큰 영향력을 고려한다면 반드시 해야 할 일입니다. 그만큼 비즈니스 임팩트가 상당합니다. 데이터를 바탕으로 사업을 전개해 같은 제품을 더 판매하거나Up-sell 다양한 제품을 교차 판매Cross-sell해서 매출을 늘리고, 탈회를 방지하며Retention, 신규 고객을 더 유치Acquisition 합니다. 이런 성과를 만들어내기 위해서는 반드시 활용 가능한 데이터를 만들어야 합니다.

데이터를 만들어내는 이런 핵심 업무와 그 이전의 준비 작업, 데이터 활용 이후의 고객 피드백을 수집해 다시 비즈니스 임팩트를 키울 수 있는 더 정확도 높은 개선 데이터를 만드는 전후의 모든 업무를 포괄해서 데이터 사이언스라고 부릅니다. 성공적인 디지털 트랜스포메이션을 위해서는 아이디어나 전략, 느낌, 감보다는 데이터 사이언스를 통해서 만들어진 데이터에 중점을 두고 업무를 진행해야 합니다. 그러니까 데이터에 의해 구동되는Data driven 업무를 진행하는 것을 데이터 플레이라고 부를 수 있습니다. 그렇다면 데이터를 준비하는 것이 모든 업무의 시작입니다.

데이터 사이언스는 요리에 비유할 수 있습니다. 아주 근사한 레스토랑의 고급 요리를 생각해봅시다. 신선한 재료를 구해서 정갈하게 다듬고, 창의적이면서도 과학적인 레시피에 따라서 조리를 마치고 고객에게 서빙합니다. 요리를 먹는 고객의 반응을 보고 개선점을 찾습니다. 요리의 프로세스와 데이터 플레이의 프로세스는 닮은 점이 많습니다. 그다지 복잡하지 않은 레시피라면 맛의 80%는 재료에 달려 있다고 합니다. 그러므로 레스토랑 주방장이 신선하고 다양한 재료를 사기 위해서 새벽 시장을 찾는 것은 중요한 일입니다. 좋은 재료를 구하면 오늘의 요리에 올려도 좋습니다. 요리 레시피의 결과물을 상상하면서 재료를 제대로 손질해서 그 품질을 유지해야 합니다. 요리가 이럴진대, 데이터는 어떨까요? 어떠한 데이터를 재료로 사용할지, 데이터의 품질은 어떤지 먼저 확인해야 합니다. 그러나 디지털 트랜스포메이션을 시도하는 대부분의 기업은 데이터를 이러한 마음으로 준비하지 않습니다. 제대로 준비되지 않은 데이터를 가지고 무작정 머신러닝 외주를 준 뒤에 엉터리 결과물을 받아들고 절망에 빠지기도 합니다. 결과물의 질적 부분을 평가해서 개선을 요구할 능력이 없는데 외주를 주는 행위는 쓸모없는 결과물만 초래합니다. 아주 심각한 경우에는 애초에 데이터 품질 자체가 문제라는 인식도 없는 경우도 있습니다.

사안의 이런 심각성에도 불구하고, 기업에서 데이터를 준비하는 일은 등한시하기 쉽습니다. 대개 고액 연봉을 받는 데이터 사이언티스트는 인공지능이나 딥러닝을 다룬다면서 데이터를 준비하는 일은 데이터 엔지니어나 데이터 애널리스트라고 부르는 사람에게 맡겨버리는 경우가 많습니다. 데이터 분석 업무를 하는 사람들 사이에서 유명한 격언으로 "쓰레기 데이터를 넣으면 쓰레기 결과가 나온다Garbage in garbage out"가 있습니다. 데이터를 준비하는 일은 고된 일이지만, 누구나 쉽게 할 수 있다고 생각해서인지 업무의 중요성에 비해서 투입하는 노력이 적습니다. 적어도 데이터 품질은 확인해야 하는데 말입니다. 고급 중국 레스토랑의 주방장이 귀신같은 솜씨로 무를 다듬는 시범을 보여주고 나서 주방 보조에게 아직 웍을 잡으려면 멀었다고 준엄하게 타이르는 것처럼, 데이터 준비와 품질관리도 이렇게 이뤄져야 합니다. 이론적인 배경을 갖추고 다양한 실무 경험을 갖춘 데이터 주방장이 분석을 어떻게 해야 하는지 지도하고 시범을 보이며 결과물의 질을 높일 수 있도록 한 후 협업하는 사람들을 양적으로 늘려야 합니다.

탐색적 분석을 진행하는 초보 데이터 사이언티스트를 생각해봅시다. 데이터 사이언스의 길을 걷기 위해서 많은 알고리즘을 배우고 데이터를 다루는 도구의 사용법을 익혔습니다. 드디어 업무 개시에 나서자 낯선 데이터가 주어졌습니다. 이 낯선 데이터에는 구멍이 숭숭 나 있고 어느 데이터는 무슨 뜻인지도 도무지 알 수 없습니다. 어느 곳에는 숫자가 있는데 다른 곳에는 코드가 들어 있습니다. 개별 코드가 의미하는 것이 무엇인지 도통 이해되지 않습니다. 다른 사람이 기록을 기획한 데이터는 이해하기 어렵습니다. 그렇다고 해서 데이터를 만든 사람을 직접 찾아가서 모든 것을 하나하나 설명해달라고 할 수도 없습니다.

데이터란 처음 만들 때는 어떻게 만들었을까요? 데이터를 만든 사람은 비즈니스 프로세스를 이해하고 있었겠지요. 업무를 이해하는 일은 언제나 선행 과제입니다. 일이 어떻게 돌아가는지 이해해야 어떤 데이터를 어떻게 남겨야 할지 알게 되기 때문입니다. 예를 들어서 교육 기업에서 고객의 나이가 중요한지, 아니면 학년이 중요한지는 비즈니스에 대한 이해가 바탕이 돼야 파악할 수 있습니다. 일반적인 인구 통계학적 데이터에 익숙한 사람은 나이를 기준으로 생각하겠지만, 나이가 다른 사람들이 모여서 같은 수업을 들을 때는 학년이 기준이 됩니다.

데이터에는 비즈니스 로직이 담겨 있습니다. 그것을 탐색하는 사람은 우선 데이터에 관심을 가져야 합니다. 데이터를 봐도 마음으로 봐야 보이는 것이 있습니다. 어린 왕자가 말하듯이 마음으로 보아야 잘 보이는 일이니, 신기합니다. 그냥 흘려듣듯이 데이터를 숫자로만 보고 의미를 파악하지 못하면 아무것도 이해되지 않습니다. 마음으로 데이터를 보고 그 의미를 파악하는 능력을 '데이터 감수성'이라고 부릅니다. 고급 데이터 사이언티스트가 되려면 이 감수성을 키워야 합니다. 몇 번이나 들여다보고도 의미를 이해할 수 없다면 이제는 비즈니스 로직을 이해할 수 있는 사람을 찾아서 물어야 할 때입니다. 물어볼 때는 내가 이해할 수 있도록 처음부터 모든 것을 다 설명해달라고 하는 대신에 이 데이터를 이렇게 보고 저렇게도 보았는데 이런 부분이 납득되지 않으니 어떻게 생각하는지 물어봐야 합니다. 자기 밥그릇인 업무 노하우를 친절하게 거저 가르쳐줄 위인은 큰 조직일수록 쉽게 찾기 힘듭니다. 적어도 그 답변을 요구할 만큼 나도 데이터를 들여다봤다는 것을 내세우고, 실은 당신도 내가 궁금해하는 그것을 의아해하고 있지는 않은지 공감대를 불러일으켜야 좋은 답변을 들을 수 있습니다. 그 정도는 해야 업무 협업이 이뤄지고 다른 사람의 업무 노하우를 나눠 받게 됩니다.

데이터 탐색 및 유의점

탐색적 분석은 모든 데이터 사이언스 과제의 성공에 있어서 핵심 단계입니다. 비즈니스 논리가 담겨 있는 데이터를 보면서 데이터의 의미를 파악하는 과정이기 때문입니다. 데이터의 의미를 이해하면 현재 비즈니스의 구성은 어떤지, 문제가 무엇인지, 핵심이 무엇인지, 어떻게 해야 더 잘되게 할 수 있는지 이해할 수 있습니다.

탐색적 분석을 제대로 수행하면 심지어는 실제 사업을 담당하는 사람이 모르는 제품과 서비스의 장단점도 짚을 수 있게 됩니다. 즉, 고객을 담당하는 사람이 모르는 고객의 행동 패턴과 고객이 좋아하는 것과 싫어하는 것을 파악할 수 있게 됩니다. 이처럼 탐색적 분석을 하는 사람은 데이터만 보고도 사업을 진단하고 처방을 요청할 수 있어야 합니다.

데이터의 의미를 파악하고 나면 이제 '인사이트 리포트'를 만들 차례입니다. 인사이트는 대부분 데이터 간의 연관 관계와 인과 관계를 파악하는 일입니다. 데이터 간의 관계가 파악되면 대체로 '아하!'를 외치는 '아하 포인트'가 나오기 마련입니다. '이래서 그랬구나!', '이런 부분은 이랬구나!' 하면서 피상적으로만 알던 부분을 숫자로 이해하게 됩니다. 그러고 나면 데이터 간의 관계를 통해서 비즈니스 임팩트를 만들 수 있는 아이디어가 나오기 마련입니다. 그것을 가설이라고 합니다. 가설은 대부분 고객 확보, 업셀(같은 제품의 더 많은 매출), 크로스셀(교차 판매로 인한 더 많은 매출) 그리고 고객의 탈회 방지 Retention (기존 고객 유지율)에 관계된 것입니다. 이와 관계된 비즈니스 임팩트가 바로 개선입니다. 비즈니스 임팩트는 기존 대비 몇십 퍼센트 상승에서 몇백 퍼센트 상승까지 나타날 수 있습니다. 몇 가지 데이터 사이언스 프로젝트로 이 정도의 상승효과를 만들어내면 대단한 일입니다. 디지털 트랜스포메이션 수행 조직에서 데이터 사이언스 조직이 존재할 이유를 드디어 갖추게 됩니다.

유명한 일화가 있습니다. 쿠팡이 데이터를 분석하던 중에 배송 시간이 줄어들수록 고객의 탈회가 감소하는 것을 발견했다고 합니다. 쿠팡은 이 가설을 바탕으로 배송 시간을 줄이는 데 필요한 모든 일을 했습니다. 로켓배송을 통해 쌓인 빅데이터를 바탕으로 인공지능 시스템을 도입했습니다. 고객이 주문하기 전에 인공지능의 수요 예측으로 주문량을 입고해 재고를 최적화하고 배송 시간을 줄였습니다. 그리고 배송 경로를 최적화해서 배송 시간을 줄였습니다. 쿠팡은 배송 효율화를 위해서 모든 공정에서 인공지능을 철저하게 활용했습니다. 그리고 큰 성공을 거뒀습니다.

쿠팡의 이러한 성공에는 '아하 포인트'로 발견한 배송 시간과 재구매율로 표현되는 고객의 가입 유지 기간의 관계가 중요한 역할을 했습니다. 이후 가설을 검증하기 위한 A/B 테스트(두 개의 변형을 사용하는 대조 실험)가 이어졌습니다.

이처럼 데이터 드리븐 경영의 다음 단계로 가기 위해서는 탐색적 분석 단계가 꼭 필요합니다. 탐색적 분석만 제대로 잘해도 데이터 조직은 계속 조직을 유지할 수 있을 정도의 성과를 낼 수 있고 사업 개선 사항에 대한 가설을 계속 만들 수 있습니다. 아날로그 수준에서 경험과 감으로 이뤄지던 통찰을 디지털 수준에서 숫자로 이뤄진 통찰로 바꾸는 디지털 트랜스포메이션이 벌어지는 것입니다.

물론 탐색적 분석도 함정이 있으니, 한편으로는 이 점도 꼭 명심해야 합니다. 분석의 목적을 명확히 하지 않고 데이터를 막무가내로 분석하다 보면 함정에 빠지게 됩니다. 실제로도 탐색적 분석을 하다가 함정에 빠지는 경우를 종종 보게 됩니다. 어떤 데이터가 있고 이 데이터로 무엇을 할 수 있는지 마음껏 찾아보는 일을 하고 있다고 생각하곤 합니다. 열린 업무가 주어졌다고 생각하고 상상의 나래를 펼치게 됩니다. 데이터를 보고 상상하다 보면 자신만의 이해가 생깁니다. '아하, 이래서 그렇구나!' 그 이후로는 그 이해를 뒷받침하는 데이터만 파기 시작합니다.

제2차 세계대전 때 전투를 마치고 돌아온 전투기의 총알 자국을 분석한 데서 나온 생존자 편향 오류라는 유명한 이론이 있습니다. 전투기를 살펴보면 직관적으로 생각해서 총알을 많이 맞은 부분에 철판을 덧대야 한다고 생각하기 쉽습니다. 그래서 면적당 총알 자국의 개수를 센 뒤 필요한 철판의 두께를 계산하고 철판의 무게를 견디기 위해서 필요한 엔진 성능과 연료의 양을 계산했습니다. 그러나 이는 함정에 빠진 것이었습니다. 총알 자국이 없는 부분에 총알을 맞은 비행기는 귀환하지 못해서 아예 분석의 대상조차 되지 못했기 때문입니다. 이처럼 탐색적 분석의 함정에 빠지면 데이터를 만들어내는 제품의 의도를 알려고 하지 않고 본인이 이해한 대로만 데이터를 파악합니다. 결국, 자신만의 이해는 오해가 돼버리지만, 그런데도 깨닫지 못합니다. 이윽고 시간이 흐르면 데이터가 부족하다고 투덜대며 다시 자기만의 세계에 빠집니다. "아집에서 벗어나! 열심히 일하고 있다고 생각하지 마!"라며 말려도 소용없습니다. 말리면 화가 납니다. 함정에 빠진 것입니다. 이럴 때는 함정에서 빠져나와서 목적에 맞는 분석으로 돌아와야 합니다. 전투기를 분석한 이유는 전투기 조종사가 살아서 귀환할 방법을 찾기 위함이었습니다.

데이터의 목적성 찾기

만약 기업에 데이터가 없는데도 불구하고 있다고 가정해서 어디에 활용할지를 생각해내는 건 어려운 일입니다. 혹은 심지어 쌓여 있는 데이터를 들여다보는 순간조차도 데이터의 활용 방안은 쉽게 떠오르지 않습니다. 그러니 전통적인 기업에서 데이터 저장소로 사용하기 위해 빅데이터 플랫폼이라든가 패스트 데이터 플랫폼Fast data platform*을 도입할 때 데이터의 목적성을 미리 확보한다는 건 지극히 힘든 일입니다. 누구에게나 정말로 어려운 일이기에 이 일을 해내기 위해서 전사적으로 아이디어를 쥐어짜는 일이 곳곳에서 벌어지고 있습니다.

실시간 처리 엔진인 팁코의 스팟파이어Spotfire**를 풀스택으로 도입한 기업의 사례를 들어보겠습니다. 이 기업에서는 전사의 마케터를 모아서 2박 3일간 워크숍을 진행했습니다. 이런저런 데이터를 모아두는 게 가능하다면 어떻게 활용할 수 있을 것인지를 심도 있게 논의했습니다. 경쟁사의 사례도 검토하고, 어떤 활용 사례가 있을지 아이디어를 쥐어짜서 200~300개의 후보를 만들었습니다. 그중에서 사업적 효과가 높은 것을 거르고 걸러서 활용처를 정했습니다. 그렇게 미리 준비해서

---

* 패스트 데이터 플랫폼은 빅데이터가 형성되기 전에 빠르게 흘러 들어오는 필터링되지 않은 데이터를 실시간으로 추출, 변형, 처리, 가공해 필요한 곳으로 전송한다.
** 새롭게 발견한 데이터를 쉽고 빠르게 시각화해주는 실시간 분석 플랫폼.

05 데이터가 만드는 데이터 드리븐 경영

시스템을 도입하자마자 바로 활용하기 시작했습니다.

데이터를 활용할 아이디어를 체계적으로 정리하는 방법으로는 디자인 싱킹 방법론이 유명합니다. 디자인 싱킹 방법으로 회의 진행을 도와주는 퍼실리테이터Facilitator 업체도 많아졌으니 괜찮은 업체를 골라서 도움을 받아보는 것도 좋습니다. 이론만 읽고 실행하면서 체득해나가는 것과는 다른 효용이 있을 수도 있겠지요.

한편, 데이터의 목적성을 찾자고 하면 데이터 자체에 집중하는 경우가 많습니다. 만약 대화 내용에 이런 데이터, 저런 데이터 등 개별 데이터 이야기만 계속 먼저 거론되고 있다면 방향을 잘못 잡은 것입니다. 비즈니스의 어디에 데이터를 어떻게 활용해서 고객에게 큰 가치를 전달할 임팩트를 만들어낼 것인지 그 목적부터 먼저 결정해야 합니다. 비즈니스 임팩트의 가치를 측정할 수 있는 데이터를 선정하는 것은 고객에게 제공하는 가치를 어떻게 측정할 것인지를 결정한 후에 진행해야 합니다.

예를 들어서 탈회 예측 모델을 만들어서 각 고객의 탈회 예측 스코어를 만든다고 가정해봅시다. 이런 경우 대부분 탈회 예측 스코어를 만드는 것으로 만족하는 경우가 많습니다. 데이터의 목적성을 찾는다는 것은 여기서 멈추는 게 아니라 탈회 예측 스코어를 가지고 어떤 액션을 취해서 탈회를 막을 것인지 실제로 캠페인을 구상하는 것입니다. 데이터가 만들어졌다면 즉각 캠페인을 실행해서 성과를 확인해야 합니다. 성과를 측정할 수 있고, 지속해서 캠페인을 실행할 만큼의 비즈니스 임팩트가 발생한다면 지속해서 사용할 데이터, 즉 스코어가 필요하게 됩니다. 그리고 지속해서 탈회 예측 스코어를 만들기 위해서는 자동화를 해야 합니다. 자동화는 모델을 만들어서 스코어를 만들어내는 것에 그치지 말고, 해당 모델의 성능이 떨어지는지 모니터링하고 있다가 모델을 다시 재구성하는 품질관리도 포함해야 합니다. 모델을 다시 만들 때는 정확도를 높이기 위해서 새로운 데이터를 추가한다거나 혼동 행렬 Confusion matrix의 위양성 False positive, 진음성 True negative*을 다시 분석하는 일도 필요합니다. 여기까지만 언뜻 들으면 모두 데이터를 만드는 것이 목적인 것처럼 보일 수 있습니다. 그러나 지금까지 열거한 데이터를 만드는 것은 모두 고객의 탈회를 방지하기 위해서 했다는 것을 항상 명심해야 합니다. 데이터는 만들어졌으면 활용돼서 소기의 목적을 달성해야 합니다. 활용처라는 목적이 있어야 어떤 데이터를 만들고 어떻게 구성할지를 정할 수 있고, 고객에게 가치를 제공할 수 있습니다.

중점 데이터 설정

데이터를 만드는 일은 분석을 통해서 이뤄집니다. 데이터를 보는 다양한 관점을 구사해서 측정하고 분석해봅시다. 여러 데이터를 합해서 새

• 혼동 행렬은 데이터 분석에서 예측과 실제의 차이를 분석한 목록이다. 이 중에서 위양성이란 본래 음성이어야 할 검사 결과가 잘못되어 양성으로 나온 경우를 이르고 진음성은 본래 음성이어야 할 검사 결과가 음성으로 맞게 나온 경우를 말한다.

롭고 고차원적인 의미가 담긴 데이터를 만들 수도 있습니다. 다음의 데이터들은 금융 기업이나 전자 상거래 기업 등 비교적 규모가 큰 조직에서 중점적으로 생성하고 관리하는 중점 데이터입니다. 쉽게 측정돼서 만들어지는 경우도 있는 반면에 LTV나 CAC 같은 숫자 데이터 하나를 만들고 그 데이터의 품질을 높이기 위해서 3개월이나 1년씩 소요하는 경우도 많습니다. 이런 기업들은 고객과의 거래가 일회성으로 그치는 것이 아니라 장기간 동안 다수의 거래가 이뤄지므로 서비스 관점에서 고객의 데이터를 관리할 때 고객과 관계를 맺고 고객의 제품과 서비스의 효용이 필요하지 않을 때까지 관계를 유지하는 것을 전제로 삼습니다. 즉, 데이터를 얻을 때 입수 난이도에 따라서 중점 데이터의 여부를 결정하지는 않습니다. 조직마다 다루는 데이터가 다양하고 방대하기에 많은 양이 데이터 레이크에 흘러 들어가겠지만, 그중에서도 중점적으로 다뤄지는 데이터는 역시 많이 쓰이는 데이터입니다. 중요한 의사 결정을 할 때 기준을 제시하는 데이터입니다.

금융 기업, 전자 상거래 기업 등의 중점 데이터 예시

고객 데이터	• 고객 생애 Customer lifetime : 입회하고 탈회할 때까지 얼마나 오랫동안 고객으로 유지되는가? • 고객 생애 가치 CLV, Customer Lifetime Value (LTV로도 표기): 고객으로 유지되는 동안의 총 지불 비용은 얼마나 되는가? • 입회가 이뤄지는 때는 언제인가? • 입소문, 광고, 영업 등 입회하게 되는 이유는 무엇인가? • 입소문의 핵심 내용은 무엇인가?

	• 상품이 알려지는 채널은 어떤 것인가? • 구매를 고려할 때 중요하게 생각하는 요소는 무엇인가? • 구매 의사 결정을 하는 고객 여정 Customer journey 은 어떻게 되나? • 기업이 소유한 온드 미디어 Owned media* 에 도달하는 고객들의 검색어는 무엇인가? • 휴면 고객으로 전환하게 되는 시기는 언제인가? • 휴면 고객으로 전환하는 이유는 무엇인가? • 탈회 시기는 언제인가? • 탈회 이유는 무엇인가?
고객과 제품의 관계	• 고객이 가장 많이 구매하는 제품은 어떤 것인가? • 고객은 몇 종류의 제품을 구매하는가? • 어느 고객에게 어떤 제품의 구성 요소가 설득력이 있나? • 고객은 제품의 효용을 인정하는가?
제품 데이터	• 제품을 구성하는 요소들은 무엇인가? • 열광하는 팬을 만드는 제품의 요소는 무엇인가? • 제품의 가치를 증명하는 구체적인 데이터가 있는가? • 제품은 사용하기 편리한가? • 고객이 불편함을 호소하는 제품의 이유는 무엇인가?
마케팅 반응 데이터	• 기업이 보내는 메시지에 고객이 어떻게 반응하는가에 따른 마케팅 반응성: 무조건 무시하는가, 아니면 가끔은 읽어보거나 전화에 대응하는가? • 채널별 마케팅 반응성: 이메일, SMS/LMS, 앱 푸시, 콜센터 등 어떤 마케팅 채널에 반응성이 좋은가? • 검색 광고 반응성: 어떤 검색어에 노출된 광고를 클릭하는가? • 디스플레이 광고 반응성: 어떤 배너 광고에 노출된 광고를 클릭하는가? • 제휴 마케팅의 효과: 어떤 성격의 제휴 채널을 통해서 진행한 마케팅 캠페인에 반응하는가? • 마케팅 제휴처별 효율성: 마케팅 제휴처별 ROAS Return On Ad Spend (광고비 대비 매출액)는?

●　기업의 홈페이지, 블로그, 모바일 앱, 페이스북, 트위터, 유튜브 등 기업이 직접 소유 Own 하고 운영하는 미디어. 유료 지면인 페이드 미디어 Paid Media 와 UCC 덕분에 확보되는 언드 미디어 Earned Media 와 구별되는 미디어 형태.

고객과 기업의 관계	• 고객과 기업의 인터랙션 Interaction 빈도는 어떠한가? • 기업이 고객에게 제품에 대해서 어떤 것을 이야기하는가? • 고객은 다른 잠재 고객에게 우리 기업과 제품에 대해서 어떻게 이야기 하는가? • 고객이 경쟁사로 옮겨 간다면 이유는 무엇인가?
고객 간의 관계 데이터	• 고객 사이의 소셜 그래프 Social graph

데이터의 의의 알아두기

데이터 사이언스에서 다루는 주제들은 인류와 세계에 큰 파문을 일으키기도 합니다. 자연어 처리NLP, Natural Language Processing 기술의 발전을 통해서 조만간 인류에게는 사람이 중재하는 통역 없이 실시간으로 소통이 가능해지는 날이 올 것입니다. 행동 데이터 분석을 통해서 소비자는 자신도 모르게 자기가 좋아하는 제품이 문 앞에 드론으로 배송돼 있는 경험을 하게 될지도 모릅니다. 물론 가까운 날에는 TV를 켜면 넷플릭스 같은 서비스가 마침 내가 보고 싶었던 영화를 화면에 띄워놓고 나를 기다리는 날도 경험할 수 있겠지요.

이 모든 일이 AI 알고리즘이 훌륭하게 발전해서 벌어진다고 생각할 수도 있습니다. 그러나 실은 소비 주체로서의 우리가 우리를 이해할 수 있는 수많은 데이터를 서비스 제공업자에게 제공해주기에 AI가 발전하는 것입니다. 여러분이 제공해준 데이터로 여러분에 대해서 더 잘 알게 된 AI 시스템이 당신에게 꼭 맞는 서비스를 제공한다고 볼 수 있습니다.

그런 이유로 "세상의 모든 것이 데이터고, 데이터가 세상의 모든 것이다" 라는 표현도 이제는 낯설지 않습니다. 구글 검색 결과에서 나오는 내용은 우리가 검색했을 때 입력한 검색어와 그때의 맥락이 만들어내는 데이터를 분석해서 만들어지는 것입니다. 이전 검색어와 현재 검색어의 관계, 검색어를 입력한 시간, 장소, 검색어를 입력한 디지털 디바이스가 스마트폰인지 노트북인지 태블릿인지, 접속한 방법은 와이파이인지 이동통신망인지 등 수많은 데이터가 그 순간에 만들어집니다. 데이터를 만들어낸 순간에 벌어지는 수많은 데이터의 결합을 분석한 것을 구글이 다시 해석해서 내보냅니다. 그 수많은 순간 중에서 당신의 상황에 가장 적합한 상황을 찾아서 최적화된 결과를 내보낸다고 이해할 수 있습니다.

그런 의미에서 보면 모든 데이터는 고객을 이해할 수 있는 대상입니다. 그런 수많은 데이터 중에서 의미 있는 데이터를 골라내는 일이 데이터 사이언티스트가 해야 할 일입니다. 데이터 사이언티스트가 제대로 일하기 위해서는 일반적으로 먼저 데이터 애널리스트가 데이터를 가공해야 합니다. 그리고 그 데이터 애널리스트가 제대로 일하기 위해서는 데이터 엔지니어가 데이터를 수집하고 가공해서 분석할 수 있는 환경에 올려놓아야 합니다. 이걸로 하나의 아름다운 데이터 분석 사이클이 완성된 것처럼 보입니다. 하지만 보통 고액 연봉을 받는 데이터 사이언티스트는 하나의 프로젝트가 어느 정도 마무리되면 다시 다른 프로젝트에 투입돼 자신의 몸값을 상회하는 가치를 만들어내야 합니다. 한편으로 데이터 애널리스트와 데이터 엔지니어는 자신의 수작업을 자동화할 수 있도록 많은 부분을 시스템에 맡겨야 합니다. 이런 상황에서 많은 업무가 분업화되고 자동화되며 사라집니다. 이런 것은 완성된 데이터 분석 사이클로 보기 어렵습니다. 사람만이 가지고 있는 창조성으로 세상이 엄청나게 바뀌는 모습을 보여줘야만 사이클이 완성됩니다. 그래서 대상으로서 데이터를 볼 때는 언제나 과연 이 데이터가 세상을 긍정적으로 바꿔놓을 것인지에 관해서 관심을 가져야 합니다.

고객을 디지털로
이해하기

고객은 기업의 생사를 쥐고 있습니다. 그러므로 기업은 당연히 고객에게 관심을 두고 고객을 이해하려고 노력합니다. 그렇게 고객을 이해한 내용을 바탕으로 제품을 기획하고 생산량이나 가격을 결정하며 마케팅·세일즈 전략을 수립합니다. 고객은 기존에 구매 경험이 있는 고객뿐만 아니라 잠재적으로 구매 의사가 있는 고객을 모두 포함합니다. 구매 경험이 있는 고객으로부터는 얻을 수 있는 정보가 있습니다. 반면에 신제품을 내는 경우는 기존 구매 고객의 정보가 없으므로 시장 조사를 합니다. 대기업에서는 비용을 많이 들여서 보통 만 명 정도의 타깃 고객을 대상으로 설문조사를 진행합니다. 또한, 기존에 구매 경험이 있는 고객 정보로부터 유추해서 잠재 고객을 이해할 수 있습니다. 이렇듯 잠재 고객과 현재 고객을 이해하기 위해서는 고객으로부터 얻을 수 있는 의미 있는 데이터를 최대한 수집해서 분석해야 합니다.

데이터를 수집 및 분석해서 데이터 간의 관계를 밝혀내면 의미 있는 정보가 생깁니다. 이렇게 의미가 있는 정보를 바탕으로 전략을 만듭니다. 과거에는 데이터 처리와 분석 비용이 비쌌기 때문에 분석 결과를 활용해서 얻을 수 있는 효용이 분석 비용을 상회할 것이 명확하지 않았다면 데이터를 수집조차 하지 않았습니다. 설문조사 인건비 비용이 얼마나 비쌌는지를 생각해보면 됩니다. 하지만 이제 시대가 변했습니다. 데이터를 수집하고 보관하는 비용이 수백, 수천 배 저렴해졌습니다. 분석해서 의미를 찾고 사업에 적용하는 역할은 여전히 인건비 비중이 높아서 값비싼 일이지만, 데이터 애널리스트가 사용하는 도구들이 자동화되고 있어서 가격 대비 성능이 꾸준히 높아지는 추세입니다. 데이터, 정보의 가공 비용이 충분히 저렴해져서 이제는 분석 결과를 활용해서 얻을 수 있는 효용이 분석 비용을 상회하는 일이 일상다반사입니다. 이런 데이터 플레이는 회사와 고객 간의 관계를 기반으로 하기에 중요할 뿐만 아니라 모든 시장 참여자가 시도하고 있으므로 늦게 도입할수록 경쟁사에 밀리기 쉽습니다.

한편으로 디지털 트랜스포메이션은 일하는 방식을 바꾸는 것도 포함합니다. 고객을 이해하는 일도 디지털로 바뀌어야 합니다. 고객을 이해하기 위해서는 고객과의 접점에서 발생하는 모든 데이터를 수집 및 분석해서 고객에 대해 측정할 수 있는 모든 것을 측정해야 합니다. 어느 데이터가 고객을 이해하는 데 중요한 역할을 할지, 어떤 데이터와 어떤 데이터가 합성돼 더 추상적이고 더 고차원적으로 고객을 설명할 수 있을지 지금은 모릅니다. 그렇다면 측정할 수 있는 모든 것을 측정해보려는 각오가 필요합니다.

초등학생부터 초고령 어르신까지 모두의 손에 스마트폰이 쥐어진 세상이 됐습니다. 대량 생산 시대에 효과를 보았던 푸시 마케팅도 모바일 퍼스트 시대에는 풀 마케팅에게 주도권을 빼앗겼습니다. 모든 구매 행위에는 검색이라는 행위가 포함돼 있습니다. 모두 언제 어디서나 고속 인터넷에 접속 및 사용 가능한 고성능 컴퓨터를 손에 들고 다닙니다. 고객의 환경이 바뀐 만큼 고객의 행동도 크게 바뀌었습니다. 고객이 회사와 회사의 제품에 대해서 예전보다 더 많은 것을 알게 됐고, 동시에 회사도 고객에 대해 예전보다 더 많은 것을 알 수 있게 됐습니다.

고객은 스마트폰에서 몇 번의 검색으로 회사의 평판과 제품의 사용 후기를 알 수 있습니다. 다른 경쟁 제품과 가격을 비교하고 자신의 필요에 맞는 제품인지도 쉽게 알 수 있습니다. 고객은 자기 필요에 맞는 제품을 찾아서 검색하다가 회사가 제공하는 홈페이지에 방문하게 됩니다. 회사는 홈페이지를 운영하며 제품에 대한 설명을 올려놓습니다. 고객과 지속적인 관계 유지를 원하는 회사는 회원 가입을 권유합니다. 고객은 회원 가입을 하고 홈페이지에 방문해서 이런저런 콘텐츠에 관심Attention 을 보입니다. 마우스를 스크롤하고 클릭하다가 관심사에 부합하는 내용이 나오면 꼼꼼히 읽기도 합니다.

고객이 보이는 관심은 고객의 행동 데이터를 통해서 일부 파악이 가

179

능합니다. 고객 설문조사 문구에서처럼 "회사의 사이트를 어떻게 알게 됐나요?", "탈회는 하는 이유는 무엇인가요?"를 직접 물어보고 그에 대한 답변을 직접 수집하는 것을 명시적Explicit 관심이라고 합니다. 또 여러 가지 종류의 이미지가 나열된 상태에서 특정 주제의 이미지를 주로 클릭하는 사용자가 해당 주제에 보이는 관심은 묵시적Implicit 관심이라고 할 수 있습니다. 우리는 살아가면서 솔직하게 말할 필요가 없는 경우가 많기에 명시적 관심은 신뢰하기 어렵습니다. 체면이나 자존심 같은 것이 작용하면 스스로를 속이는 답변을 할 수도 있기 때문입니다. 그러나 묵시적 관심은 사용자의 내면에서 무의식적으로 표출되므로 기업의 입장에서는 묵시적 관심을 잘 분석하면 고객 스스로도 모르는 고객을 이해할 수 있게 됩니다. 고객을 이해하기 위해 노력하는 회사들은 이러한 사용자의 관심을 모두 수집하면서 관심이 발생한 주변 상황을 맥락(콘텍스트)과 함께 수집합니다. 어떤 시각, 어느 브라우저, 어느 장소, 혹은 어느 IP 주소에서 접속했는지 등 관련 있는 모든 것을 수집해서 저장하고 분석합니다.

이렇게 분석한 관심(어텐션)을 고객의 다른 정보와 연결하고 맥락을 파악해서 분석하면 사용자의 의도를 판단하는 좋은 정보가 됩니다. 어텐션 뒤에는 의도, 즉 인텐션이 있습니다. 사용자가 검색창에 검색어 한 개를 넣었을 때 그 관심의 이유가 무엇인지, 즉 구매를 원하는 것인지, 정보가 궁금한 것인지, 방문하고 싶은 사이트를 찾고 싶은지 등 그 의도가 무엇인지 알면 더 정확한 검색 결과를 제공할 수 있습니다. 꽃집에 들어온 사람이 케이크를 들고 들어왔는지, 검은 양복에 검은 넥타이를 매고 들어왔는지, 눈길을 장미에 주는지 혹은 백합에 주는지 등을 보면 꽃집 사장님은 손님의 '어텐션'과 '인텐션'에 대해서 잘 알 수 있습니다. 같은 일이 인터넷 홈페이지에서도 발생하고 있습니다. 어텐션을 분석하면 고객을 더 잘 이해할 수 있고 고객의 의도에 더 잘 부응하는 서비스를 제공할 수 있습니다.

어텐션과 인텐션은 제품 판매에도 도움을 줄 수 있습니다. 고객에 대한 이해를 바탕으로 새로운 제품을 기획하는 방법도 있습니다. 회사의 제품을 소개하는 페이지에 방문하는 사람들의 어텐션과 인텐션을 분석하면 제품에 대해 잠재 고객들이 관심을 두는 기능은 어떤 것인지, 어떤 면에는 관심이 떨어지는지, 어떤 의도를 가지고 회사의 제품을 찾았는지, 회사의 제품이 고객의 구매 의도를 충족시키는지를 판단할 수 있습니다. 이 데이터를 바탕으로 기존 제품을 개선하거나 새로운 제품을 기획할 수 있습니다. 고객을 이해하기 위해 도움을 주는 아주 좋은 데이터가 아직 캐내지 않은 금광처럼 묻혀 있는 것입니다.

데이터로 고객 파악하기

점묘법으로 유명한 다음의 그림은 가까이에서 보면 수많은 점이지만, 떨어져서 보면 여러 개의 점이 어울려서 비로소 형체가 보입니다. 즉, 여러 형체가 모여서 그림이 완성됩니다. 마찬가지로 데이터도 같은 방

05 데이터가 만드는 데이터 드리븐 경영

법으로 사용합니다. 고객이 남겨둔 데이터를 점으로만 보면 고객을 이해하기 어렵습니다. 데이터와 데이터를 연결해서 정보를 만들고 정보와 정보를 연결하는 방식으로 여러 개의 데이터를 뭉쳐서 전체 그림을 완성하면 비로소 이해 가능한 고객의 모습이 완성됩니다.

조르주 쇠라의 《그랑자트섬의 일요일 오후》의 일부분. 1884년 작품. 수많은 점이 모여 그림을 이룬 것처럼, 수많은 개별 데이터로 고객을 이해할 수 있다.

고객이 어디에 관심이 있는지는 검색 엔진이 잘 알고 있습니다. 요새는 관심이 있는 것이라면 다들 무엇이든 검색을 먼저 해보기 때문이죠. 고객이 언제, 어디서 무엇을 구매하는지는 결제 회사가 가장 잘 알고 있습니다. 'OO페이Pay'라는 이름을 가진 결제 수단이 많이 생겨났습니다. 결제 기능을 제공하는 기업은 고객의 모든 구매 정보를 데이터로 만듭니다. 만약 검색 엔진 회사의 데이터와 결제 회사의 데이터가 합쳐지면 그 힘은 막강합니다. 고객이 어느 공간에 있는지는 교통카드 회사나 이동통신 회사가 가장 잘 알고 있습니다. 이런 데이터까지 뭉치면 더 막강해집니다. 고객이 직접 알려주는 현재의 데이터를 통해서 고객의 미래까지 예측할 수 있습니다. 기업은 고객 본인조차 모르는 고객 내면의 욕구까지 데이터를 통해서 알 수 있습니다. 회사가 언제 고객에게 말을 걸면 친절하게 받아주고, 언제 말을 걸면 화를 내는지도 알 수 있습니다. 어떤 어투로 말할 때 가장 친근감을 느끼는지도 판단합니다. 이처럼 충분히 많은 데이터 포인트Data point를 관찰하고 연결해서 하나의 정보로 이해하고, 또 뭉쳐서 하나의 그림으로 파악한다면 그 그림을 제대로 감상할 수 있게 됩니다.

고객을 설명하는 데이터가 가진 힘은 너무 막강합니다. 고객은 어떤 기업이 본인을 본인 스스로보다 더 잘 알고 있다고 생각하면 두려움을 느낍니다. 어떤 때는 조종당하고 있는 건 아닌가 하고 의심하기도 합니다. 이런 배경 덕분에 고객의 데이터에 대한 취급 권한을 고객에게 돌려줘야 한다는 주장이 나왔습니다. 이 주장으로 인해 나타난 단어가 '마이 데이터'입니다. 즉, 마이 데이터는 데이터의 힘이 너무 막강해서 나온 단어입니다. 기업은 고객을 잘 알 수 있는 막강한 데이터를 가지고 있는데, 사실 그 데이터의 주인은 기업이 아니라 고객 개인입니다. 그러니 원래의 주인에게 본인의 데이터를 처분할 수 있는 권한을 부여하자는 것입니다. 이런 움직임은 데이터가 막강한 힘을 가지고 있다는 것이 사람들에게 알려지기 전에는 문제시되지 않았던 것입니다.

GDPR General Data Protection Regulation (유럽연합 일반 데이터 보호 규칙)은 유럽연합 시민들의 정보를 보호하기 위해서 유럽연합 시민의 정보는 정보 주체의 결정과 적절한 조치 없이는 유럽연합 외부에 존재하는 컴퓨터에 임의로 전송되거나 저장될 수 없도록 하는 규칙입니다. 정부와 국가 연합 차원에서 데이터를 보호하는 것입니다.

이제는 기업을 운영하면서 고객의 입장을 이해하지 못하는 기업은 시장에서 도태될 수밖에 없습니다. 기업은 고객에게 가치 있는 것을 제공하고 그 대가를 지불받아서 운영됩니다. 그러니 기업은 고객이 어떤 것에 가치를 부여하는지 이해해야 합니다. 그래야 고객이 충분히 대가를 지불할 만큼 가치 있는 제품을 만들 수 있습니다. 또한, 고객을 잘 이해하는 것은 회사의 강력한 경쟁력이 됩니다.

고객을 잘 이해하는 방법은 고객이 남긴 모든 데이터를 유심히 들여다보는 것입니다. 디지털 디바이스와 디지털 채널을 통해서 고객과의 접점이 생성되면 고객의 흥미, 관심, 구매, 이동이 모두 데이터로 남습니다. 고객과의 접점은 고객을 관찰할 수 있는 소중한 데이터 포인트입니다.

고객 데이터 활용

고객을 이해할 수 있는 데이터가 쌓였다면 이제 그 데이터를 가공해서 고객에게 더 가치 있는 효용으로 만들 차례입니다. 사금을 채취한 후에

금과 모래를 분리해서 금속의 순도를 더 높이는 것처럼, 기업도 데이터를 가공해서 고객에게 제공하는 가치를 더 높일 수 있습니다.

데이터 가공 방향을 설정하기 위해서는 우선 데이터를 활용하고자 하는 목적을 다시금 확인합니다. 넓은 의미로 데이터를 활용하는 목적은 보통 다음의 세 가지를 포함합니다. ① 고객을 확보한다, ② 매출을 발생시킨다, ③ 고객을 계속 유지한다. 이를 염두에 두고 목적을 확인하고 보유 중인 데이터를 다시 살펴봅시다. 이미 사업이 있고 매출이 있는 경우에는 부족하더라도 데이터를 보유하고 있을 터입니다. 기존 고객이 있다면 그 고객에 대해서 어떤 데이터가 있는지 확인해봅시다. 아마 가입할 때 받아놓은 기본적인 인적 정보는 있겠지요.

다음으로, 고객이 생애 주기의 어느 단계에 있는지 판단할 수 있는 데이터가 있는지 찾아봅시다. 생애 주기 중에 어느 단계에 있는지를 나눠서 데이터로 표현한 것을 라이프 스테이지Life stage라고 부릅니다. 미혼자, 아이 없는 기혼자, 아이가 있는 기혼자, 아이를 출가시킨 기혼자, 나이 든 독신자 등 각 고객은 라이프 스테이지에 따라서 소비 행동 패턴이 다릅니다. 그 외에 라이프 스타일이라는 데이터를 만들어서 쓰기도 합니다. 이러한 판단 데이터가 많을수록 고객을 점점 더 깊게 이해할 수 있습니다.

한편으로 데이터를 활용하는 목적이 잠재 고객을 고객으로 만드는 것이라면, 기존 고객이 정답을 제공해줄 수 있습니다. 기존 고객이 어떠한 이유로 어떠한 경로, 어떠한 채널을 통해서 회사의 제품을 알게 됐으며 어떤 홍보 문구나 가치 제안에 이끌려서 고객이 됐는지 데이터로 파악하면 고객의 특성을 정확하게 이해할 수 있습니다. 그러면 잠재 고객 중에서 기존 고객의 데이터와 유사성이 있는 고객을 모두 찾아서 고객이 돼 달라고 제안할 수 있습니다. 이러한 방식은 기존의 방식보다 더 낮은 신규 고객 취득 비용CAC으로 더 효율적인 모객 활동을 할 수 있게 해줍니다.

또한, 데이터 분석을 통해서 이 CAC가 CLTV, LTV보다 낮다면 동원할 수 있는 최대 자금을 동원해서 신규 고객을 유치합니다. 예를 들어서 3,000원을 들여서 고객을 취득했는데 LTV가 5,000원이고 그간의 운영비가 1,000원이라면 고객당 1,000원의 이익을 얻을 수 있습니다. 그렇다면 경쟁자가 나타나거나 고객의 구매 패턴이 변하기 전에 취득할 수 있는 모든 고객을 취득하기 위해서 최대한 자금을 조달해 고객을 취득하기 위한 비용에 쏟아부어야 합니다.

이것이야말로 데이터에 의해 구동되는 데이터 드리븐 마케팅입니다. 물론 이런 데이터 드리븐 마케팅을 하기 위해서는 당연히 먼저 CAC와 LTV가 분석돼 있어야 합니다. 그리고 끊임없이 신선한 데이터로 최신의 분석 결과가 의사 결정에 사용될 수 있도록 준비해야 합니다. CAC가 한계 수준 이상으로 오른다면 즉시 마케팅 캠페인을 멈춰야 합니다. 반대로, LTV가 한계 수준 이하로 떨어진다면 마찬가지로 즉시 대응해야 합니다. 프로그래매틱 마케팅Programmatic Marketing, Programmable Marketing 이라는 신분야는 API를 이용해서 이러한 상황에 실시간으로 대응할 수 있게 해줍니다. CAC와 LTV를 산정하기 위해서는 고객을 유입 채널, 구매 제품, 구매가 이어진 기간 등으로 나눠야 합니다. 신규 고객을 취득하기 위해 다른 마케팅 캠페인을 설계할 만큼의 규모와 대상 잠재 고객을 가지고 있다면 대상 고객을 코호트Cohort*와 세그멘테이션 Segmentation**으로 나누고 라이프 스타일 세그먼트 등으로 세분화합니다. 그리고 제품의 다음 구매 확률을 계산하고 생애 주기 중에 구매율이 떨어지는 구간을 산정해서 이를 반영합니다. 예를 들어서 초등 수학 과정 교육 앱을 도시와 시골에 있는 학교 학생들에게 판매하는 마케팅 캠페인을 각각 3월과 4월에 벌인다면, 3, 4월에 구매한 고객을 각각 코호트, 세그먼트로 나눠 탈회까지의 기간 동안 회사에 기여하는 가치를 산정합니다. 이어서 3, 4월의 코호트 분석만으로는 지역에 따른 차이를 알기 어려우므로 코호트 분석 대상 고객을 다시 도시와 시골이라는 고객 세그먼트로 나눠서 분석합니다. 이런 분석의 결과로 3월의 도시 고객, 4월의 도시 고객, 3월의 시골 고객, 4월의 시골 고객 등 4개의 세그먼트로 나눠진 고객 집단에 대해서 각각 LTV를 계산할 수 있습니다.

온라인 상품 판매 회사는 리뷰를 중요하게 여깁니다. 데이터 분석 결과 리뷰와 구매 전환율의 관계가 상관관계를 가지고 있기 때문입니다. 좋은 리뷰가 전시 중인 상품 페이지에 함께 노출되면 고객의 구매가

● 특정 기간 동안 공통된 경험을 갖는 사용자 집단.

●● 전체 사용자를 특정한 기준으로 다수의 사용자 집단으로 나누는 것.

늘어나므로 판매자들은 좋은 리뷰를 취득하기 위해서 이벤트를 벌이거나 제품을 보낼 때 손으로 쓴 메모를 함께 배송해서 고객에게 좋은 리뷰를 남겨 주기를 요청합니다. 이전의 판매자들이 유통업자들에게 매대의 좋은 위치에 제품을 놓아주기를 요청했다면 이제는 고객에게 직접 요청하는 것으로 상황이 변했습니다.

신제품을 만들기 위해서도 데이터가 사용됩니다. 온라인 패션 업체 무신사는 판매 데이터를 꾸준히 누적해서 분석한 결과, 상품 선호에 대한 데이터, 디자인 선호에 대한 데이터, 상의와 하의의 매칭에 대한 데이터를 기반으로 해서 자체 브랜드 제품인 무신사 스탠다드를 출시했습니다. 고객의 행동 데이터를 기반으로 하는 데이터 드리븐 상품 개발이라고 할 수 있겠습니다. 이를 통해 2018년경에는 약 170억 원이던 매출이 2019년 약 630억 원, 2020년 약 1,100억 원으로 빠르게 성장했습니다.

신용카드사는 금융감독원의 규제에 따라 고객이 콜센터에 전화해서 카드를 해지하고자 할 때 해지 방어를 위한 제안을 할 수 없게 돼 있습니다. 그런 이유로 활용할 수 있는 해지 방어 프로그램이라면 고객의 탈회 예측 스코어를 미리 만들어두고 해당 스코어가 높은 고객이 콜센터에 전화했을 때 선제적으로 해지 방어에 나서는 것입니다. 탈회 예측 모델링의 정확도가 높을수록 고객 유지율Retention rate을 높이는 효과적인 데이터 사이언스 프로젝트가 될 수 있습니다.

마케팅 분야의 데이터 활용 사례

마케팅과 세일즈 분야는 아주 오랜 기간에 걸쳐서 고객을 이해하기 위한 연구를 진행해왔습니다. 아날로그 방식으로 고객을 이해할 수 있었던 데이터는 주로 인구 통계학적인 데이터Demographic data가 많았습니다. 그만큼 인구 통계학적인 데이터 분야에는 오랫동안 연구된 유명한 사례들이 많습니다. 나이, 성별, 결혼 상태, 집 주소, 회사 주소, 취업 상태, 학력, 소득 등 회원 가입 서류를 작성할 때 적어내는 데이터들이 대표적입니다. 마케팅과 세일즈 분야는 이런 종류의 인구 통계학적 고객 데이터를 기반으로 여러 고객을 세그먼트로 묶어서 마케팅 캠페인 대상으로 삼고 업무를 진행하곤 합니다. 이는 데이터가 담겨 있는 데이터베이스를 기반으로 마케팅을 한다고 해서 DB 마케팅이라고 불리는 데이터 활용법입니다.

또한, 아날로그 시절에는 고객으로부터 획득한 오프라인 서류를 입력 담당자가 일일이 타이핑해서 정보로 입력해야 했습니다. 즉, 입력 담당자의 수작업을 통해서야 겨우 디지털화Digitalize가 이뤄지곤 했습니다. 그만큼 최초 입력 이후에 변화가 생겨도 반영하는 일이 번잡했습니다. 그 후 데이터를 다루는 기술이 보편화되면서 행동 데이터라고 불리는 고객 데이터를 분석해서 고객의 라이프 스타일, 라이프 스테이지, 라이프 이벤트를 정의했습니다. 행동 데이터는 데이터를 다루는 기업이 중요하게 생각하는 데이터, 혹은 기업의 매출과 연관 관계가 높은 데이터들입니다. 기존의 인구 통계학적 데이터보다 고객과 더 높은 빈도로 대화하고 고객을 훨씬 높은 해상도로 관찰할 때 비로소 얻을 수 있는 데이터입니다.

라이프 이벤트란 졸업, 취업, 이직, 이사, 결혼, 이혼, 출산, 부상, 은퇴처럼 고객의 지속적인 상태를 다른 지속적인 상태로 변화시키는 계기가 되는 일을 의미합니다. 또한, 라이프 스테이지란 고객의 지속적인 상태로 미혼, 자녀가 없는 기혼, 자녀가 있는 기혼, 출가한 자녀가 있는 기혼, 은퇴한 기혼 등입니다. 주로 라이프 이벤트에 따라서 라이프 스테이지가 변경됩니다. 라이프 스타일이란 고객의 삶의 방식을 특징지어서 부르는 이름입니다. 욜로YOLO, You Only Live Once, 딩크DINK, Double Income No Kids, 코쿠닝Cocooning, 여피Yuppie 등 다양한 분류 형태가 있는데, 뒤에 '족'을 붙여도 말이 되곤 하니 어느 정도 규모를 이루고 있음을 알 수 있습니다. 오렌지족, 히피족, 니트족 등을 생각해보면 좋습니다.

신한카드는 2014년에 빅데이터 플랫폼을 활용해 고객의 소비 패턴을 분석해서 코드나인Code 9이라는 브랜드 상품을 출시했습니다. 신용카드 사용 빅데이터를 수집해서 특징적인 소비 패턴을 중심으로 고객을 클러스터링Clustering(군집화)하고, 클러스터Cluster(군집)에 대한 해석을 바탕으로 각각 코드를 부여했습니다. 각 코드에 대한 설명을 보면 앞에서 설명한 인구 통계학적 데이터, 라이프 스테이지, 라이프 스타일 등의 고객 정보가 조합돼서 고객의 군집을 설명하고 있음을 알 수 있습니다. 그리고 이 분류법을 활용해 몇 가지 주목할 만한 상품을 출시했습니다. 그 이후로는 기술의 발전과 컴퓨팅 자원의 가격 하락 덕분에 개인화와 초개인화로 이어지는 데이터를 활용하는 고도화된 방법이 등장했습니다.

금융 업계는 SNS에서 획득한 정보를 사용하기도 합니다. 중국 선전深圳의 사모예드Samoyed라는 핀테크Fintech 업체는 인터넷을 기반으로 해소액 대부업을 운영하고 있습니다. 사모예드는 페이스북에서 팔로우 관계를 분석해서 다른 사람을 많이 팔로우하지만 자신을 팔로우하는 사람이 적은 경우에는 신용도를 낮추고, 팔로우하는 관계가 원을 그리며 순환하는 서큘러Circular 형태를 띠는 경우에는 신용도를 높게 쳐주었습니다. 고객을 더 잘 이해하려는 노력에서 다양한 데이터를 활용할 수 있음을 알려주는 예입니다.

더 많은 데이터를 기반으로 고객을 분석해서 고객을 더 자세히 이해하게 되면서, 마케팅도 개인화 마케팅으로 발전해왔습니다. 더 나아가고객을 하나의 페르소나로 보는 경향에서 맥락에 따라 고객을 여러 페르소나의 복합체로 보는 관점으로 발전했습니다. 바야흐로 초개인화의시대가 도래했습니다.

빅데이터 플랫폼에 쌓인 데이터를 잘 활용하기 위해 데이터 사이언스와 머신러닝의 여러 기법이 도입되면서 충분한 예측력을 가진 데이터도 만들어지게 됐습니다. 예측 모델링을 통해서 고객의 구매 행위, 탈회행위를 예측해서 데이터로 만들어서 저장해둡니다. 이는 구매 예측 스코어, 탈회 예측 스코어 등으로 불리며 고객을 이해하기 위한 데이터로사용됩니다.

05 데이터가 만드는 데이터 드리븐 경영

공급자 관점에서 소비자 관점으로

기업에서 고객에 대한 이해가 이뤄진 이후에는 고객이 원하는 것을 어떻게 충족시켜 줄 수 있을까를 고민하게 됩니다. 즉, 고객이 원하는 것을 알게 됐으니 우리 회사가 어떻게 대응할 것인지를 결정하는 것이 중요한 전략이 됩니다.

고객과의 접점에서 얻는 데이터로 알 수 있는 첫 번째는 회사가 보는 고객과 고객이 바라보는 회사의 차이입니다. 제품을 기획하는 단계에서 고객을 얼마나 이해하고 있는지의 여부에 따라서 그 차이는 벌어지거나 줄어들 수 있습니다. 흔히 '사용자 경험'이라고 일컫는 이 표현은 쉽게 설명해서 사용자가 회사의 제품이나 서비스를 이용하면서 얼마나 효용을 얻는지, 혹은 불편을 겪는지에 대한 이야기입니다. 사용자가 좋은 경험을 많이 겪을수록 입소문이 나고 사용자가 늘면서 회사의 제품과 서비스는 성장합니다. 반면에 나쁜 사용자 경험이 발생하면 경험의 당사자뿐만 아니라 그 이야기를 전해 들은 많은 고객이 당장 이탈합니다. 굳이 비싼 비용을 치르고 나쁜 사용자 경험에 대한 소문을 직접 체험하거나 검증하고 싶은 고객은 없기 마련입니다.

결국, 고객을 오해하면 엉뚱한 제품이 나오기 마련이고, 엉뚱한 제품은 나쁜 사용자 경험을 만듭니다. 고객에 대한 몰이해는 어렵고 불친절한 제품을 만들어냅니다. 이렇게 나쁜 사용자 경험이 만들어지는 이유는 기업이 고객 중심 서비스가 아니라 공급자 중심의 서비스를 제공하기 때문입니다. 그런 서비스를 제공하는 것은 보안의 이슈 때문일 수도 있고, 개인정보 보호라는 가면을 썼기 때문일 수도 있으며, 제품 생산 단가를 낮추기 위한 사정 때문일 수도 있습니다.

공급자 입장에서 어쩔 수 없이 해야만 하는 일이라고 하는 것들의 내막을 살펴보면 사실 그 비용을 고스란히 고객에게 떠넘기는 일들입니다. 소비자에게 같은 효용을 제공하기만 한다면 공급자의 이익을 극대화할 수 있다고 판단하고 실행함으로써 더 좋은 사용자 경험을 만들 수 있는 여지를 포기합니다.

또한, 공급자 중심의 제품과 서비스는 고객에게 '이렇게 써야 합니다'라고 강요합니다. '회사가 제품에 필요한 것을 이렇게 조달했고, 그 대가를 이렇게 지불했으며, 그러므로 정산은 이렇게 했다. 그러니 고객은 이렇게 써야 하며 비용도 이만큼 지불해야 한다'라는 논리로 비용을 결정합니다. 즉, 기업의 입장과 처지를 근거로 삼고 고객이 내야 하는 비용을 강요합니다. 반대로 고객 중심의 제품과 서비스는 다르게 봅니다. '고객에게 얼마나 큰 효용을 주었는가?', '고객이 느끼는 가치는 어떠한가?' 이것이 가장 중요한 주제입니다. 즉, 고객이 내야 하는 대가를 고객이 느끼는 효용에 비례하도록 설계합니다.

디지털 트랜스포메이션의 대표적인 사례로 거론되는 넷플릭스를 생각해봅시다. 넷플릭스는 거대한 비디오 대여점과의 경쟁을 넘어서 이제는 최고의 디지털 기업이 됐습니다. 비디오 대여점 전성기에는 원천 콘텐츠 회사에 지불해야 하는 비용이 각각 달랐기에 비디오테이프 하나를 대여하거나 구매하려면 가격이 각각 달랐습니다. 고객이 잔뜩 빌려 가서 한 편밖에 보지 못하고 반납해야 하더라도 그것은 고객의 사정이었습니다. 반면에 현재의 넷플릭스에는 비디오 대여점에서 대여할 수 있었던 것보다 더 많은 영화가 상시 갖춰져 있습니다. 그러나 고객에게 과금하는 기준은 영화의 개수가 아닙니다. 고객이 영화를 볼 수 있는 시간이 기준입니다. 고객이 영화를 볼 수 있는 시간은 한정돼 있습니다. 아무리 많은 영화와 드라마가 제공된다고 하더라도 고객은 한정된 시간 내에서 영화를 관람할 수밖에 없습니다. 그런 이유로 과금은 한정된 고객의 시간에 맞춰져 있습니다. 이런 식으로 공급자의 세상에서 소비자의 세상으로 기준이 변경되고 있습니다.

디지털 트랜스포메이션이라는 변화는 필연적으로 자동화가 되는 영역을 넓힙니다. 자동화는 밸류 체인의 단계를 축소하고 생산자를 소비자와 직접 연결합니다. 과거의 생산자는 유통업자와의 관계가 매우 중요했습니다. 대형 유통업자는 고객을 대표하는 것처럼 갑으로 군림하며 생산자의 마진을 축소했습니다. 그러나 자동화는 생산자가 소비자와 바로 연결되도록 합니다. 생산자에게 갑은 유통업자가 아니라 고객이 됐습니다. 이런 변화 덕분에 공급자 관점을 가진 기업은 점차 사그라들고 소비자 관점을 가진 회사는 점차 번창합니다.

데이터 드리븐
경영 구동하기

누구나 일하는 방식을 갑자기 바꾸기는 쉽지 않습니다. 기존 방식대로 열심히 일하고 있는데 갑자기 데이터 드리븐을 이야기하는 것도 마찬가지입니다. 억지로 데이터 앞으로 데리고 갈 수는 있겠지만, 업무에 데이터를 활용하라고 강제하기란 어렵습니다. 디지털 트랜스포메이션을 주도하는 사람들이 모두 공통적으로 느끼는 답답함입니다. 모두가 데이터 드리븐으로 일하려면 어떻게 해야 할까요? 언제나 그렇듯이 '작은 성공'을 만들어내는 것이 가장 중요합니다. 데이터를 이용해서 기존 방식보다 더 효율적이고 더 효과적인 사례를 찾아낼 수 있다면 데이터 드리븐 경영을 구동하기 위한 실마리가 생깁니다.

그러나 첫 성공을 만들어내는 것은 아무리 작은 것이라도 어렵습니다. 오래된 조직이라면 소위 '어르신'이 있기 마련입니다. 어르신들은 많

195

은 경험이 있는 데다가 "내가 다 해봤는데 말이야"라고 말하며 변화를 무력화하곤 합니다. 하지만 그분들을 설득하는 길도 데이터에 있습니다. 데이터를 더 많이 보여줘야 합니다. 탐색적 분석과 인사이트 리포트가 도움이 될 수 있으니 충분히 활용하면 좋습니다. 데이터를 쉽게 이해할 수 있도록 시각화Visualization하고 사업의 목적과 인사이트 리포트에서 다루는 주제의 합을 맞춰야Align 합니다.

이 단계에서 곧잘 하는 실수가 있습니다. 바로 데이터 사이언티스트들이 알고리즘이나 도구를 강조하는 것입니다. 정작 데이터를 이용해야 하는 이들은 사업의 내용을 잘 알고 있는 분들입니다. 데이터 안에서 비즈니스를 더 잘할 수 있는 단초를 찾아내면 함께 업무 협의를 할 수 있는 커다란 여지가 남아 있습니다. 그런데 그런 데이터 자체에 집중하지 않고 낯선 외래어를 남발하면서 가능성만을 제시하곤 합니다. 알고리즘이나 도구에 집중해서는 안 됩니다. 중요한 것은 데이터를 활용한 결과가 사업에 가져올 영향력입니다.

또한, 데이터 드리븐 경영을 통해 작은 성공이 만들어지면 그 공로는 데이터를 다루는 부서의 공이 아니라 데이터를 활용해서 사업에 긍정적인 결과를 가져온 현업 부서로 돌리는 것이 좋습니다. 아직 '데이터의 맛'을 보지 못한 다른 부서들을 독려하기 위함입니다. 앞서가기 위한 욕망보다 뒤처질 수 있다는 공포가 사람을 더 조급하게 만듭니다. 데이터를 활용하지 않으면 뒤처질 수 있다는 공포가 전사에 퍼지면 이번에는 거꾸로 업무 요청과 협업 제안이 쇄도합니다. 몇 가지 업무 요청을 수행해서 작은 성공이 또 이뤄지면 아우성이 납니다. 모든 부서가 데이터를 다루는 디지털 부서의 업무 역량을 독점하고 싶어 합니다. 데이터 분석 요청, 모델링 요청, 예측 모델 요청 이후로는 현업에서 활용할 수 있는 데이터를 주기적으로 말아 달라는 요청이 밀물처럼 들어옵니다. "국밥 말 듯이 말아 달라"라는 표현이 흥미롭지요. 이때 매우 중요한 방향 전환이 필요합니다. 플랫폼으로의 전환입니다. 모든 요청을 전부 받아주다 보면 과거의 전산실과 같은 형태의 지원 조직이 되고 맙니다. 데이터 플레이를 할 수 있는 플랫폼을 구축하고 현업과의 협업을 통해 이뤄지는 작은 성공이 플랫폼 위에 누적돼 지속해서 활용될 수 있는 플랫폼의 구성 요소가 되는 걸 노려야 합니다. 누적되는 데이터의 양에 비례해서 변화의 속도를 가속화할 수 있습니다.

곧 이렇게 누적된 작은 성공들이 양질 전환을 이루는 때가 다가옵니다. 활용되는 데이터가 많아질수록, 언제나 데이터를 가져다 쓸 수 있도록 데이터의 신선함을 유지해야 합니다. 이후에는 데이터의 새로운 조합으로 새로운 의미를 가진 데이터가 생성됩니다. 그리고 분석의 성숙도가 생기면서 데이터는 더 가치 있는 정보로 발전합니다. 이렇게 데이터 플레이가 시동이 걸리고 조직은 데이터 구동형 조직이 돼갑니다.

고객 데이터로부터 시작

고객을 이해하기 위한 고객 데이터는 고객과의 접점에서 발생합니다.

05 데이터가 만드는 데이터 드리븐 경영

고객을 어떻게 정의하느냐에 따라서 다양한 고객 데이터가 생깁니다. 고객 중에는 구매자도 있고 이용자도 있습니다. 유아용, 초등학생용 교육 콘텐츠를 판매하는 회사는 구매자와 이용자를 뚜렷하게 구별합니다. 학생은 이용자이고 학부모는 구매자가 됩니다. 둘 다 회사의 고객입니다. 제조업을 하는 회사는 이마트 같은 대형 유통 회사를 고객으로 봐야 할까요? 분명히 중간 도매상이나 유통 회사는 구매자이기는 합니다만, 최종 구매자는 아닙니다. 최종 구매자와의 접점을 대형 유통사에 넘긴다면 고객 데이터를 획득할 수 없게 됩니다. 최종 구매자가 제조업 회사에 스스로 연락해서 고객 등록을 하지 않으면 제조업 회사는 고객 데이터를 구할 수 없습니다. 그러면 고객의 피드백을 받아서 제품을 개선하는 폐쇄 루프를 연결할 수 없게 됩니다.

신용카드사는 가맹점과 소비자의 중간에서 신용을 제공합니다. 신용을 제공하기 위해서는 고객을 잘 이해해야 합니다. 그런데 카드사는 전통적으로 가맹점 데이터와 고객 결제 시의 합산 금액 데이터를 가지고 있습니다. 어느 가맹점에서 어느 고객이 총합으로 얼마를 소비했는지는 알고 있지만, 어느 제품을 구매했는지는 모릅니다. 제품 데이터는 SKU Stock Keeping Unit(재고 관리 코드)에 따라 가맹점이 보유한 고유 데이터입니다. 이럴 경우 카드사 입장에서는 고객을 더 깊이 알고 싶어도 한계에 도달하게 됩니다.

미국의 경우 켈로그, 하인즈 같은 식품 제조업 회사는 5개의 대형 유통사를 통해서 매출의 절반이 일어납니다. 그러나 유통사를 통해서 고객의 목소리가 전해지지는 않습니다. 매출이 줄어들면 왜 줄어드는지, 늘어나면 왜 늘어나는지 알기 어렵습니다. 그래서 아날로그 방식을 이용합니다. 제품 포장지에 여러 이벤트를 벌여서 고객이 직접 회사로 연결되도록 유인합니다. 고객에 대한 데이터를 충분히 수집하고 싶어서 이렇게 하는 것이지만, 이런 아날로그 방식으로는 여전히 한계가 있습니다.

초등학교 학생을 대상으로 하는 교육 회사는 교육과 보육의 성격을 함께 가지고 있어서 러닝 센터라고 불리는 학원 형태의 서비스를 유지하기도 합니다. 센터와 학원에 대한 데이터는 충분히 수집되고 있습니다만, 최종 소비자인 학생에 대한 데이터는 획득 한계에 도달합니다.

이러한 한계를 뛰어넘기 위해 제조업들은 제품을 인터넷에 연결해서 스마트 제품을 만듭니다. 냉장고와 TV도 인터넷에 연결됩니다. 디지털 트랜스포메이션이 가능한 영역의 제품들은 이때 비로소 디지털 제품으로 전환됩니다. 그렇게 해서 고객 데이터가 수집되고 쌓여서 분석되고 활용될 수 있는 형태로 가공됩니다. 이를 CDP Customer Data Platform (고객 데이터 플랫폼)라고 부릅니다. 결국, 디지털로 전환하고 싶은 모든 회사는 고객과의 접점에서 발생하는 데이터를 수집해 CDP에 적재하거나 이에 준하는 방편을 구축해야 합니다.

물론 이 과정에서 반드시 유의해야 할 점이 있습니다. 단순히 데이터를 수집하는 데 그치지 말고, "우리의 고객은 누구인가요?", "고객과의 접점은 어디에 있나요?"라는 두 질문을 늘 잊지 않아야 합니다.

데이터 조직의 진화

기업에 업무용 컴퓨터가 도입되고 IDC에 대형 서버가 도입되며 전산실이 생긴 후로는 많은 업무가 데이터를 다루는 일로 변합니다. 제품과 고객에 관한 데이터는 일부 전산실의 주전산기에 누적되기는 하지만, 서버가 아닌 업무용 PC에서도 많은 데이터가 다뤄집니다. 그런데 각자의 자리에서 가공해서 활용하는 데이터는 업무가 바뀌면 사라져버립니다. 중요한 데이터가 발생하는 장소는 여러 군데이지만, 1단계의 디지털화, 즉 디지타이제이션마저도 충분히 이뤄지지 않기도 합니다. 수작업과 종이에 기록되는 데이터는 쉽게 사라집니다. 이럴 때는 되도록 흩어진 데이터를 모아서 대용량의 서버에 담아두면 데이터가 활용될 가능성이 커지겠지만, 이 또한 활용하는 주체가 필요로 하는 경우에만 활용됩니다. 이렇게 데이터를 더 큰 용량의 서버에 모아서 활용하는 방식을 스케일업Scale-up이라고 합니다.

경영 정보를 중심으로 자주 점검하는 데이터를 매번 만드는 일이 반복해서 발생하면 대부분 큰 비용을 들여서 BI 포털 같은 시스템을 구축합니다. 그렇게 100억 원씩 들여서 포털을 구축했지만, 실제로 사용하는 사람은 드뭅니다. 다들 사정은 있습니다. 현업의 매출 부서에서는 BI 포털에서 주기적으로 만들어지는 데이터보다는 그때그때 임기응변식의 애드혹Ad-hoc 데이터를 필요로 하는 경우가 많습니다. 그래서 필요한 데이터를 제때 제공하기 위해서 데이터를 공급할 데이터 애널리스트 조직(DA 팀)을 구축합니다. 대기업의 경우에는 300명 정도의 인원으로 이뤄진 DA 조직을 만들기도 합니다.

매출을 일으키는 현업 부서는 필요로 하는 데이터를 만드는 일을 지원 부서인 DA 팀에 요청합니다. 그런데 요청받은 데이터 분석 업무를 진행하려면 아무래도 업무에 대한 이해가 필요합니다. 현업의 업무 요청자가 DA 팀원에게 업무를 설명해줘야 합니다. DA 직원은 설명을 듣고 요청에 따라서 데이터를 가공해서 원하는 리포트를 만들어주거나 데이터를 만들어서 전달합니다. 이후에도 업무 이해를 바탕으로 필요에 따라서 분석 업무가 또 발생합니다. 그런데 DA 팀의 인원이 바뀌면 업무 요청자가 업무를 처음부터 다시 설명해야 합니다. 이런 일이 반복되면 업무 이해도가 있는 DA 팀 인원을 아예 현업으로 파견해줄 것을 요청합니다. 옆에 앉혀놓고 업무를 진행하는 것이 속도가 빠르기 때문입니다. 파견된 DA 직원이 업무가 능숙해지고 현업의 인원들과 끈끈한 관계가 형성되면 현업 조직에서 해당 인원을 지원 부서로 돌려보내려 하지 않습니다. 결국 매출을 내기에 목소리가 큰 현업 조직의 인원으로 소속 변경이 이뤄지고 DA 조직의 인원은 줄어듭니다.

기업의 IT 시스템은 기술 및 비즈니스 트렌드의 영향을 받습니다. 지난 십여 년간 엔터프라이즈 테크 트렌드에는 U2L Unix 2 Linux과 x86 마이그레이션 등의 구조적 변화가 있었습니다. 짧게 설명하자면 더 저렴한 시스템을 네트워크로 연결해서 대용량 데이터를 분산 처리할 수 있게 됐습니다. 이런 방식을 스케일 아웃 Scale-out이라고 합니다. 자연스럽게 이 추세를 활용해서 대용량 데이터를 축적하고 분석할 수 있는 빅데이터 플랫폼이 도입됐습니다. 같은 비용으로 처리할 수 있는 데이터의 양이 기하급수적으로 늘어났습니다. 이후로는 빅데이터 플랫폼과 연계해서 활용할 수 있는 다양한 솔루션들도 함께 늘어났습니다. 데이터를 다루는 직종은 이제 새로운 기술을 얼마나 빨리 받아들여서 업무에 활용할 수 있는지가 역량을 평가받는 새로운 기준이 됐습니다. 빅데이터 플랫폼과 함께 실시간에 가까운 데이터를 처리하기 위한 패스트 데이터 플랫폼도 각광받습니다. 많은 양의 데이터가 담기고 분석돼 정보로서 정제됩니다. 이들 빅데이터 플랫폼이 저장소의 역할을 하면 현업에서의 활용 사례가 점차 늘어납니다. 활용이 늘어날수록 모든 조직에서 데이터의 영향력을 느끼게 됩니다.

가끔 변화에 저항하는 세력들이 반발할 때도 있습니다. 심지어는 디지털 조직을 음해하는 일도 벌어집니다. 하지만 큰 변화의 물결 앞에서는 어쩔 도리가 없습니다. 받아들이는 수밖에 없는 변화도 있습니다.

점점 더 새로운 솔루션이 도입돼 작동 중인 저장소와 연결됩니다. 분석 시스템이 도입되고 디지털 마케팅을 위한 시스템도 개발됩니다. 업무에 활용되는 데이터는 점차 세분화되고 정교해집니다. 이제 조직 차원에서 데이터의 힘을 느끼게 됩니다. 기존에 진행하던 업무 수행 방식 대비 효과가 배가되는 것을 경험한다거나 처리 속도의 개선이 몸으로 느껴집니다. 데이터를 다루고 분석하는 역량이 성숙해지면서 머신러닝과 인공지능이 중요 역량으로 주목받게 됩니다. 생각하지 못했던 데이터 활용법이 등장하고 업무 효율은 더 높아져서 후발주자인 경쟁사와의 격차가 점차 벌어집니다.

여기에 또 주목할 만한 큰 변화가 있습니다. 전기선이 집마다 연결돼 스위치를 켜면 전기를 바로 쓸 수 있게 된 변화처럼, 플랫폼의 발전 덕분에 회사와 가정에 모두 연결된 인터넷을 통해서 클릭 몇 번만으로 서버 자원을 쓸 수 있게 됐습니다. 이를 보통 클라우드 전환Cloud transformation 이라고 합니다. 클라우드는 원하는 서버 자원을 즉시 사용할 수 있게 해줄 뿐만 아니라 자원을 사용한 만큼만 과금하기에 이용 비용을 줄여줍니다. 서버 자원을 사용하지 않는 동안에는 과금하지 않습니다. 또한, 하드웨어인 서버 자원을 가상화해주는 것에 머무르지 않고 수없이 많은 소프트웨어와 기능과 플랫폼들을 SaaS, PaaS 형태로 제공합니다.

클라우드가 없던 시절과 도입 단계를 비교해보면 그 격차를 느낄 수 있습니다. 클라우드 등장 이전 시대에는 기획을 기안해서 승인받고 그에 합당한 예산을 확보한 뒤 입찰을 통해서 공급 업체를 확정했습니다. 그렇게 구매한 장비를 IDC에 들이고 필요한 소프트웨어를 설치했습니다. 여기까지만 해도 적어도 3개월 정도 소요됩니다. 하지만 클라우드가 생겨난 지금은 개발자가 필요하다고 판단하면 가용할 수 있는 SaaS나 API 등이 무엇이 있는지 확인만 된다면, 주어진 예산 범위 안에서 단 몇 번의 클릭만으로 클라우드를 바로 도입할 수 있습니다.

데이터를 다루는 데 성숙한 조직은 좀 더 심오한 데이터 활용의 단

203

계에 들어갑니다. 빅데이터 플랫폼이 데이터의 저장소라고 하면 기업의 지식 저장소로서 지식 그래프Knowledge graph를 구축합니다. 지식 그래프를 구축해서 풀고자 하는 문제의 근본적인 원인을 밝힌다거나Root cause analysis 영향 분석Impact analysis을 통해서 어떤 업무에 비중을 두어야 할지 판단하고 시뮬레이션을 통해서 의사 결정에 도움을 받습니다.

점차 인공지능을 기반으로 하는 자연어 처리 기술의 정확도가 높아지고 있습니다. 지식 그래프에서 원하는 지식을 찾아내서 답변을 만들어내는 것도 고도화되고 있습니다. 데이터 드리븐 경영의 특이점Singularity이 가까워지고 있고, 데이터 조직도 빠르게 진화하는 중입니다.

데이터 드리븐 마케팅

전통적인 대기업은 마케팅 업무에서도 데이터를 전략 업무에 더 가까워 보이는 식으로 활용하곤 합니다. 사용하는 데이터는 나이, 성별, 직업 같은 인구 통계학적 정보에 가까운 것들 정도를 사용하고 시장 조사라고 하면 포커스 그룹 인터뷰라든가 설문조사를 진행합니다. 마케팅 캠페인의 효과를 측정하는 방법으로는 TV 광고 전후로 약 만 명 정도의 불특정 다수 인원을 인구 통계학적 분석 대상으로 설정해 주로 브랜드 인지도 조사를 했습니다.

하지만 인터넷과 스마트폰을 사용하는 사람이 늘어나면서 이제는 잠재 고객에게 다가가기 위한 채널로 디지털 채널을 선택하는 것이 당연해졌습니다. 특히 디지털 제품을 판매하고자 하는 회사라면 더욱더 전통적인 방식의 마케팅을 이용할 이유가 없습니다. 웹의 여러 기술을 통해 브라우저가 온드 미디어나 제휴 웹사이트에 접속했을 때 남기는 각종 디지털 흔적을 데이터로 저장하고 분석하면 디지털 마케팅의 효율성을 훨씬 더 높일 수 있습니다. 그렇게 되면 다수의 데이터를 수집하고 가공하기 위해서 대용량 데이터를 처리할 수 있는 빅데이터 플랫폼이 요긴해집니다.

다수의 저렴한 하드웨어를 연결해서 분산 처리로 빅데이터를 다루기 위한 오픈 소스 소프트웨어가 널리 이용되고 있습니다. 결론적으로 데이터를 처리하고 활용하는 비용은 점점 하락하는 중입니다. 이로 인해 데이터 드리븐 마케팅, 디지털 마케팅의 비용 대비 효과는 점점 더 높아지고 있습니다. 전통 기업과 아날로그 제품을 다루는 회사조차도 더 싸고 더 효과가 좋은 마케팅 방법이 있으니 미디어믹스에 디지털 채널을 넣지 않을 수 없게 됐습니다.

데이터에 의해 구동되는 데이터 드리븐 디지털 마케팅은 우선 고객을 이해할 수 있는 데이터를 최대한 가득 모으는 데서 시작합니다. 기존의 인구 통계학적인 데이터는 기본이고 행동 데이터도 수집합니다. 어떤 검색 엔진을 사용하는지, 스마트폰의 운영체제는 무엇인지, 인터넷에 접속한 장소는 어디인지, 주말인지 혹은 주중인지 등에 더해서 만약 구매 이력 데이터까지 수집할 수 있다면 대단히 유용하겠지요. 어떤 제품을 구매했는지, 구매 단가는 어땠는지 등을 알 수 있으면 고객의 마음

205

을 한층 더 이해하는 데 큰 역할을 하는 데이터가 됩니다. 고객 데이터를 수집하고 분석해서 디지털 마케팅에 사용할 수 있도록 기능을 제공하는 플랫폼을 고객 데이터 플랫폼이라고 합니다.

전통적 마케팅에서는 마켓 세분화Market segmentation를 중시합니다. 대기업에서 마케팅 캠페인을 집행하려면 에이전시를 이용하기 마련인데, 캠페인이 어느 정도 규모가 돼야 에이전시에 업무를 요청할 수 있습니다. 그러나 이제는 디지털 마케팅으로 전환되면서 온라인을 활용해 개인화 마케팅Personalization marketing을 할 수 있게 됐습니다. 데이터가 더 늘어난 만큼 고객을 더 자세히 이해하게 됐으며 여기에 더해 데이터 분석역량이 성숙해지면서 초개인화 마케팅Hyper Personalization marketing으로 전환하게 됩니다.

데이터가 충분히 늘어나고 예측 분석의 정확도가 높아지면 이제 기존 구매 고객의 데이터를 기반으로 가장 비슷해 보이는 잠재 고객의 목록을 만들 수 있습니다. 유사 타게팅Lookalike modeling이라고 불리는 방식으로 이상적인 잠재 고객을 찾아낸 후에 예측 모델링을 통해서 이들이 얼마나 구매할 것 같은지 예상해서 스코어를 매길 수도 있습니다. 회사가 메시지를 보내야 할 대상을 우선순위에 따라서 줄을 세울 수도 있는 셈입니다. 고객마다 어떤 디지털 채널을 통해서 메시지를 보낼지 선별합니다. 가장 반응이 좋은 디지털 채널을 가려냅니다. 메시지 내용은 어떤 표현을 선호할지도 계산합니다. 더불어서 메시지를 언제 전달하면 좋을지도 추론합니다. 가용할 수 있는 모든 데이터를 활용해서 예측값을 높이면 마케팅 효율성이 좋아지니까요. 데이터 드리븐 디지털 마케팅은 이렇게 이뤄집니다.

2017년경에 현대라이프(현 푸본현대생명)는 콜센터에 데이터 사이언스를 도입하려고 시도했습니다. 제휴 업체로부터 고객의 동의를 얻어서 데이터베이스를 확보한 후, 가용할 수 있는 모든 데이터를 활용해 어느 고객에게 먼저 전화를 할지, 어떤 내용의 메시지를 전달할지, 몇 시에 전화하는 것이 응답률이 높은지, 남자 상담원이 전화하는 게 좋은지 아니면 여자 상담원이 전화하는 게 좋은지, 30대 상담원이 전화하는 게 좋은지 아니면 40대 상담원이 전화하는 게 좋은지까지도 계산했습니다. 이러한 노력으로 메트릭으로 삼은 PTR(가격 기술 비율)은 목표를 초과 달성해서 원래 수치의 2배를 달성했습니다. 이처럼 콜센터에 데이터 사이언스를 도입해 데이터 드리븐 마케팅을 추진한 노력은 그 가능성을 충분히 입증했고, 이후 자연어 처리를 포함한 인공지능을 활용하는 챗봇Chatbot 서비스를 도입하는 것으로 이어졌습니다.

캐나다의 머신러닝 업체인 센소는 금융 회사에서 주택담보대출을 받은 사람이 다른 금융기관의 모기지로 갈아타는 것(대환 대출)을 방지하는 서비스를 제공하고 있습니다. 고객사의 정보와 흩어져 있는 웹 및 서드 파티Third party로부터 데이터를 모아 머신러닝을 통해 예측 분석을 수행합니다. 예측 분석한 점수를 바탕으로 대상을 선정한 후 고객과의 대화를 통해 추가적인 정보를 획득하고 탈회를 방지하기 위해 고객 개인에게 최적화된 제안을 계산해냅니다. 센소는 이 데이터 드리븐 솔루션으로 탈회 방지 비용은 15% 줄이고 이익은 10% 늘렸으며 기존 대비 고객 유지 비율은 200bps 이상 높였다고 합니다. 참고로 모기지는 객단가가 큽니다.

아날로그 감성이 풍성한 오토바이 제조 업체인 할리데이비슨 같은 전통적인 기업도 디지털 채널을 이용하기 위해서 노력 중입니다. 디지털 마케팅 플랫폼 앨버트를 도입해 CRM(고객 관계 관리) 타깃을 대상으로 메시지, 타이틀, 이미지 등을 변경해가면서 가장 반응이 좋은 마케팅 캠페인을 찾아냈습니다. 그리고 수백만 개의 키워드와 수천 개의 유사 광고를 테스트하면서 고객별로 맞춤형 캠페인을 진행했습니다. 결국, 전체 물량의 40%를 디지털 채널을 통해서 판매하는 결과를 만들어냈습니다. 한국에서 할리데이비슨의 대상 고객은 구매력이 강한 40대와 50대입니다. 이들을 공략하기 위해서는 최적의 채널을 선택해야 했습니다. 한국에서 40~50대에게 적합한 채널은 네이버였습니다. 퍼포먼스 마케팅 담당자는 네이버 밴드를 통해서 동호회에 접근한 후 이벤트를 기획하고 최적의 메시지를 만들어서 입소문을 냈습니다.

데이터 드리븐의 함정 유의하기

"완벽보다는 실천이 낫다Done is better than perfect"라는 유명한 말이 있습니다. 즉, 완벽을 기하느라고 시간을 질질 끄는 것보다는 후딱 해치우는 게 낫습니다. 의사 결정권자도 완벽한 근거를 가지고 의사 결정을 하기보다는 절반 정도의 근거 데이터가 있다면 결정을 내리는 것이 좋다고 합니다. 또한, 나머지 절반을 데이터로 채우려고 시간을 쓰기보다는 통찰이나 영감으로 채우는 것이 좋다고도 합니다.

데이터라고 하는 것은 보통 과거에 벌어진 일에 대한 측정값입니다. 100% 근거가 있는 판단이라는 것은 과거에 벌어진 일에 관한 것일 수밖에 없습니다. 그렇기에 미래의 일을 결정하고자 한다면 통찰이나 영감에 의존해야 할 때가 있습니다. 그러면 이런 통찰이나 영감을 어디에서 얻을 수 있을까요?

의사 결정의 나머지 절반을 채우기 위한 통찰이나 영감도 데이터에서 옵니다. "데이터가 알려준Data-Informed"이라는 표현이나 "데이터가 영감을 준Data-Inspired"이라는 표현이 종종 쓰입니다. 통찰과 영감도 어느 날 문득 떠오르는 것이 아니라 수많은 데이터를 기억하고 있던 두뇌 안에서 잠자는 사이에 창조적인 연결을 통해서 '아하!' 하고 떠오르는 겁니다. 물론 무의식적으로 연결되기 위한 기본적인 데이터는 머릿속에 담아두어야 합니다. 아무 데이터도 없다면 어떤 연결도 없을 테니까요.

그런 관점에서 보면 문제를 푸는 데 꼭 필요한 데이터만 모으면 창조적인 문제 해결 방법을 찾아내기가 쉽지 않습니다. "구태를 벗어나서 새로운 생각을 하다Think Out of the box"라는 영어 숙어 표현이 있는 것처럼, 문제와 관련된 데이터와 문제와 관련 없는 다른 데이터가 연결될 때 비로소 문제를 창조적으로 해결할 수 있습니다.

상품이 담기지 않은 박스를 확인하기 위해 컨베이어 벨트 위에 선풍기로 바람을 불어서 빈 상자를 날려보낸다거나 하는 이야기들은 창의적인 문제 해결 방식을 강조합니다. 어려운 문제를 풀 때는 이런 창의적인 사고가 필요한 순간이 있습니다.

결국, 데이터 드리븐을 강조하는 것은 결코 모든 사항을 데이터로 검증해야 한다는 뜻이 아닙니다. 그렇게 하면 모든 문제를 해결할 수도 없을 뿐더러 피곤해질 뿐입니다. 소중한 통찰과 귀한 영감을 얻을 수 있는 순간을 놓치고 데이터를 검증하는 것 자체가 목적이 돼서 시간을 헛되이 보내면 안 되겠습니다. 데이터 드리븐의 함정에 빠지지 않도록 조심하세요.

06

디지털 조직
설계하기

미래 기업의 핵심 부서, 디지털 직군

디지털 네이티브 기업이 아닌 기존 조직에는 대개 전산실이나 IT 부서가 존재합니다. 그런데 대부분의 회사는 디지털 트랜스포메이션을 추진한다고 하면서 굳이 디지털과 관련된 새로운 직군의 사람들을 또 뽑습니다. 곧 이들이 회사에 출근합니다. 게다가 이 신규 디지털 직군의 인재들은 종래의 IT 직군 직원들보다 종종 처우가 더 좋은 편입니다. 왜 그럴까요?

두 직군 구성원의 이력서를 들여다보면 큰 차이를 느끼기 어렵습니다. 학력도, 전공도, 연령도 비슷합니다. 심지어 언뜻 보면 IT 직군이 더 큰 회사나 대기업에서 근무한 이력 등을 갖춘 좋은 이력서로 보입니다. 하지만 좀 더 자세히 보면 졸업 후 회사에서 실무로 어떠한 일을 해왔는지에서 차별점이 보입니다.

IT 직군은 전략이나 기획 직군의 사람들이 요청하는 일을 그대로 수행하는 경우가 많습니다. 즉, IT 직군의 사내 고객은 전략이나 기획 직군이 됩니다.

하지만 디지털 트랜스포메이션을 위해 초빙된 디지털 직군은 그들이 하는 일이 곧 고객을 위한 제품과 서비스를 만드는 일이 됩니다. 이런 면에서 IT 직군과 디지털 직군은 각각 지원 부서와 사업 부서라는 차이가 있습니다. 어느 회사나 사업 부서와 지원 부서는 처우가 다릅니다. 직접 매출을 내고, 자신이 하는 일이 회사의 성장에 큰 파급력이 있다는 것을 알면 업무에 관여하는 강도도 강력해집니다. 한마디로 재미있고 열정적으로 일하게 되는 것이죠.

디지털 직군 설계 사례

현대카드에서는 2016년에 처음으로 디지털 직군을 만들었습니다. 디지털 트랜스포메이션을 진행하려고 해도 기존의 IT 직군만으로는 관련 역량과 인재를 끌어들이기 쉽지 않았기 때문에, 추가로 새로운 직군을 만들기로 했습니다.

그간 가장 처우가 좋은 직군은 기획 직군이었지만, 디지털 직군이 생긴 이후로 처우의 우선순위는 디지털 직군 → 기획 직군 → IT 직군 순이 됐습니다. 졸지에 1등 시민에서 2등 시민으로 밀린 듯한 기분이 든 기획 직군의 불만이 지속됐습니다. 특히 직군 간 연봉 테이블을 미세하게 조정해서 공정성을 만들어야 하는 인사 부서에서는 매우 난감해했습니다. 또한, 처우를 크게 개선했음에도 불구하고 디지털 네이티브 기업에서 시작해서 대기업으로 성장한 회사를 경험한 디지털 인재를 모으는 것은 어려웠습니다. 오히려 타 대기업의 디지털 관련 업무 경험이 있는 인재를 스카우트하는 편이 비교적 쉬웠습니다. 2021년의 개발자 연봉 인상과 구인난을 지켜보니 그래도 그때는 스카우트를 엄두라도 낼 수 있었던 시기였던 듯합니다. 그만큼 디지털 인재를 모으는 일은 점점 힘들어지고 있습니다. 인재 전쟁의 최고조인 듯합니다. 어쨌든 이런 어려움을 딛고 현대카드는 디지털 직군으로 다음과 같은 세 가지 세부 직군을 만들었습니다.

● 프로덕트 매니저/오너 Product Manager/Owner

이 직군이 만들어내는 것은 그 자체가 곧 제품이 됩니다. 즉, 데이터를 만들어내는 일도 데이터 제품을 만들어내는 것이 됩니다. 이 때문에 프로덕트 매니저는 제품을 만드는 데 중요한 의사 결정을 할 수 있어야 합니다. 그러기 위해서는 사업이나 개발에 관련된 내용을 잘 알아야 합니다. 게다가 개발자나 데이터 사이언티스트들과 대화하는 법도 잘 알아야 합니다. 개발자와 대화하는 법을 희화화한 유머가 많은 이유도 개발자들과의 대화에서 의사소통이 제대로 이뤄지지 않아 많은 문제가 발생하기 때문입니다. 이 직군은 그 개념을 뒷부분에서 더 자세하게 다룰 예정입니다.

- 데이터 사이언티스트

데이터 사이언티스트는 주목받기 시작한 지 오래되지 않은 분야의 학문이기 때문에 채용 전략을 세울 때 갓 졸업한 박사를 대상으로 했습니다. 하루가 다르게 새로운 기술이 쏟아져나오는 시기였기 때문에 많은 것을 알고 있는 경험자보다 R&D를 할 수 있는 기본을 갖추고 있고 새로운 것을 빨리 학습할 수 있는 역량이 있는 인재를 선호했습니다. 또한, 다른 역량이 필요한 일이지만, 데이터 애널리스트를 데이터 사이언티스트의 주니어 역할로 간주했습니다.

- 개발자 Developer

데이터 관련 업무는 대부분 빅데이터/패스트 데이터 플랫폼 위에서 벌어지기 때문에 가장 관련성이 높은 검색 분야의 엔지니어를 채용 대상으로 설정했습니다. 검색 분야는 20년 이상 성숙된 분야로, 대용량 데이터를 다루면서 검색어를 넣고 검색 버튼을 클릭하면 즉시 검색 결과가 나오도록 하는 실시간 기술을 다루는 분야입니다. 검색 분야에서 10년 정도 기본기를 닦은 개발자를 대상으로 채용을 진행했습니다.

프로덕트 오너에 관해

- 프로덕트 오너의 정의

요즈음 점점 많은 기업에서 프로덕트 오너 PO, Product Owner 라는 직함을 활용하고 명함에도 기재하기 시작하고 있습니다. 프로덕트 오너는 애자일 문화와 함께 소개된 개념입니다만, 실은 더 오래된 기술 직무인 프로덕트 매니저PM와 크게 다르지 않습니다. 또한, 제품은 프로그램에 속하기에 많은 테크 기업에서는 프로그램 매니저PM라고 부르기도 합니다.

프로덕트 오너는 스크럼으로 대변되는 애자일 문화가 종래의 PM과는 다른 업무 수행 방식이 있다는 것을 전파하기 위해 만든 단어입니다. 하지만 여전히 많은 테크 기업에서 PO와 PM을 혼용하고 있습니다. 프로덕트 오너는 우리에게 일반적으로 익숙한 프로젝트 매니저와는 완전히 다른 역량을 보유하고 있습니다.

프로덕트 오너는 프로젝트 매니저(제품 관리자), 제품 기획자와 구분해서 생각해야 합니다. 국내에서 PM이라고 하면 대개 프로젝트 매니저를 지칭합니다. 제품 기획자는 제품의 기획 문서를 만들고 구현은 제품 관리자에게 넘깁니다. 제품이 만들어지면 곧바로 종료되는 프로젝트란 거의 없고 이후로는 유지·보수 단계에 들어가게 됩니다. 이때 제품이 기획했던 대로 동작하지 않는다거나 사용자가 기획한 대로 사용하지 않는 경우가 생깁니다. 이처럼 제품의 유지와 보수만으로 해결이 안 되는 문제가 생기면 팀을 다시 꾸려서 문제를 해결해야 합니다. 그러나 다시 프로젝트를 구성해도 원래의 제품 기획자는 이미 다른 프로젝트에 투입된 경우가 많습니다. 고객의 피드백을 받아서 제품을 개선하는 일이 새로운 제품 기획자에게 맡겨지면 제품에 담겨야 할 철학과 고객에게 제공하고자 하는 가치가 바뀝니다. 이런 상황에서는 제품이 일관성을 유지

217

하기가 어렵습니다.

제품 관리자는 본인의 임무를 수행하는 데 필요한 의사 결정을 내리고 세무적인 실행 사항은 사업 책임자에게 넘기는 경우가 많습니다. 의사 결정권자인 만큼 다수의 제품 관련 사항을 조율해야 하기 때문입니다. 제품의 세부사항을 잘 모르는 경우도 많습니다. 그래서 제품 간에 '카니발'*이 발생하면 사업 책임자가 이를 전략적으로 조율해야 합니다. 제품 관리자는 본인이 맡은 제품이 잘 성장하도록 제품에 관련된 전략을 세우고 실행하며 점검합니다. 하지만 단독으로 결정할 수 없는 부분이 많으므로 때로는 의사 결정이 정체되기도 합니다. 이런 상황에서 기업의 실행 속도를 더 빠르게 하도록 제품과 관련된 의사 결정권과 책임을 더 강화한 역할을 프로덕트 오너, 즉 제품 소유자라고 부르곤 합니다.

이처럼 프로덕트 오너는 제품에 대한 의사 결정권을 넘겨받은 사람입니다. 더 빠른 의사 결정을 위해서 제품과 관련한 CEO의 권한이 위임돼 있다는 뉘앙스로 미니 CEO라 부르기도 합니다. 그런데도 실제 상황에서는 의사 결정을 못해서 병목 현상이 일어나는 경우도 많습니다. 프로덕트 오너가 프로젝트 매니저와 다른 점은 의사 결정 권한을 위임받았다는 것입니다. 권한 위임이 이뤄지지 않아 권한과 책임이 불균형

● 현장 용어로 카니발리제이션Cannibalization 의 줄임말. 신제품이 자사의 기존 제품의 매출에 악영향을 끼치는 경우를 이른다.

을 이루고 있다면 무늬만 바뀐 호박이라고 할 수 있겠지만, 제대로 권한을 위임받은 상태라면 제품의 성장은 프로덕트 오너의 역량에 달려 있다고 할 수 있겠습니다. 프로덕트 오너의 중요 역량을 꼽자면 ① 고객에 대한 이해, ② 제품에 대한 이해, ③ 개발에 대한 이해, 이렇게 크게 세 가지 영역에서의 역량이 필요합니다.

첫 번째로 고객에 대한 이해는 어떻게 실제로 고객의 행동을 이끌어 낼 수 있는지에 대한 행동 과학적인 분야에 대한 역량과 고객 여정을 데이터 기반으로 분석해서 이해하고 고객 여정 지도Customer journey map상에서 어떻게 고객 여정을 만들어내고 개선할 수 있을지에 관해서 사용자 스토리User story를 통해 기획안을 만들어낼 수 있는 역량이 필요합니다. 인터넷 웹서비스와 앱 제품을 제공하는 업체들은 이 두 가지 역량을 위해서 사용자의 모든 스크롤, 마우스 이동, 클릭 등을 수집한 로그 데이터Log data를 분석해서 사용자의 주의Attention와 의도Intention를 이해하려고 노력합니다.

두 번째로 제품에 대한 이해는 고객의 문제를 실질적으로 해결해주는 것이 무엇인지 통찰하는 능력이 필요합니다. 또한, 해결책을 찾기 위해서 사내에서 협력을 구하기도 하며 회사 외부의 유망 기술을 파악해서 제품과 연결할 줄 아는 개방적인 마인드도 갖춰야 합니다. 이러한 역량을 가진 사람은 위계적인 리더보다는 연결형 리더 중에서 찾을 수 있습니다. 제대로 팔리는 제품을 만들기 위해서는 벤처 기업의 창업가 같은 사고방식이 필요합니다. 미래를 꿈꾸고 같은 꿈을 꿀 수 있는 사람들을 연결하며 그 비전을 팀과 나눌 수 있어야 합니다.

세 번째로 개발에 대한 이해는 기본적으로 개발자들과 함께 대화할 수 있는 지식을 갖추고 있어야 합니다. 개발자들의 언어를 알아듣지 못하고 일방적인 요구사항 전달로만 일관한다면 한정된 자원이 제대로 분배되지도 않을뿐더러 가능한 것과 불가능한 것에 대한 구별도 할 수 없습니다.

이런 세 종류의 역량을 가진 프로덕트 오너에게는 의사 결정권을 위임하고 보다 자율적이고 능동적으로 제품을 키울 수 있도록 해야 합니다. 기업 내에 위임할 만한 역량을 보유한 인재가 없다면 인재 육성에 힘써야 합니다. 미래의 제품을 위해서 꼭 그래야만 합니다.

● **글로벌 테크 기업의 프로덕트 오너**

글로벌 테크 기업에서 PM Program Manager /PO의 가장 중요한 업무는 크게 두 가지입니다. 바로 ① 설득과 ② 스펙입니다. 조금 더 자세하게 이야기하면 ② 뭘 만들지 결정하고, ① 그걸 만드는 정당성을 확보하는 일이 PO의 업무가 됩니다.

프로덕트 오너는 개발자나 디자이너를 수하에 두고 있지는 않지만, 고객이 원하는 걸 만들어내는 책임자입니다. 프로덕트 오너가 설득해서 마음을 움직여야 할 대상은 스폰서, 스테이크홀더 Stakeholder (조직에 영향력을 행사하는 이해관계자) 그리고 개발자 및 디자이너입니다. 모두 각자 자기 생각과 주장이 강한 이들이기에 쉽지 않은 일이며 스트레스가 보통이 아닙니다.

이처럼 수하 직원이 없는 상황에서 '권한을 주지 않아도 발휘되는 리더십Leadership without authority'은 이제 프로덕트 오너의 덕목을 넘어서 필수 요건이 됐습니다. 자신의 생각대로 각종 이해관계자를 이끌어갈 수 있어야 하는데, 이를 해낸다면 그 성과의 보상 또한 큽니다.

전통적으로 테크 기업 외근직의 출세가도에 CR Client Rep이 있었다면, 내근직의 출세가도에는 단연 PO/PM이 있습니다. 그런데 최근 3세대 테크 기업들은 특별히 제품 영업 부대를 거느리고 있지 않기에 대개 거의 내근직이 많습니다. 그러다 보니 조직 리더들에게 PO/PM 경험이 요구됩니다. 스트레스가 많지만, 디지털 기업 혁신의 본질을 다루는 중요한 일이고 무엇보다도 디지털로 일하기 위해서는 조직 리더의 리더십, 특히 조직도와는 무관한 범용 리더십이 꼭 필요합니다.

프로덕트 오너는 이름 그대로 제품의 성공이나 실패가 모두 나의 것Own이 됩니다. 영화감독이 영화를 촬영할 때 디테일한 부분까지 결국 다 챙겨야 하듯이, 모든 결정은 프로덕트 오너의 몫입니다. 그래서 테크 기업의 꽃이라고 불리기도 합니다.

개발자들은 호기심이나 기술적인 의미 위주로 움직이기에 협업이 어렵습니다. 만들 수 있는 것은 반드시 만들어야 한다고 생각할 수도 있습니다. 중요한 일에 대한 생각도 각각 다를 수 있습니다. 혼자서 생각하다가 다른 곳으로 가버릴 수도 있습니다. 그리고 이들과 협력하는 것보다 더 힘든 건 대내외의 이해관계자들입니다. 이들을 제대로 설득하기 위해서는 더 빨리 생산성 있는 표현력을 사용해야 합니다. 즉, 스토리텔링은 프로덕트 오너의 가장 중요한 역할인 '설득'을 위한 역량이 됩니다. 왜 이 제품이 필요한지를 설명하며 분석을 전략으로 만들어가는 능력이지요. 이 제품으로 세상을 어떻게 바꿀 수 있는지를 설득합니다. 이런 스토리텔링을 위한 기반은 바로 기술력과 고객을 아는 힘에서 나옵니다. 그리고 그 결과물은 바로 스펙, 즉 사양이 됩니다. 그래서 테크 기업에는 이 스토리텔링을 위한 도구가 많습니다. 프로덕트 헌장이나 프로덕트 골을 작성하는 일도 그 예 중의 하나입니다.

데이터 조직 구성하기

4장에서 소개한 데이터 플레이 조직이 데이터를 대상으로 제품을 만들거나 제품에 데이터를 기반으로 영향을 끼치는 조직으로서 데이터 프로덕트 매니저, 클라우드 엔지니어 등을 포함한 개념이라면, 여기서 소개하는 데이터 조직은 디지털 직군 중에서도 세부 직군으로 데이터를 다루는 조직을 말합니다. 데이터 조직은 그 역할을 크게 ① 데이터 엔지니어(기술자), ② 데이터 애널리스트(분석가), ③ 데이터 사이언티스트(과학자)의 세 종류로 나눌 수 있습니다.

이렇게 세분된 역할이 있습니다만, 각 역할이 뚜렷하게 구별되는 것은 아닙니다. 각 역할의 특징은 다음과 같습니다.

● 데이터 애널리스트

데이터를 분석해서 데이터의 과거 이력과 현재 의미를 파악하는 일을 합니다. 이렇게 보면 통계적인 일을 한다고 볼 수도 있으나 통계적인 업무만으로 한정을 짓지는 않습니다. 계산 통계 업무에 전문성을 가진 사람들이 주로 이 업무에 종사하지만, 오랜 기간 근무해 업무의 전문성을 더 갖추면 데이터 사이언티스트로 업무를 전환하기도 합니다. 가트너의 데이터 애널리틱스Data analytics 분류를 따르면 서술형 분석이나 진단형 분석이 이들의 주요 업무가 됩니다.

● 데이터 사이언티스트

데이터 애널리스트가 과거와 현재의 일을 분석하는 일에 초점을 맞추고 있다면 데이터 사이언티스트는 미래에 벌어질 일에 중점을 둡니다. 즉, 과거와 현재에 벌어진 일을 기반으로 미래에 벌어질 일을 예측하거나 벌어진 일들의 원인을 찾는 역할을 합니다. 가트너의 분류에 따르면 예측 분석과 처방 분석을 주로 다룹니다.

데이터 사이언티스트는 세 분류의 업무 중에서 가장 불확실성이 높고 업무의 의미를 파악하는 데도 어려움을 겪는 대신에 비즈니스에 큰 영향력을 행사할 수 있습니다. 과거에 벌어진 일이 아무리 중요한들 현재에 그 의미가 영향을 끼치는 데는 한계가 있을 수밖에 없습니다. 거꾸로 현재 벌어진 일은 그 의미가 어떻게 해석될지, 또 그 의미가 미래에 끼치는 영향이 어떨지 해석하는 능력에 의해 미래에 실제로 벌어지는 일에 큰 영향을 끼칩니다. 즉, 분석 결과는 미래를 예측하기도 하지만, 거꾸로 미래를 만들어내기도 합니다.

● 데이터 엔지니어

데이터 엔지니어는 데이터와 엔지니어링을 다루는 일을 합니다. 데이터 베이스나 데이터웨어하우스에 데이터를 담고 각 데이터의 흐름이 잘 이어지도록 하는 데 업무의 초점을 맞춥니다. 외부에서 유입되는 자료를 수집해서 필요한 데이터를 추출하고Extract 다듬고 변형해서Transform 빅데이터 플랫폼 혹은 데이터 레이크에 담는 일Load을 합니다. 이러한 일을 합쳐서 ETL이라 부릅니다. 그 외에도 데이터가 잘 흐르도록 각 시스템을 연결하는 일을 합니다. 이를 데이터 파이프라인Data pipeline이라 부릅니다. 또, 어느 데이터가 흘러와서 어떤 데이터와 합쳐져서 어떤 새로운 데이터가 됐는지 그 계통을 조사하고 기록하는 일도 합니다. 이러한 일은 데이터 혈통이라고 부르며 데이터의 형상과 품질을 관리하는 매우 중요한 관리 업무입니다. 이외에도 운영을 코드의 힘으로 자동화하고 지능화하는 데브옵스라는 소임을 수행하기도 합니다.

데이터 조직 구성 시 발생할 수 있는 문제점과 해결 방안

전통 기업 중에는 머닝러신과 빅데이터 이전부터 데이터 팀을 꾸려놓은 곳도 있습니다. 기존에 데이터 사이언스를 한다고 사람을 뽑기도 했습니다. 하지만 팀 구성 이후로 실제로 하는 일은 데이터웨어하우스에서 SQL문으로 리포트를 뽑아주는 정도입니다. 실상 그보다는 다른 부서에 파견을 가는 일이 대부분이고 타 부서의 실무를 위해 데이터를 준비해주는 역할을 주로 합니다. 그런데 마치 유행처럼 스스로 데이터 사이언티스트라고 부르는 이들이 좋은 대우를 받고 대거 입사하면서 기존 부서의 사기가 떨어지는 일이 벌어지기도 합니다.

기존 부서에서 일 잘하는 것으로 평가받던 팀원은 다른 부서로 옮기면서 직군을 전환하고 일부는 타사로 옮기면서 승진하기도 합니다만, 남아 있는 팀원들의 사기는 떨어집니다. 새로운 것을 배울 기회나 의지도 갖기 힘든 상황입니다. 데이터 사이언스 프로젝트에 참여를 권해보면 "그런 것은 박사 학위 가진 분들이나 하는 거 아니에요?" 하면서 손사래를 치기도 합니다. 그러나 기존 인력과 데이터 사이언스 프로젝트를 하는 팀 구성원들의 전공은 거의 비슷하고 학력 차이도 거의 없습니다. 마치 IT 직군과 디지털 직군의 차이처럼 그 차이를 알기 어렵지만, 많은 기업에서 그렇게 신구 조직 간에 갈등이 생기곤 합니다.

데이터 사이언티스트로 입사한 이들은 채용 전략상 석박사 학위를 취득했거나 해외 유학을 다녀온 이들이 주로 뽑혔기에 더욱 그렇게 느껴질지도 모릅니다. 물론 이들은 몇 년이라도 더 공부해서 전문성을 강화한 것이 사실입니다. 그리고 때마침 데이터 사이언스가 전 세계적으로 흥행하는 시기였던 터라 더 나은 대우를 받는 것을 스스로 당연하게 여기기도 합니다. 하지만 기존의 데이터 인력으로 입사한 분들도 그사이에 현장에서 갈고 닦은 업무로 지식을 충분히 쌓은 상태입니다. 그러나 그 가치는 충분히 인정받지 못하는 것이 업계의 현실입니다.

더 큰 문제는 기존 인력의 사기 진작을 위해 처우 개선이나 충원을 요청했을 때 일어납니다. 지금까지 잘 돌아갔으면 업무 여력이 충분한 것으로 판단되니 개선 조치가 취해지지 않습니다. 윗선의 입장에서는 이런 요청을 한 번이라도 수용하면 모든 곳에서 요청이 올라올 수 있으니 이해는 갑니다.

사실 적당한 '조치'를 요구하기 위해서는 우선 정확한 '측정'이 필요합니다. 대상이 된 그들이 하는 일은 무엇이고 얼마나 시간이 있어야 하는지 파악해야 합니다. 측정할 수 없는 것은 개선할 수 없다는 믿음으로 기업 차원에서 측정을 시작해보면 좋습니다. 만약 인원이 절반으로 줄어들었음에도 불구하고 납기 준수율이 99%에 달했다면, 그런 업무 수행이 가능했던 이유는 당연히 기존의 측정이 잘못됐기 때문이겠지요. 예를 들자면 이런 일이 있습니다. 업무 요청 전에 미리 이메일과 여러 번의 협의를 통해서 조율이 있었고, 그 조율을 통해서 수행 가능한 업무만 기록에 남았기에 99%를 달성한 것입니다.

리드 타임에 대해서도 몇 가지 잘못 측정된 부분이 있을 수 있습니다. 연초에 요청받은 업무를 연말에야 수행해서 넘겨주면 해당 부분에 대한 측정이 누락돼서 현황 파악이 어려워집니다. 어느 팀원에게 얼마나 일이 몰리고 누구는 여유가 있는지 파악할 수 없는 데이터가 측정 결과로 보고되는 셈입니다. 이런 부분들은 개인별로 진행되는 업무를 트래킹Tracking한 후에야 얼마나 잘못 측정되고 있는지 파악할 수 있습니다. 이럴 때는 가장 기본적인 PERT Program Evaluation Review Technique 차트°가 진실을 파악하는 데 도움이 될 수도 있습니다.

문제를 정확히 파악하면 두 가지 개선 방향이 있습니다.

첫 번째 개선은 업무 요청을 거절할 수 있는 권한을 부여하는 것입니다. 기존 업무 수행 방식에서는 요청되는 업무를 거절할 방법이 없습니다. 요청이 들어오면 무조건 해야 하고, 못하면 리포트에서 누락되는 식입니다. 왜 해야 하는지 모른 채로 무조건 해야 하는 업무 환경은 얼마나 사람을 힘들게 할까요? 업무 요청에 대해서 거절할 수 있다는 새로운 개념은 팀을 깜짝 놀라게 합니다. 존중받을 자격이 있다는 사실을 새로 깨닫게 합니다.

두 번째 개선은 암묵지와 지식의 축적蓄積에 관한 것입니다. 기존에는 업무에 관련된 지식을 개인이 각각 가지고 있었습니다. 그 지식은 공유되지 않고 도제식으로 틈틈이 전파됩니다. 공유하지 않은 본인만의 업무 지식과 경험이 자신의 밥그릇을 지키는 방법이고 그렇게 밥그릇을 지키고 있으면 다른 업무를 배우거나 새로운 기술을 익힐 필요가 없는 상황이었기 때문입니다. 하지만 이제 본격적으로 누구라도 자신의 것을 내어놓고 새로운 것을 배우지 않으면 안 되는 상황으로 변해 가겠지요. 회사 차원에서 이러한 추세에 발을 맞춰야 합니다.

● 프로젝트의 타임라인을 시각적으로 보여주는 프로젝트 관리 도구 중 하나.

디지털 조직의
성장 방법

아날로그 제품으로 사업을 해오다가 이제야 디지털 트랜스포메이션을
시작하려는 회사도 어느 정도 규모가 있다면 이미 IT 부서, 즉 전산실
을 갖추고 있습니다. IT 부서는 디지털 제품과 디지털 채널을 가지고 있
지 않더라도 업무를 효율적으로 처리하거나 자동화를 위해 필요한 기능
을 가지고 있습니다. 데이터 처리를 위한 기능, 정보 처리 및 문제 해결
을 위한 솔루션을 사내 고객에게 제공합니다. IT 부서에게 디지털은 익
숙한 단어지만, 그래도 회사에서 디지털 트랜스포메이션을 하겠다고 선
언하면 의아해합니다. 그때부터 IT 부서에조차 한정적이었던 디지털의
의미가 전사로 확대됩니다. 점차 아날로그 제품에도 데이터와 소프트웨
어가 결합하고, 고객에게 제공하는 가치에서 소프트웨어가 차지하는 비
중이 커집니다. 제품을 생산하기 위해 소요되는 비용에서도 소프트웨어

가 차지하는 비중이 커집니다. 이렇게 사업에서 소프트웨어가 차지하는 비중이 커지면서 회사의 디지털 트랜스포메이션이 시작됩니다.

일반적으로 대기업에는 새로운 시도를 도맡아서 하는 전략 부서가 있습니다. 이 전략 부서 산하에 세 가지 종류의 부서가 생깁니다. 프로덕트 오너와 관련된 기능을 가진 '디지털 기획실', 개발 실무와 관련된 '디지털 개발실', 데이터 사이언스와 관련된 '디지털 랩Lab'입니다. 총 30여 명 정도의 인원으로 구성되면 소프트웨어 개발이나 인터넷 기반의 서비스를 만들어낼 수 있습니다. 즉, 디지털 제품을 만들 수 있는 규모를 갖추게 됩니다. 그래도 점진적 성장을 이뤄야 하는 자체 제품을 사업화하기에는 아직 인원이 부족합니다. 이런 경우에 이들 조직은 자신이 기업 내에서 존재해야 할 이유를 만들기 위해서 사업 조직보다는 지원 조직으로서 할당되는 업무를 수행하게 됩니다. 이 무렵에는 직접 만들어내는 매출은 없고 기여 매출 정도를 인정받으면서 그에 할당된 비용을 집행하게 됩니다. 그러다 보면 비용 지출이 점점 늘어나게 돼 임시로 상위 본부를 맡은 곳에서 부담스러워하게 됩니다. 그래도 시간이 지나면 그간의 성과를 바탕으로 기존 임시 조직을 탈피해서 새로운 성장의 계기를 마련할 때가 찾아옵니다. 기대 성과와 성격이 뚜렷해지면서 조직을 키워서 새로운 본부로 독립하게 될 때입니다. 이 신생 본부는 다양한 디지털 제품을 담당하면서 약 200명 규모로 성장합니다. 디지털 결과물을 생산해낼 수 있는 설비도 갖추게 되는데, 빅데이터 플랫폼을 구축하고 데이터 수집 및 분석 업무를 일상적으로 진행하며 기존 사업과 좀 더 긴밀한 관계를 만들어갑니다. 데이터 사이언스를 활용하는 데이터 분석 업무가 고도화돼 AI를 적용하는 부서로 성장합니다. 일종의 디지털 공장이 지어진 것과 같은 느낌입니다.

디지털 본부는 이제 '미래 먹거리를 위해서'라는 뚜렷한 존재 이유를 가지게 됩니다. 그리고 일관되고 체계적인 지휘를 통해 조직의 생산성을 높이기 위해서 밀접한 유관 관계에 있던 IT 본부와 기존의 채널을 담당하던 본부까지 3개 본부가 하나의 부문으로 묶입니다. 이윽고 한 명의 부문장이 통솔하게 되며 디지털 트랜스포메이션 조직 구축의 여정이 일단락됩니다. 대기업의 전체 디지털과 IT를 아우르는 일관되고 유기적인 업무 진행을 위해 약 500명 규모의 조직이 구성됩니다.

대기업의 디지털 트랜스포메이션 조직 성장 과정

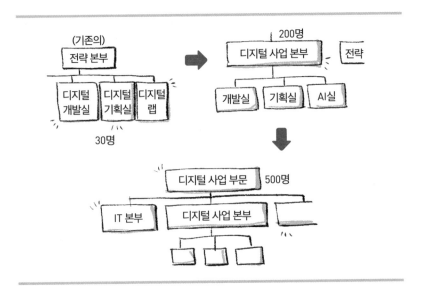

디지털 조직으로 성장 시 고려 사항

아무도 없던 곳에 등장해야 할 최초의 첫 사람. 0명에서 1명 Zero to one 이 돼 뭔가를 시작해야 한다면 어떤 사람이 필요할까요? 디지털 직군을 사내에서 정의하고 그 업무의 결과를 내는 일은 나름의 요령이 필요합니다. 이 책에서 여러분과 나누는 이야기는 대부분 이 요령에 대한 것들입니다. 따라서 디지털 제품과 서비스를 만들어보고 경험한 사람이라면 기본적인 자격은 될 것이고, 창업 경험이 있어서 조직을 성장시키고 나만의 제품을 만들어서 매출을 낸 경험이 있다면 선발대의 대장으로서 훌륭한 자격을 갖춘 것입니다.

하지만 설령 그러한 경험이 아직 없더라도 의지와 실행력이 있다면 합격입니다. 반면에 아이디어만 있고 실행력이 없다면 위험합니다. 아이디어뿐인 상태에서 신사업 개발에 달려들면 낭패를 보기 쉽습니다.

디지털은 추상적으로 보여도 명확한 결과물로 만들어지는 실체이기 때문입니다.

불굴의 의지를 지닌 한 명이 광야에 우뚝 서 있다면 이제 그에게 필요한 것은 무엇일까요? 필자의 기억에 남는 유튜브 동영상이 하나 있습니다. 무언가를 시작할 때 한 명에서 두 명으로 넘어가는 것의 소중함을 알려주는 동영상이었습니다. 한 명이 고군분투 중일 때 두 번째 인물의 역할은 대단히 중요합니다. 퍼스트 팔로워First follower라고 불리는 두 번째 인물의 소중함을 강조한 동영상이었습니다. 2009년, 미국 워싱턴주의 사스콰치 뮤직 페스티벌에서 한 사람이 한동안 외롭게 춤을 추다가 두 번째 사람(퍼스트 팔로워)이 댄스에 참여하자마자 여러 사람이 모여들어 이후로는 댄스파티로 확대되는 내용의 동영상입니다.

혁신 문화 구성

혁신 세력이 세를 늘리기 위해서 새로운 인재를 안팎에서 어떻게 규합할 수 있을까요? 모처럼 새로운 조직이 만들어졌으니 새로운 일하는 방식도 함께 만들어서 기존 조직의 잠재적 인재들이 가질 수 있는 편견을 불식시키는 것이 새로운 멤버들을 규합하는 데 좋습니다. 예컨대 양복만 입고 다니던 회사에 세미 캐주얼 복장을 도입한다거나 8시 30분 출근, 6시 30분 퇴근이 기본인 회사에 자율출퇴근제를 도입하는 등 새로운 일하는 방식을 제안하고 채택하는 것은 시도해볼 만합니다. 임원실을 없애고 오픈 데스크나 핫 데스크를 시도하거나 개인 비서 대신 부서를 지원하는 비서를 둔다거나 하면서 좀 더 '플랫Flat'하고 실용적인 업무 환경을 시도해볼 수도 있습니다.

이처럼 근무 환경과 문화 부분을 손보는 것은 기업이 추구하는 가치를 손쉽게 드러낼 수 있다는 장점이 있습니다. 일에 있어서 가치 있게 여기는 우선순위를 조정하는 규칙을 만드는 것도 그렇습니다. 예컨대 '상사보다 고객이 먼저Customer over boss' 선언문을 발표한다거나 하면 조직이 지향하는 바를 명시적으로 천명할 수 있고, 하나의 신념의 깃발 아래에 모든 직원이 모여서 뭉치기에 좋습니다.

극단적인 시도로는 디지털 조직의 평가와 보상을 전사와 다르게 하는 시도도 있습니다. 전체적으로 상대 평가인 조직에서 절대 평가를 시도한 셈이니 대개 결국 받아들여지지 못합니다만, 디지털 조직이 추구하려는 가치는 잘 전달될 수 있는 시도입니다.

디지털 인재 채용 전략 수립

디지털 인재를 채용하기 위해서는 전략이 필요합니다. 디지털 직군에서 필수인 세부 직군을 개발자, 데이터 사이언티스트, 프로덕트 오너로 나눠본다면 세부 직군별로 채용 전략을 세우는 것이 바람직합니다.

소프트웨어 개발 분야는 그중에서도 역사가 오래됐기 때문에 프로젝트를 이끌고 갈 개발자는 10년 이상의 경력을 가진 시니어 개발자를 찾는 것이 좋습니다. 게다가 기술 분야는 역사는 깊어도 계속 변하고 있으므로 평생 학습을 받아들일 개발자를 찾아야 합니다. 물론 새로운 것이라 해도 오래된 것을 바탕으로 나오기 때문에 기본기가 탄탄하면 새로운 것을 빨리 배울 수 있습니다. 즉, 새로운 것이 나와도 근본을 제대로 파악하고 있으면 빨리 배울 수 있는 경우가 많습니다.

개발자는 제조업으로 치면 공장과 같습니다. 개발자가 만드는 것은 제품이자 고객과의 접점이 됩니다. 간혹 개발자 없이 외주 개발자로만 공장을 돌리려는 시도를 볼 수 있는데, 장기적으로 볼 때 성공하기 어렵습니다. 남의 물건을 받아다가 내가 포장해서 판매하는 일과 같습니다. 외주 개발자는 제품 개발에 혼을 불어넣을 수 있는 여건을 갖추기가 쉽지 않습니다. 제품의 연속성을 위해서 각고의 노력을 기울이지도 않습니다. 잘못된 도자기를 빚은 도예가는 과감하게 자기 작품을 깨버립니다. 하지만 외주 개발자는 스스로 자신의 결과물을 평가한 뒤 그것이 잘못됐다 하더라도 버리고 다시 만들자는 의견을 내지 못합니다.

간혹 개발 자체를 즐기면서 사업에는 관심이 없는 개발자를 채용할 수도 있습니다. 그런 경우 제품의 완성도가 높아지고 개발보다 운영의 비중이 높아지면, 슬슬 데브옵스로 운영을 안정화하면서 다른 새로운 것을 개발하는 일을 맡기는 게 좋습니다. 잘하는 일도 아니고 하고 싶은 일도 아닌데 의무감에 호소해 억지로 제품의 개선에 더해서 운영까지 맡기면 제품도 망치고 개발자도 이탈합니다. 다만 제품을 운영 모드로 넘기더라도 성공했을 때의 인센티브는 남겨두는 것이 좋습니다. 대가의 작품도 변형이 필요한 경우가 종종 발생하므로 일과 인센티브를 함께 넘기면 개선이 필요한 경우에 참여를 요청하기가 어렵습니다.

사업을 이해하면서 개발도 즐기는 개발자를 만나기란 여간 어려운 일이 아닙니다. 월급을 받으면서 개발했지만, 결과물은 회사 소유가 아니라 본인 소유라고 여기기 쉽습니다. 회사는 개발자가 제품에 혼을 불어넣고 신바람 나게 일할 수 있도록 제품에 코드네임을 붙이고 고객의 반응을 전해주며 주인의식을 더 갖도록 응원하기도 합니다. 그래도 영화감독이 영화를 소유하는 것이 아니라 제작자가 영화를 소유하고 감독은 명예를 얻는 것처럼 디지털 제품의 세계도 비슷하게 돌아가는 부분이 있습니다. 다른 점이 있다면 다만 디지털 제품의 감독은 공식적으로 시상식을 하지 않기 때문에 유명해지지 않고 암암리에 알려진다는 것입니다.

프로덕트 오너는 뛰어난 개발자를 만나면 그를 파트너로 인지해야 합니다. 개발자와 함께 고생하고 성과를 함께 나눌 수 있는 장치를 마련하면 좋습니다. 일류 사업가가 일류 주방장을 만나서 대박 레스토랑을 만드는 것과 같은 파트너십이 필요합니다. 개발자도 마찬가지로 뛰어난 사업가를 만나면 파트너로 인정해야 합니다. 사업이나 경영도 일종의 예술입니다. 각자 자기 장점만 강조하고 상대방을 자기 의지대로 강제하려고만 하면 필경 파국에 이르게 됩니다. 지음지교知音之交, 수어지교水魚之交가 필요한 부분입니다. 훌륭한 팀이 진행하는 프로젝트라 해도 지극히 사소한 이유로 깨지는 경우가 많습니다. 그렇게 쉽게 팀이 깨지

다니요. 자기 꿈의 크기와 현실에서 겪는 갈등의 차이를 가늠할 수 없을 정도로 감정은 제어하기 힘든 경우가 많습니다. 갈등이 발생할 때는 이를 빨리 해결하고 다시 협업해야 합니다.

데이터 사이언스 혹은 인공지능 분야는 비교적 짧은 역사를 가진 분야이기 때문에 날마다 새로운 것이 나옵니다. 혁신을 이룬 이후의 역사 또한 짧습니다. 새로운 것이 계속 나와서 기존에 배운 것은 이미 낡은 것이 돼버리는 시대에는 빨리 배우는 것 자체가 경쟁력입니다. 기본기로 수학과 통계를 탄탄하게 갖춘 사람들이 프로그래밍을 배워서 데이터 사이언티스트가 됩니다. 다른 경로로 컴퓨터 사이언스를 배운 사람들이 수학과 분석을 익혀서 데이터 사이언티스트가 되기도 합니다. 기존에는 없던 분야였더라도 이종 학문의 결합이 만들어내는 새로운 분야는 비즈니스 임팩트도 매우 큽니다. 데이터 사이언티스트가 각광받기 시작할 무렵에는 수많은 사람이 분야를 넘나들며 새로운 영역을 먼저 차지하기 위해서 노력했습니다. 그러나 새로운 분야의 기술은 지금도 너무 빨리 발전하고 있고 예전 기술은 일용품이 돼가고 있습니다.

인공지능의 새로운 기술은 몇몇 천재들에 의해서 개발되고 있습니다. 일상으로 정착된 기술은 자동화도 이뤄지고 있습니다. 자동화는 필연적으로 해당 분야의 인력이 하는 일을 줄입니다. 회사에 필요한 데이터 사이언티스트의 비중이 줄어들고 있습니다. 그래도 아직 회사에 충분한 수의 데이터 사이언티스트가 없다면, 빨리 배우는 사람Quick learner 을 찾아야 합니다. 그리고 그들을 제대로 가르칠 수 있는 최고수를 찾아야 합니다. 최고수를 사내에 두기 어렵다면 회사 밖에 있어도 관계없습니다. 다만 경쟁사보다 빨리 배우는 것이 중요합니다.

프로덕트 오너는 제품에 대한 권한을 위임받은 제품별 미니 CEO입니다. 이들은 고객을 이해하고 고객이 필요로 하는 가치를 만들어서 전달합니다. 고객의 피드백을 이해하고 제품이 만들어내는 가치의 규모를 점차 키우는 사람들입니다. 또한, 디지털 제품의 프로덕트 오너는 개발에 대한 이해가 필수적입니다. 고객에 대한 이해를 바탕으로 만들어야 하는 가치가 공학적 기준으로 개발 가능한지 여부는 무척 중요합니다. 개발의 관점에서 제품을 현실화할 수 있는지를 판단해야 합니다. 그런 역량이 필요하기에 프로덕트 오너 중에는 개발자 출신의 프로덕트 오너가 많고, 그들이 좋은 성과를 냅니다. 그러므로 개발자이지만, 사회성이 충분히 좋은 사람을 찾아서 프로덕트 오너에 도전하도록 시도해볼 수 있습니다. 또, 리더십이 좋은 사람이 공학에 대한 기초를 기반으로 개발을 공부해서 프로덕트 오너가 되면 좋습니다.

테크 기업의 프로덕트 오너는 개발자들에게 늘 아쉬운 소리를 합니다. 그러나 개발을 강제로 강요해서는 좋은 결과가 나오지 않습니다. 개발자들은 납득되지 않으면 움직이지 않거나 충분히 이해하지 않으면 코딩으로 제대로 된 제품을 만들 수 없는 이들입니다. 위계적으로 일을 시켜서도 곤란합니다. 그렇다고 해서 늘 금전적인 보상을 약속할 수도 없습니다. 결국 왜 이 일을 해야 하는지 설명해서 이들의 마음을 움직여야 하는 것이 프로덕트 오너의 역할입니다. 이쯤 되면 감정 노동자와 같은 선상에 서 있다고 할 수 있습니다. 자존심과 자존감을 다 버리고 제품의 성공을 위해서 때로는 수모도 감수해야 합니다. 프로덕트 오너는 감정의 기복을 버텨내 제품을 만들고, 그 제품이 시장을 제패할 때의 영광을 꿈꿀 수 있는 사람이어야 합니다.

프로덕트 오너는 개발자 출신이거나 적어도 개발을 이해하는 공대 출신이 많은 것이 사실입니다. 엔지니어링은 주어진 리소스로 결과물을 만들어내는 일입니다. 개발자들과 협업할 때는 아무래도 같은 맥락을 이해하는 사람이 좋습니다. 만들고자 하는 것이 제품인지, 작품인지도 잘 판별할 수 있어야 합니다. 동시에 사업도 깊이 이해하고 있어야 하며 사업적인 전략도 구상해내야 합니다. 마지막으로 심지어 인문학적 소양도 필요합니다. 고객을 이해하는 것은 사람을 이해하는 것과 같은 맥락입니다. 사람을 이해하지 못하면 고객도 이해하지 못합니다. 역지사지와 공감의 역량이 필요합니다. 프로덕트 오너는 미지의 세계에 대해 겸손한 태도를 지녀야 합니다. 다만 이 모든 소양을 갖춘 사람을 구할 수 없다면 우선 지적 호기심이 있는 사람을 찾기를 추천합니다.

디지털 직군의 세부 직군과 직무 기술이 준비되면 사원 채용 시에도 새로운 평가 방법이 필요합니다. 성과는 역량과 연결돼 있지만, 역량이 항상 발휘되는 것은 아니므로 역량은 잠재적인 것으로 보는 게 좋겠습니다. 다만 디지털 환경과 고객은 항상 빠르게 변하기 때문에 디지털 인재의 역량 중에서 가장 중요한 역량을 꼽아보자면 새로운 것을 빠르게 배우는 역량입니다. 미션이 주어졌는데 할 줄 모른다고 업무를 거절하거나 깔아뭉개고 있으면 조직 전체가 무너집니다. 디지털 시대일수록 '모르면 배워서 하면 된다'라는 자세가 중요합니다. 이력서에 자주 나오는 표현으로 '빨리 배우는 사람'이 있습니다. 스스로를 그렇게 표현한 사람에게는 그 표현을 쓴 이유를 물어보는 게 좋습니다. 이유를 물어봤을 때 적당한 답변을 한다면 업에 대한 이해가 있다고 볼 수 있습니다.

입사 시 연봉의 수준은 어느 정도 동종 업계의 수준과 비슷한 수준에서 결정됩니다. 연봉 협상에서는 더 절실한 쪽이 양보하게 되므로 협상을 잘하는 쪽이 유리해집니다. 조직을 구성하기 위해 새로운 멤버를 채용하는 단계부터 공정한 평가를 운용하면 조직을 구성하기가 쉽지 않습니다. 그렇다고 시간이 부족하고 절실하다는 이유로 공정성을 크게 무시하면 다른 구성원의 동기 유발을 크게 망가뜨릴 수 있습니다. 연봉, 성과급, 스톡옵션 등 보상의 도구들을 종합적으로 활용해서 구인 경쟁력을 갖춰야 합니다. 인재 전쟁 상황에서는 경쟁사 대비 빠른 결정으로 일찍 출근시키는 것도 매우 중요한 경쟁력입니다.

또한, 입사자가 아직 주니어라서 제품을 제대로 만들 자신이 없는 상황에서 갑자기 업무를 할당받으면 이를 어떻게 감당할지 많이 걱정하게 됩니다. 이럴 때는 프로젝트를 이끌어줄 사람과 모르는 것을 가르쳐줄 사람이 필요합니다. 입사 지원자들도 이 부분이 걱정인지 회사에 궁금한 것을 물어보라고 하면 관련 질문이 많습니다. "개발팀이 어떻게 구성돼 있는지?", "코드 리뷰는 어떻게 하고 있는지?", "무엇을 배울 수 있는지?", "새로운 것을 배우는 것이 두렵지는 않지만, 새로운 것을 배울 수 있는 환경은 돼 있는지?" 등을 궁금해합니다. 그러므로 주니어를 뽑을 때는 먼저 그들을 이끌 시니어가 준비돼 있어야 합니다. 이런 상황에서는 팀플레이를 할 수 있고 주니어를 키울 역량이 있는 시니어가 필요합니다.

지원자 입장에서는 배움에 대한 갈증은 맡겨진 일을 제대로 수행하기 위해서만 있는 것은 아닙니다. 회사라는 경계가 옅어지고 직장보다는 직업이 중요한 시대가 된 만큼 자신이 원하는 직업을 지속해서 영위하기 위해서는 스스로를 위해서도 실력을 갖춰야 합니다. 특히 스타트업, 벤처 기업은 프로젝트가 망가지는 것이 일상다반사입니다. 하나의 프로젝트에 2~3년간 정성을 쏟아서 성공적인 결과를 낸다고 하더라도, 회사의 존속 가능 여부는 또 다른 이야기입니다. 개인의 입장에서는 회사가 존속 가능하면 그 안에서 존재감을 드러내야 하고, 회사가 존속 가능하지 않다면 개인적인 성과를 챙길 수 있는 프로젝트를 만들어내야 합니다. 만약 회사의 성장 속도보다 개인의 성장 속도가 빠르면 더 큰 물로 옮기는 것이 당연합니다.

어디든 입사하겠다는 지원자가 있는 반면에 지원하는 회사에 대해서 꼼꼼히 알아보고 지원하는 지원자도 있습니다. 경영진이 누구인지 검색하고 공개된 경영진의 글을 찾아보기도 합니다. 스타트업이라면 투자를 어디서 얼마나 받았는지도 확인합니다. 그런 후에 합격 통보를 받았는데도 입사를 거절하는 지원자도 있습니다.

그러므로 기업은 뭐라도 내세울 일이 있다면 리쿠르팅 페이지에 제대로 적어두는 것이 좋습니다. 디지털 제품과 서비스를 만드는 회사라면 그 앱이나 서비스가 리쿠르팅 페이지에 적힌 내용보다 더 강력한 메시지가 될 수도 있습니다. 지원자들은 앱스토어 사용자 리뷰라든가 블로그에 올라온 후기만으로도 온보딩On-boarding하고 싶은 팀인지, 아니면 다른 자리를 찾을 때까지 잠시 머물 곳인지 판단합니다.

기존 조직 관리

디지털 조직은 기본적인 진용을 갖추면 데이터 업무가 이뤄지며 서서히 성장합니다. 이런 상황에서 일은 많고 사람은 부족하니 IT 직군의 도움을 받으며 함께 일하게 됩니다. 하지만 같은 일을 하는데 처우가 다르면 불만이 싹트는 법입니다. 함께 일하는 IT 직군 사람들이 디지털 직군으로 직군 전환을 요구합니다. 처음에는 동기 부여 차원에서 인사 부서에서도 몇 번 정도는 전환에 동의합니다. 그런데 전략 기획 직군이 볼 때는 어느 날 갑자기 3등 시민이 1등 시민으로 바뀌는 것처럼 보입니다. 이에 인사 부서에 이의가 제기되고, 직군 전환은 중단됩니다.

이후로 더이상의 변화가 없어지면 사람들은 체념하게 됩니다. 새로 입사하는 디지털 직군의 인력도 줄어들고, 업무의 여러 단계가 자동화된 이후로 다른 부서에서는 인력 감축도 발생합니다. 그러고 나면 겉으로는 안정돼 보이기는 합니다. 실제로는 불만이 쌓여 있지만, 밖으로 드러내지는 않는 상황이 지속됩니다. 회사에서는 상대 평가를 통해 하위

10%를 감축하는 조치를 취하려고 합니다. 할 일에 비해서 인력이 부족한데도 인사 부서에서는 외려 사람을 줄이려고 합니다. 이런 상황에 이르면 회사보다 성장 속도가 빠른 사람은 이직을 선택합니다. 회사의 기대보다 현저히 성과가 낮은 사람도 여하튼 이직을 합니다. 이런 과정을 통해서 다수의 조직 개편이 일어납니다. 조직 개편이 예고되면 사람들은 하던 일을 멈춥니다. 새로운 임원이 오면 업무 방향이 바뀌기 때문에 하던 일을 멈춥니다. 이 기간 동안 조직은 성과를 내지 못합니다. 이런 시기야말로 변화 관리가 매우 중요한 시기입니다.

외주 품질 고려

영업에 재능이 없는 사람도 잘 파는 게 있습니다. 바로 능력입니다. 직장에 취직하게 되면 자신의 능력을 시간 단위로 쪼개서 판매합니다. 매달 월급을 받고 자신의 능력을 한 달 치만큼 잘라서 판매하는 형식입니다. 그 능력을 얼마나 잘 활용할지는 회사의 능력에 달려 있습니다. 개인은 회사에 능력을 팔고 회사는 그 능력의 가치를 모아서 고객에게 가치가 있는 제품을 만듭니다. 개인의 능력만으로는 고객에게 제공하기에 충분한 가치를 만들어내기 어려우므로 여러 분야, 여러 사람의 능력을 모아야 합니다. 혹은 현재의 능력으로는 좋은 제품을 만들기 어려울 경우에는 미래의 능력을 육성하기 위해서 직원에게 교육을 제공합니다. 회사가 교육을 통해 직원의 능력을 육성할 수 있는 이유는 필요로 하는 고급 능력을 구하기가 어려운 상태에서도 회사와 직원 간에 장기근속에 대한 암묵적인 동의가 있기 때문입니다. 인재는 교육을 통해서 고급인력으로 성장하고 팀을 이뤄서 제품을 만들어냅니다. 그리고 고객에게 가치 있는 상품을 제공해 매출을 내면 회사는 성장합니다.

회사의 입장에서도 회사가 충분한 수익을 만들어내지 못하고 있는 시기일 때 회사 전체의 시간을 잘라서 판매할 기회가 생긴다면 받아들이기 쉽습니다. 회사에 자금 여유가 없는 경우 경영난을 이겨내기 위해서 팀의 능력과 시간을 잘라서 판매하는 일을 수주하게 됩니다. 이런 경우 납품할 명확한 제품이 존재하는 것이 아니라 앞으로 요청될 일을 해야 하므로 수주처나 발주처 모두 미래에 대한 예측 능력이 매우 뛰어나야 합니다. 특정 규모의 업무를 놓고 이 일을 하기 위해서는 어떤 역량을 가진 사람들 몇 명이 필요하고, 시간은 얼마나 걸릴 것이며, 필요한 재료와 도구는 무엇인지 예측해내야 합니다. 발주처와 수주처 사이의 협의가 좀 더 쉽게 이뤄지도록 소프트웨어 산업 협회에서는 투입되는 소프트웨어 기술자 경력 등을 고려해 노임 단가, 평균 임금 같은 것을 기준으로 제시하고 있습니다.

서비스를 구성하는 일 중에서 소프트웨어를 설계하고 구현하는 일은 콘텐츠를 만들어내는 일과도 유사한 점이 많습니다. 최고 품질의 콘텐츠를 만들어서 흥행하면 베스트셀러가 되고 수천만 명이 사용하는 소프트웨어나 서비스가 됩니다. 해외로 진출해서 더 많은 사용자를 확보해 더 큰 시장을 점령할 가능성도 있습니다. 그런데 최고의 품질을 만들

243

기 위해서는 수많은 가설과 실험이 이뤄져야 합니다. 해보지 않고 답을 미리 알 수 있으면 좋으련만, 현실은 그렇지 않습니다. 제품과 서비스를 구현하는 일은 노력과 시간이 많이 소요됩니다. 이럴 때는 상투적인 표현을 빌리자면 '혼을 담는 과정'이 필요합니다. 보통 이렇게 혼을 불태우는 경우는 자사 제품을 만들 때 일어납니다. 개발자가 자기가 코드네임을 붙인 제품을 만들 때 산고의 고통에 비견할 만큼 열정을 불살라 혼을 담는 작업을 해야 그만큼 고품질의 제품이 만들어집니다.

자사 제품으로 최고점의 제품을 만들어내려는 방식에 비해서 개발을 수주해 제품을 개발하고 납품하는 일은 패스Pass/페일Fail 방식의 개발이라고 할 수 있습니다. 개발 후 기능과 성능을 테스트해서 품질을 확인하려고 하지만, 테스트 항목이 사용자가 만들어내는 모든 경우의 수를 포함하기는 어렵습니다. 결국, 어느 정도 정해진 기준을 넘기느냐가 관건입니다. 기능과 품질이 일정 기준을 넘으면 패스라 여기고 다음 일을 진행해야 합니다. 간혹 자신이 만들어내는 결과물의 품질을 조금이라도 더 높이기 위해서 노력하는 개발자도 있습니다만, 수주처의 매니저가 그 노력의 동기에 공감하기는 어렵습니다. 게다가 다음 일정에 쫓기기 때문에 진작에 마무리했어야 하는 일의 세부적인 품질 문제를 붙잡고 있기는 어렵습니다.

수주처가 발주처에 납품하고 나서 유지·보수 계약으로 넘어가면 품질을 높이는 일은 더 어려워집니다. 유지·보수는 말 그대로 유지하기 위해서 조치가 필요한 일과 문제가 생긴 경우에 해결하는 일로 업무가 한정되기 쉽습니다. 품질을 높이는 일은 고도화Upgrade 계약의 영역에 들어갑니다. 게다가 새로운 계약을 하게 되면 기존 업무 지식을 가진 사람이 다시 같은 일을 맡는 일은 드뭅니다. 이미 다른 업무에 배치됐기 때문입니다. 일 잘하는 사람에게 일이 몰리는 것은 항상 벌어지는 일입니다.

따라서 그저 일을 하는 것이 목적이 아니라 고품질의 제품을 만들어서 고객의 감동을 이끌어내려는 것이 목적이라면 개발 조직을 '내재화'해야 합니다. 실행 조직이 내부에 있어야만 고객의 피드백을 받아서 폐쇄 루프를 빨리 돌릴 수 있습니다. 외주는 정말로 내부에서 소화할 수 없는 일정을 맞춰야 할 때, 기술 부채라도 만들어서 시간을 벌어야 할 때, 누구나 할 수 있지만 양이 많을 때, 손이 많이 가는 일을 해야 할 때, 내부의 인원이 언제라도 업무를 다시 인수할 수 있을 때 마지막으로 선택해야 하는 방법이 돼야 합니다.

프로젝트 평가를 위한 시도

어떻게 사람을 평가하지 않고 결과물을 평가할 수 있을까요? 디지털 인재를 대상으로 실室 평가 방식을 바꾸는 실험이 있었습니다. 다음과 같은 과정을 거쳤습니다.

① 실에서 벌어지는 모든 프로젝트는 등록이 이뤄져야 합니다. 공유

할 수 있는 시스템이 없으니 팀원 한 명의 컴퓨터 공유 폴더 안에 있는 스프레드시트 파일 하나를 공유합니다.

② 모든 실원은 매주 금요일 퇴근 전에 자신이 한 주 동안 참여한 프로젝트들에 대해서 자신이 할애한 시간을 기재합니다. 예를 들어서 '김', '이', '박' 3인이 A, B 프로젝트 두 개를 진행한다고 하면 다음과 같이 기입합니다.

프로젝트 평가 관련 표 양식

	프로젝트 A	프로젝트 B
실원 김	3일	2일
실원 이		5일
실원 박	5일	

③ 기입된 숫자는 평가 기간 동안 매주 누적됩니다.

④ 프로젝트를 평가해서 평점을 주고, 프로젝트의 난이도와 영향도 Impact를 감안해 계수를 정합니다.

⑤ 프로젝트 A는 100점, 프로젝트 B는 50점이라고 합시다. 프로젝트 A의 난이도는 보통이라 1로 설정하고 기여도는 낮은 편이라 0.9로 합니다. 프로젝트 B는 난이도가 매우 높아서 계수를 1.2를 주고 영향도도 1.1을 줍니다. 그러면 '박'의 주간 평점은 $5/8 \times 100 \times 1 \times 0.9 = 56.25$가 됩니다. '이'의 주간 평점은 $5/7 \times 50 \times 1.2 \times 1.1 = 47.14$가 됩니다. 양쪽 프로젝트에 모두 참여한 '김'은 3/8

×100×1×0.9+2/7×50×1.2×1.1=52.60이 됩니다. 평가 점수를 이런 방식으로 계산할 수 있습니다.

그러나 완벽한 평가란 있을 수 없습니다. 이 방식에도 장단점이 있습니다. 먼저 이 방식의 장점은 다음과 같습니다.

첫 번째, 평가의 대상이 사람이 아닙니다. 대상이 사람이 아니라면 좀 더 객관적인 평가가 가능합니다. 다수의 사람이 평가를 조율Calibration할 때도 감정적인 요소를 배제하기 쉽습니다. 프로젝트 평가에 대해 이의를 제기하는 강도 역시 비교적 약합니다. 즉, 인물에 대한 평가에 대해서 이의를 제기할 때만큼 강력하지 않습니다.

두 번째, 프로젝트를 평가하지만, 평점은 인물 중심으로 일렬로 줄을 세우게 되므로 상대 평가로 A, B, C의 비중을 정해서 제출해야 한다면 위에서부터 비율대로 잘라서 제출하면 됩니다. 즉, 직접 성과 평가이면서 간접 역량 평가라고 할 수 있겠습니다.

세 번째, 평가의 근거는 언제나 공개돼 있고 누구나 볼 수 있습니다. 누구나 볼 수 있으므로 누군가가 평가를 허위로 작성한 경우에는 같은 프로젝트에 참여한 다른 사람들이 이의를 제기할 수 있습니다.

네 번째, 절대 평가로 사용할 때는 평점을 기준으로 삼을 수 있습니다.

단점은 다음과 같습니다.

첫 번째, 일 잘하는 사람은 여러 프로젝트에 불려가기 마련인데, 그런 경우 업무 자체와 업무 전환의 부담은 많이 늘어나는 데 반해서 평가는 평균값에 가까워집니다. 이런 경우 프로젝트를 잘게 쪼개면 평가 결과는 조금 나아지지만, 반대로 평가자의 부담이 더 커집니다. 프로젝트는 작게는 한 달 정도 소요되는 것에서 길게는 석 달 정도 소요되는 정도의 규모로 쪼개는 것이 좋습니다.

두 번째, 같은 업무를 반복하는 경우 좋은 평가를 받기 위한 기준을 마련하기 어렵습니다. 예를 들어 회계팀, 법무팀 등처럼 말입니다. 대안으로는 업무를 기간으로 나눠서 목표로 하는 지표를 높이기 위한 프로젝트로 운영할 수 있습니다. 물론 변화에 대한 참여자의 저항이 있을 수 있습니다.

세 번째, 피평가자가 평가자의 상급자에게 평가에 대한 불만을 상고하는 경우에는 곤란해집니다. 누가 봐도 일을 못 하는 사람의 경우에는 문제가 안 됩니다만, 일은 안 하면서 사내에서 소위 정치를 하고 다니는 인물인 경우에는 프로젝트 평가가 어렵습니다.

이처럼 내부적으로는 단점보다는 장점이 많지만, 평가를 권력의 방식으로 휘두르고 싶거나 귀찮은 업무로 간주하는 평가자에게는 아무런 의미가 없는 일입니다. 방법론은 방법론일 뿐입니다. 인재 전쟁에서 승리하려면 공정하지는 못하더라도 적어도 공정해지기 위해 노력하는 평가 방식이 필요합니다.

디지털 직군
평가하기

디지털 직군의 평가는 역량 평가와 성과 평가로 나눌 수 있습니다. 역량과 성과를 나눠서 평가하려는 시도는 사람을 평가하는 것과 결과물을 평가하는 것을 나눈다는 뜻입니다. 결국에는 둘이 다시 합쳐지겠지만, 두 가지를 나눠서 평가하는 것은 매우 좋은 접근법입니다.

더 세밀하게 평가할 때는 결과물을 다시 영향도나 난이도로 평가하기도 합니다. 역량도 리더십이나 분야별 역량, 희소성 등으로 나눌 수 있습니다. 더욱더 세밀한 평가를 살펴보면 기업의 평가 기준이 어떤 것인지, 어떤 것을 중요하게 평가하는지를 알 수 있습니다.

평가에는 경영 철학이 담겨 있습니다. 평가 기간 동안의 산출물에 대해서 데이터가 충분히 측정되고 누적돼 있다면 평가도 훨씬 수월합니다.

평가 항목 설정

● 난이도

디지털 직군의 평가는 풀어야 하는 문제의 난이도가 고려돼야 합니다. 어려운 문제를 풀어야 하는 회사는 "열 명의 범재가 못 푸는 문제를 한 명의 천재가 풀더라"라는 경험이 많습니다. 어떤 개발자한테 어렵고 까다로운 일을 맡겼더니 아침에는 느지막이 출근해 커피 한 잔 마시고, 신문 좀 읽고 어제 하던 업무를 좀 푸는가 싶더니 점심 먹으러 갔다가 오후에는 회의 한두 군데에 참석하고 나서 어제 본 데까지 다시 따라잡는 듯싶더니 저녁도 먹습니다. 이후 야근으로 진도를 좀 나가는가 싶더니 퇴근합니다. 이렇게 일해서는 6개월을 줘도 결과가 안 나옵니다. 반면에 실력이 좋다고 평가받는 개발자에게 맡겼더니 한 달 동안 공부하고 다음 한 달 동안은 실제로 구현해서 두 달 만에 마치는 경우도 있었습니다. 누구나 할 수 있는 일을 하는 게 아니라면 어떤 난이도의 업무를 수행했는지 평가할 때 눈여겨봐야 합니다.

● 성장 속도

사람의 성장 속도는 배우는 속도에 달려 있습니다. 회사의 성장 속도와 개인의 성장 속도가 비슷한 것이 가장 이상적입니다. 개인의 성장 속도가 회사의 성장 속도보다 빠르면 외부로 눈을 돌리게 되고, 개인의 성장 속도가 회사의 성장 속도보다 느리면 회사의 발전을 저해하고 다른 사람의 발목을 잡습니다. 연공서열은 모든 사람의 성장 속도가 동일하다고 가정하는 것과 같습니다. 연공서열로 평가하고 있다면 역량을 평가할 수 있는 더 좋은 다른 방법을 찾아봐야 합니다. 시간이 지날수록 점차 인재가 적재적소에 아닌 곳에 배치돼 있을 가능성이 높습니다.

● 평가 조율

지식 근로자의 시대에 성과를 평가한다는 것은 이전의 제조업이나 금융의 시대에서 수행됐던 평가보다 난해하고 시간도 더 많이 소요됩니다. 특히 디지털 트랜스포메이션을 맡은 디지털 업무 영역에서라면 기존의 경영진이 기술에 대한 이해가 부족한 경우가 일반적이기 때문에 평가가 제대로 되지 않는 것이 당연합니다.

제대로 평가받기 위해서는 디지털 조직의 수장이 CEO에게 제대로 성과를 보고해야 하는데, 개인의 평가에 조직 평가가 연동돼 반영된다면 자신이 몸담은 조직 주변의 질투와 견제가 심할 테니 이것도 쉽지 않은 일입니다. 결국, 디지털 트랜스포메이션의 결과가 가시적으로 나타나야 그 이후로 합당한 성과를 인정받을 수 있습니다. 또한, 결과가 가시적으로 나타나도 방심할 수는 없습니다. 성과 가로채기, 성과 평가 절하하기 등 경쟁 조직의 사내 정치는 만만치 않습니다.

디지털 조직에 대한 평가는 조직 전체에 일관되게 적용되는 평가 방침을 따를 수밖에 없겠지만, 디지털 조직 내에서의 성과 평가는 조직장의 철학대로 진행할 수 있습니다. 그렇다면 디지털 조직 내의 평가는 디지털 업무의 성격에 맞춰서 진행해야 기존 인재를 유지하면서 새로운 인재도 유치할 수 있을 것입니다. 그렇지 않다면 조직의 평가와 보상에 대한 제도를 먼저 고쳐야 합니다. 조직 구성원은 조직을 떠나기 전까지는 조직의 평가에 본능적으로 최적화합니다. 평가에 따른 보상은 일반적으로 성과급 지급과 승진에 대한 내용입니다.

● 평가 결과를 통한 역량 개선 유도

성과 평가를 위해 미팅을 진행하다 보면 피평가자들이 눈물을 흘리거나 치밀어 오르는 화를 참지 못해서 폭발하는 경우를 볼 수 있습니다. 이런 반응을 보이는 분들은 자신이 다른 팀원들과 함께 만들어낸 결과에 대한 평가를 자신에 대한 평가와 동일시하는 경향이 있습니다. 역량 평가와 성과 평가를 나누고 성과 평가는 사람에 대한 평가가 아니고 결과물에 대한 평가임을 누누이 이야기하고 강조해도 어느 시점부터는 전달되지 않습니다. 피평가자가 듣지 않습니다. 따라서 평가를 통해서 역량을 개선하도록 하는 것은 상당히 어렵고 고통스러운 작업입니다.

이 고통스러운 작업을 그나마 잡음 없이 하려면 연말 평가에서 깜짝 쇼, 그러니까 서프라이즈가 있어선 안 된다는 것을 명심해야 합니다. 일정 기간마다 꾸준히 이야기를 나누면서 피평가자의 산출물에 대해서 어떻게 판단하고 있는지 메시지를 전달해야 합니다. 명확한 기대 수준을 제시하고 해당 수준대로 업무를 잘하지 못하고 있으면 잘 못하고 있다는 피드백을 제때 줘야 합니다. 늦지 않게 서로 이해할 수 있는 명확한 기대 수준을 제시해서 기대가 충족되지 않은 이벤트가 반복해서 발생하고 있음을 서로 인지해야 합니다. 연중 내내 잘한다고 칭찬해주고 신나서 일하게 한 다음에, "그런데 평가는 말이야……" 하면서 연중에 듣던 이야기와는 다른 이야기를 하기 시작하면 피평가자의 입장에서는 소속감이나 로열티가 떨어집니다. 그래서는 신뢰를 갖고 같이 일하는 것은 끝입니다. 그 이후로는 시키는 일만 하거나 그나마도 골라서 실행하는 골치 아픈 존재가 됩니다. 이럴 경우 평가자는 피평가자를 탓하지 말아야 합니다. 피평가자가 장기간 나쁜 평가를 받는 것은 평가자의 책임입니다. 이 지점에서는 중간관리자로서 차라리 낮은 평가 돌려막기, 승진 대상자 챙기기 등 일반적으로 행해지는 방식으로 공동체 의식을 강조하는 게 평가자로서 욕을 덜 먹는 방식입니다. 그러나 회사는 동호회가 아닙니다. 정말 제대로 회사가 성장하는 데 이바지하고 싶다면 피평가자에게 정곡을 찌르는 피드백을 제공하고 성장할 수 있는 경로를 제시해주는 것이 옳습니다. 물론 피평가자는 별로 고마워하지 않을 것이고 본인이 성장해도 그것은 오롯이 자신의 노력에서 기인한 것으로 여길 수도 있겠지요. 그러나 그렇다고 해서 욕을 덜 먹으려거나 감사 인사를 받기 위한 중간관리자 역할을 하다 보면 착한 사람 콤플렉스에서 벗어날 수 없습니다.

● 도전을 장려하는 평가 구성

연초에 사업 목표를 확정할 때 각자 역량에 맞는 목표를 정해야 합니다.

자신의 역량보다 달성하기 쉬운 목표를 제시하는 사람에게는 더 높은 목표에 도전하도록 격려해줘야 합니다. 또한, 목표를 제시할 때는 측정 가능한 목표가 되도록 해야 합니다. 추상적이거나 모호한 목표, 복합적으로 뒤섞인 목표는 이 목표를 구성하는 메트릭으로 분해해서 구체적인 목표로 바꿔야 합니다. 목표를 설정하고 실행 계획을 세우는 것은 데이터 플레이의 일환입니다. 필요한 정보를 수집하고 어떤 실행을 통해서 목표를 달성할 수 있을지 가설을 세웁니다. 실행 후 결과를 수집해서 다시 가설을 바로잡습니다.

대기업의 성과는 보통 MBO에 명시한 목표를 얼마나 달성했는지, KPI를 얼마나 달성했는지를 평가합니다. KPI는 경영 목표를 측정할 수 있는 지표를 여러 요인으로 분해해서 분해된 요인을 세부적으로 측정하는 지표값입니다.

인원이 적은 중소기업, 스타트업에서 성과 평가를 진행하는 프로세스는 특별한 내용이 있을 때도 있지만, 인원이 많아질수록 대기업의 평가 제도와 닮아 갑니다. 인원 규모가 적을 때 대기업 스타일로 평가를 진행하는 것도 무리가 있고, 인원이 커지고 있는데 스타트업 스타일로 평가를 진행하는 것도 힘듭니다. 평가를 잘못하면 안 하느니만 못합니다. 하지만 그렇다고 해서 아예 안 할 수는 없습니다. 성과급은 못 주더라도 연봉 조정이나 승진 등의 인사는 해야 합니다. 누가 상을 받고 누가 승진을 하느냐를 보면서 기업의 구성원은 회사의 인재상을 이해하고 회사 생활을 어떻게 해야 하는지를 배웁니다.

평가 결과를 공개한다는 것은 회사의 인재상에 대한 생각을 드러내는 것입니다. 누가 칭찬받고 누가 승진하는지 전 직원이 보고 있습니다. 회사의 최대 주주이자 이사회를 장악한 사람의 가족이 특별한 성과 없이 승진하면서 부서를 옮겨 다니는 모습이 보이면 그 회사의 인재상은 '오너의 가족'이 최고인 회사가 됩니다. 팀원들을 쥐어짜면서 성과 가로채기를 하며 아부나 일삼는 사람이 승진 가도를 달리는 회사에서는 '아부를 잘하는 사람'이 최고인 회사가 됩니다. 이런 점에 유의해 평가와 보상에서 제대로 된 회사의 인재상을 직원들에게 보여줘야 합니다.

평가에 데이터 플레이 적용

디지털 인재의 평가는 보상만을 위해서 하는 것이 아닙니다. 평가는 업무를 제대로 실행하기 위해서 꼭 필요한 과정입니다. 칭찬하거나 야단치기 위해서 하는 것이 아닙니다.

지난 목표를 달성하기 위해 수립했던 계획 혹은 가설이 제대로 동작했는지 확인하고, 제대로 동작하지 않았다면 이유를 파악해서 다시 계획하거나 가설을 수정·보완합니다. 외발 전동 휠의 자이로스코프 센서가 1초에 100번의 데이터를 수집해서 각종 모터로 무게 중심을 옮기는 원리와 비슷합니다.

디지털 트랜스포메이션 이전의 아날로그 시절에는 연초의 목표를

255

달성했는지를 연중 내내 지켜보다가 연말에 회계 결산을 마치고 나서야 평가할 수밖에 없었습니다. 1년에 폐쇄 루프를 한 번밖에 만들지 못했던 시절입니다. 계획을 조정하고 그 결과를 알기 위해서는 또다시 1년이 걸립니다. 그러나 이제는 데이터의 수집과 분석이 실시간으로 이뤄지는 디지털 시대입니다. 디지털 인재 평가 역시 과학적인 접근 방식인 데이터 플레이 방식으로 진행할 수 있습니다. 가설·실험·검증·개선이 반복됩니다. 물론 너무 자주 평가한다면 평가하느라고 일할 시간이 없다는 불만이 있을 수도 있겠지요. 하지만 디지털로 메트릭을 측정하기 시작한 다음부터는 더 적확한 가설이 수립되고 크게 벗어나는 가설을 바로잡는 데만 평가 시간을 소요하게 될 것입니다.

잦은 평가는 디지털 트랜스포메이션을 제대로 실행하기 위한 기반이 됩니다. 메트릭으로 성과가 측정되는 100명 미만의 조직을 평가하기 위한 시간은 4시간이면 넉넉합니다. 디지털 시대의 업무 평가는 데이터 플레이로 한층 더 고도화될 수 있습니다.

동기를 유발하는 보상 체제 수립

취업 준비생들은 급여 수준이 높고 안정적으로 근무할 수 있다고 알려진 대기업을 선호합니다. 일반적으로 대기업들은 해당 인재의 역량에 비해 맞춰줄 수 있는 수준의 연봉보다 20% 정도를 더 주고 일은 2배 더 시키곤 합니다. 업무 효율은 이런 방식이 나을 수 있습니다. 업무 효율을 연봉 대비 근무 시간으로 결정하면 대기업의 업무 효율은 높습니다. 반면에 거꾸로 하는 회사도 있습니다. 연봉을 역량의 80% 정도만 주고 일은 70%만 시킵니다. 직원의 입장에서는 일하기 편하니까 처음에는 다닐 만합니다. 그러나 그러다 점차 익숙해지면 성과를 내는 이들, 회사의 성장 속도보다 자신의 성장 속도가 더 빠른 이들은 자신의 역량을 더 발휘할 기회를 주고 그에 합당한 대우를 해주는 회사를 찾아서 어느 순간 떠나갑니다.

기대 역량에 맞춰서 연봉을 20% 더 주고 2배 더 성과를 내게 하려면 일을 하는 체제가 기업 문화로 조직에 잘 녹아 있어야 합니다. 이를 가능하게 하는 평가와 보상 체제도 기업 문화에 장기간 포함돼 있어야 합니다. 즉, 한 번 정책을 정하면 수년간 지속해야 한다는 뜻입니다. 직장인들은 회사의 평가 정책에 최적화돼서 행동하기 마련인데, 평가와 보상의 기준이 자주 바뀌면 직장인들이 최적화되기는커녕 '늑대와 양치기 소년'처럼 정책을 무시하거나 복지부동이 되고 맙니다.

미흡한 평가와 보상 체제로 인해 동기 부여가 잘 안 되는 조직에서는 하던 일이 아닌 새로운 일은 요청하기 어렵습니다. 생각하는 것을 실행으로 바꾸기 위해서는 같은 이야기를 열 번은 해야 한다는 이야기가 있을 정도입니다. 담당자를 불러서 열심히 배경을 설명해주고, 기대 성과를 알려주며, 이 일이 본인에게 얼마나 중요한 일인지 동기 유발의 측면을 고려해 설명해줘도 할 듯 말 듯 합니다. 그러나 막상 담당자들의 입장에서는 새로운 일을 받으면 해야 하는 일만 늘어날 뿐이고 늘어난 일만큼 더 고되게 일해야 합니다. 게다가 그렇게 고생해서 결과를 만들어도 결국 평가와 보상으로 이어질지도 미지수입니다. 어쩌다 잘돼서 좋은 결과가 나온다고 하더라도 그간의 회사 생활 경험에 비춰볼 때 큰 의미 없는 보상이 돌아올 것 같습니다. 특히 조직에 오래 근무한 사람이 한정된 임기를 가지고 부임하는 계약직인 임원과 업무를 주고받는 과정은 냉랭합니다. 임원은 계속 바뀌는데 정직원은 계속 쥐고 있는 업무가 있습니다. 너무 많은 업무가 떨어지는 나머지 임원이 한 번 이야기하면 정직원은 해야 할 업무인지, 아닌지를 판단하기가 어렵습니다. 임원이 한 번 더 업무를 요청하면 그제야 해야 할 업무로 인지합니다. 그러다 한 번 더 요청해서 세 번째가 되면 "엄청나게 재촉한다"라는 불만과 함께 당장 해야 할 일로 받아들입니다.

반면에 성과에 대한 동기가 확실하게 부여되는 조직의 경우는 풍경이 다릅니다. 자기에게 맡겨진 일만으로는 올해 성과가 충분치 않다고 판단한 팀장이 어느 날 스스로 부서장을 찾아갑니다. 시킨 일도 아닌데 성과가 날 만한 아이디어를 고민해서 자신이 이런 일을 해보겠다고 제안합니다. 작은 프로젝트라도 실무의 디테일을 잘 알고 있는 팀장이 들고 오는 일은 그대로 추진하면 제대로 동작하는 경우가 많은 법입니다. 이처럼 동기가 부여된 팀장은 알아서 성과를 챙겨갑니다.

어디에서 이런 차이가 만들어지는 걸까요? 대기업의 부장급 직원에게서 이런 이야기를 들었습니다. 일 년 내내 수시로 토요일 근무는 당연하고 일요일에도 불려 나가는 일이 많았는데, 회계연도 말에 성과급이 통장에 탁 찍히는 것을 보면 한 해의 노고가 다 풀린다는 겁니다. 스타트업에서 더 큰 미래의 보상을 제시하고 3년, 5년짜리 프로젝트를 함께하자고 제안하면, "이미 부인이 성과급 받는 맛을 알아 버렸어요"라고 말하며 거절합니다. 안정적으로 가족을 꾸리고 애들을 키워야 하는 가장의 입장에서도 기업의 평가와 보상 체제가 확실하다면 리스크를 최소화하고 한 해, 두 해 살아가는 맛에 익숙해지는 겁니다.

성과급 체계는 조직마다 많이 다르겠지만, 전통적인 대기업의 경우 1년 평가에서 S를 받으면 연봉의 100%, A를 받으면 60%, B를 받으면 30%, C를 받으면 "성과를 못 내겠으면 회사를 나가주세요"라는 식입니다. 그러면 높은 성과를 내려는 사람들이 S 평가를 노리고 기획안을 만들어옵니다. 그런 여러 기획안 중에서 채택된 것이 CEO에게까지 보고됩니다. 이후 이것이 성과로 인정되면 그에 걸맞은 보상이 따릅니다. S 평가를 받으면 성과급만 더 받는 것이 아니라 인정, 승진, 해외연수 등 회사의 미래를 맡길 수 있는 인재로 자리매김합니다.

디지털 네이티브 기업의 경우에는 또 다른 보상 방식이 필요합니다. 디지털 제품의 특성과 연관되어 보상 정책이 다르게 정해져야 합니다. 전통 기업이나 디지털 기업 모두 조직의 구성원에게 일할 동기를 부여하는 것은 매우 중요합니다. 특히 대체 가능한 인력을 구하기 어려운 희소 인재인 경우에는 더욱더 그러하며 희소 인재가 만들어내는 사업적 영향력이 크면 클수록 더 그렇습니다. 기업의 적절한 평가와 보상 체제는 직원들에게 확실하게 동기를 부여합니다.

동기를 저하하는 평가에 유의

이처럼 성과에 대해 인정해주는 것은 매우 중요한 보상입니다. 하지만 인정만 있고 금전이든, 권한이든 실질적인 보상이 함께 따라오지 않으면 의미를 잃게 됩니다. 인정을 표현하는 방식으로 상패를 수여하는 방식이 있습니다. 조직의 전원이 참석하는 타운홀 미팅에서 박수를 받으면서 공로를 인정받습니다. 상패를 받을 때는 무척 기쁘고 모든 이에게 귀감이 됩니다. 하지만 많은 사람이 공로를 인정받아서 희소성이 없거나 공로에 비해서 상패 외에 실질적인 보상이 주어지지 않는다면 금세 빛이 바랩니다. 연말의 평가 시즌을 지나서 성과급이 지급되거나 승진 인사가 진행될 때 공식적으로 공로를 인정받은 사람에게 아무런 조치가 취해지지 않는다거나 공로를 인정받지 않은 사람이 보상을 받게 된다면 그간 수여된 상패는 재활용품에 불과합니다. 어딘가에 전시라도 하고 있으면 다행입니다.

평가 시즌이 되면 CEO는 올해는 어느 부서가 잘했는지를 살펴봅니다. 상대 평가를 기본으로 하는 평가 시스템에서는 각 부서가 올린 평가 자료를 토대로 상위 부서장이 A, B, C 등급을 부여하고 인사 위원회가 평가 조정을 위해 회의를 엽니다. 이를 평가 조율이라고 합니다. 그런데 이 회의에서 애초에 정해졌던 평가 기준이 왜곡되는 일이 종종 일어납니다. 예컨대 탈회 방지 같은 데이터 사이언스를 활용한 프로젝트를 론칭할 때는 "이 프로젝트가 성공해서 비용이 절감된다면 너희 부서에서 쓰는 비용은 전부 메꾸고도 남을 거야"라고 하면 비용 절감이 목표가 됩니다. 데이터 사이언스 부서와 현업 부서가 협력해서 프로젝트를 수행해 비용을 절감했습니다. 그런데 평가 조율에서 "그건 수행하기 쉬운 프로젝트였어"라고 하면서 난이도에 대한 평가가 곁들여진다거나 "그건 현업 부서에서 잘한 거야"라고 공을 다른 부서로 돌린다면 데이터 사이언스 부서는 그 이후의 프로젝트를 진행할 동기를 잃어버립니다.

예측 모델링을 포함한 데이터베이스 마케팅 프로젝트를 론칭할 때는 "이 프로젝트는 업계에서 새로운 시도이고, 이 프로젝트를 성공시키면 너희는 업계의 게임 체인저가 될 거야"라고 하면 새로운 시도로 결과를 내는 것이 목표가 됩니다. 여러 가지 가설을 세우고 실험해서 효과가 있는 방법을 찾고 새로운 시도를 통해서 기존 마케팅 캠페인과 대비해 더 좋은 결과를 냈지만, 평가 조율 과정에서 조직 개편으로 사업이 축소됐으니 공을 인정할 수 없다거나 담당하는 조직이 업무 성과에 대한 숫자를 공유해주지 않아 경과를 알 수 없게 돼 공을 인정받을 수 없게 되면 동기가 저하됩니다.

부서장이 인사 위원회에 참석하면 억울한 일이 생길 때 의견을 피력해서 그나마 덜 억울할 수 있을 터인데, 새로 생긴 디지털 조직의 부서장은 인사 위원회에 의견을 내라고 부르지도 않습니다. 또한, 결과가 나온 이후에 어쩌다 의견을 낼 기회가 찾아오더라도 결과를 바꿀 수 있는 시기는 이미 지나간 후입니다.

공정한 평가는 존재하지 않는다고 하지만, 회사에서 역점을 두고 강조한 일에 대해 피평가자가 납득할 수 없는 평가가 이뤄지면 열심히 일하려던 조직은 동인을 잃게 됩니다. 노력해도 좋은 평가를 받을 수 없는 조직의 구성원은 그 이후로는 노력하지 않거나 자신의 역량을 더 인정해줄 회사를 찾아서 떠나게 됩니다.

디지털의 보상은 어떻게 달라야 하는가

평가와 보상의 기준이 시간일 때가 있었습니다. 컨베이어 벨트 앞에서 주어진 일감이 다가오면 자기에게 맡겨진 일을 처리하는 방식으로 일할 때는 회사에서 보낸 시간이 평가의 기준이었습니다. 소위 호봉제라고 이야기하는 방식입니다. 회사에서 오래 근무하면 호봉이 올라가고 그에 비례해 수령하는 급여도 올라가는 방식입니다. 아직도 호봉제를 사용하는 회사와 기관이 있지만, 이제는 많은 조직이 성과를 평가와 보상의 기준으로 전환하고 있습니다.

평가를 진행할 때는 역량과 성과를 나눠서 봅니다. 역량을 기준으로 볼 때는 비슷한 역량을 가지고 있다고 판단되는 사람들이 현재 받는 연봉이 기준이 됩니다. 즉, 소위 연봉제를 기반으로 합니다. 개인이 보유한 역량을 어떻게 활용해서 성과를 만들어내는가를 년 단위로 평가하면 성과급을 포함한 진급과 공로 인정 등이 평가와 보상의 기준이 됩니다.

일반적으로 성과를 평가의 기준으로 삼을 때는 차이는 있을지라도 조직 구성원의 성과를 보상에 반영하는 규모는 연봉 대비 극단적이지 않습니다. 큰 성과일수록 혼자서 할 수 있는 일은 없다고 보므로 큰 성과가 나면 참여한 많은 사람과 성과를 나누는 것으로 간주됩니다.

그러나 이제 디지털 경제라고 불리는 시대가 되면서, 디지털 네이티브 회사들이 디지털 제품을 출시하게 돕거나 아날로그 회사들의 디지털 트랜스포메이션을 이끄는 소위 슈퍼스타 개발자들이 등장합니다. 기크 파워가 드러나기 시작하는 것입니다. 비용은 자동화로 점차 축소되고 밸류 체인도 줄어들어서 가치를 생산하는 회사가 소비자에게 직접 판매하는 것이 대세가 됐습니다. 이러다 보니 회사 내의 슈퍼스타, 즉 한계 비용은 제로에 수렴하고 무한 복제가 가능한 디지털 제품을 직접 만들어내서 회사의 매출에 기여하는 개발자, 프로덕트 오너, 디지털 마케터가 수십 배의 연봉으로 그 성과를 보상받는 일이 생겼습니다. 이제 초특급 인재를 유치해서 성과를 창출하고 슈퍼스타를 유치하기 위해서라도 디지털 인재에 대한 평가와 보상은 달라져야 합니다. 물론 빅 테크 기업들도 어려워하는 주의점 두 가지는 유의하는 것이 좋겠습니다.

첫 번째는 회사 내의 슈퍼스타를 성과에 걸맞게 대우하다 보면 묵묵히 필수적인 업무를 수행 중인 사람들이 상대적으로 자기 일은 중요하지 않은 것처럼 느끼게 돼서 업무에 소홀해질 수 있다는 점입니다.

두 번째는 금전적 보상만 부각되면 금전 만능주의에 빠진 것처럼 보일 수 있다는 점입니다. 회사가 만드는 가치, 사회에 기여하고자 하는 의도, 구성원들의 내적 성장, 고객 만족에서 느낄 수 있는 희열 등 돈으로 가치를 매길 수 없는 많은 것이 무시될 수 있습니다.

263

07

디지털 기업으로의
도약

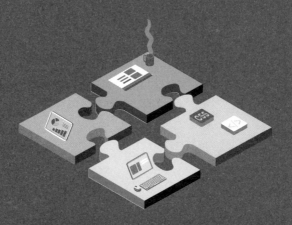

도약을 위한
준비

대개 기업의 규모가 커질수록 실행 속도는 느려집니다. 물론 그렇다고 해서 규모가 속도를 좌우하는 것이 당연하다고 생각하기는 어렵습니다. 세계적인 디지털 기업들은 막대한 시가 총액과 매출을 자랑하면서도 급커브를 수시로 틀면서 곡예 운전을 하는 것처럼 보일 정도로 실행 속도가 빠릅니다. 하지만 국내의 많은 대기업은 적시에 방향을 수정하지 못하고 시대적 변화를 따라가기에만 벅찬 것 같습니다. 왜 대기업의 실행 속도는 생각처럼 빠르지 않을까요.

놀랍게도 많은 대기업에는 공통점이 있습니다. 대기업은 명칭처럼 규모가 큽니다. 그리고 각 조직은 각자의 목적을 강화하는 식으로 커지고 단단해집니다. 하지만 디지털이 가져온 변화와 디지털에 대응하기 위한 수정은 어느 한 조직이 혼자서 할 수 있는 일이 아닙니다. 전사적인 궤도 수정과 총력 대응이 필요하지만, 속도가 좀처럼 나지 않습니다. 즉, 이처럼 여러 부서에 걸친 업무를 진행해야 할 때 속도가 느려집니다. 어느 한 부서의 권한이나 책임이 아니므로 결국은 위를 쳐다보고 멈추게 됩니다. 이래서는 안 되기에 대개 스티어링 커미티SC, Steering Committee(운영 위원회)라는 회의체가 소집되곤 합니다. 즉, 각 부서의 대표자들과 그 대표자 중에서도 최고 직급을 가진 의사 결정권자가 참석하는 회의가 열립니다. 그런데 이 회의가 오히려 액셀보다는 브레이크로 작용하곤 합니다. 스티어링 커미티는 왜 기업의 속도를 느려지게 하는 걸까요? 대개 이런 순서로 이뤄지기 때문입니다.

먼저, SC에서 최고 의사 결정권자는 자사의 비전과 니즈에 따라서 방향성을 제안합니다. 그러나 아무리 경험이 많은 리더라고 하더라도 모든 정보를 가지고 있지는 않으므로 그 자리에서 곧바로 구체적인 업무 방향을 제시할 수는 없습니다. 결국은 어딘가 약간은 모호한 업무 방향을 제시하는 것이 최선입니다. 되묻기에는 너무나 추상적이고 당연한 소리인 경우도 많습니다. 이런 상황에서는 추가적인 질문이나 의견 개진이 나오기가 힘듭니다.

다음으로, 회의가 끝나면 누군가는 기안을 준비해야 합니다. 이는 주로 기획자들의 몫이 되곤 합니다. 그런데 이 기안이 '최종 의사 결정권자는 무슨 생각을 할까?'에 집중되는 일이 벌어집니다. SC에서 나온 한 마디를 놓고 수많은 추리를 해야 합니다. 게다가 정작 이 일을 해야 하는 이들은 그 회의에 참석하지 않은 경우가 더 많습니다.

세 번째, 최종적인 그분의 의중을 정작 일하는 이가 이해하지 못하니 진척이 느립니다. 이제 SC를 위한 회의가 다시 소집됩니다. SC도 회의인데, 그 회의를 위한 회의가 열립니다. 그 회의도 두세 번 정도 진행해서 여러 명의 의견이 수렴됩니다.

네 번째, 드디어 다시 SC가 소집됩니다. 의사 결정권자가 참여한다는 점에서 아무래도 여느 회의와는 무게가 다릅니다. 하지만 그는 보통 매우 바쁘므로 지난번 SC 이후로도 그 사안에 대해서 깊게 생각했을 리없습니다. 게다가 참고 자료를 제대로 읽을 만한 시간도 없었습니다. 며칠 혹은 몇 주 만에 다시 모인 SC입니다. 준비된 자료를 보고 30분 내외로 의사 결정을 내려야 합니다. 쉽게 될 리가 없습니다. 경험이 많은 그는 머릿속에서 순간적으로 많은 시뮬레이션을 돌려봅니다. 그의 과거 체험은 고려 사항이 됩니다. 이를 다시 참고해야 합니다. "다시." 매우 중요한 피드백인 그의 의견을 다시 받았으니, 이제 두 번째 과정부터 다시반복합니다.

다섯 번째, 2번부터 4번까지의 과정을 여러 번 반복하는 동안 점점 그의 생각을 구체적으로 상상할 수 있게 됩니다. 그리고 그에 맞춰서 내용을 만들어갑니다. 흥미롭게도 의사 결정권자도 자기가 정말로 원하는 게 무엇이었는지 이 과정을 통해서 비로소 구체적으로 알게 되기도 합니다.

여섯 번째, 드디어 실행해보자는 결정이 내려지지만, 이미 최소 한 달 정도는 지난 후입니다. 게다가 실행이 시작됐어도 여기서 끝이 아님니다. SC는 아직 해산하지 않았습니다. 과정에 대한 SC 중간 보고 요청이 있기도 합니다. 이 보고가 재앙을 불러올 때도 있습니다. 이미 시간이 지나서 상황은 바뀌었습니다. 의사 결정권자는 상황이 바뀐 것을 참작해서 방향을 바꾸거나 내용을 추가해 가치를 부가하는 것이 본인의 업무입니다. 그러나 실무자들은 한두 달 정도 지난 후에 프로젝트 내용이 변경되거나 일거리가 늘어나면 2번부터 다시 해야 합니다.

이렇게 기업의 속도는 오늘도 늦춰집니다. 디지털 트랜스포메이션에 관한 많은 조언 중에는 SC를 없애라는 조언도 상당히 많습니다.

CEO의 디지털 트랜스포메이션 선행 과제

디지털 트랜스포메이션은 결국은 톱다운으로 이뤄져야 하는 일입니다. 디지털 트랜스포메이션은 의사 결정 방법, 일하는 방법, 평가 방법과 그에 따른 보상 방법을 바꾸는 일입니다. 기업 문화까지 모두 바꿔야 하는 일이므로 CEO 차원에서 끝내야 하는 일입니다. 즉, '디지털'은 몰라도 '전환'의 최종 행동은 톱다운이 될 수밖에 없습니다.

따라서 디지털 트랜스포메이션을 감행하려면 CEO의 의지가 있어야 합니다. 수많은 기업의 CEO가 모두 자신은 디지털 트랜스포메이션을 하기 위한 의지가 있다고 입을 모읍니다. CEO에게 의지가 있다면 그다음에는 어떻게 디지털 트랜스포메이션을 추진해야 할까요? 즉, 톱의 의지로 실행한 디지털 트랜스포메이션은 소위 등 떠밀려서 추진하는 디지털 트랜스포메이션과는 어떻게 다를까요? 바로 CEO만이 할 수 있는 권한과 과제에서 차이가 있습니다.

인사권과 예산권은 CEO의 고유 권한입니다. CEO가 강력한 디지털 트랜스포메이션 의지를 갖추고 톱다운으로 이를 진행할 때, 인사권과 예산권을 발동합니다. 즉, 디지털 전문가를 선발하고 권한을 위임해 우왕좌왕하지 않고 목표를 달성할 때까지 일관되게 추진될 수 있도록 평가와 보상의 기준을 통일합니다. 주로 다음의 선행과제를 거칩니다.

CEO의 디지털 트랜스포메이션 선행 과제 첫 번째는 실행 조직을 갖추는 것입니다. 조직을 만들고 적재적소에 디지털 전문가를 배치합니다. 디지털 전문가는 다음과 같습니다.

● **CDO** Chief Digital Officer

CDO는 디지털 제품 자체와 디지털 제품이 고객과 만나는 채널을 관장합니다. 디지털 트랜스포메이션을 추진하는 조직의 책임자입니다. 뒷부분에서 더 자세하게 다룰 예정입니다.

● **CIO** Chief Information Officer

전산실을 보유한 회사라면 CIO는 이미 존재하겠지요. CIO는 일반적으로 데이터의 '정합성'을 미션으로 삼습니다. CIO는 보통 CFO Chief Financial Officer 와 관점을 맞추며 비용을 줄이기 위해 노력합니다.

271

- **CTO** Chief Technology Officer

CTO는 기술의 발전을 기반으로 더 개선된 제품, 혁신적인 제품을 만들어내는 것을 사명으로 가지고 있습니다. CEO, CMO Chief Marketing Officer 와 관점을 맞춰서 기술을 기반으로 해 매출을 더 높이기 위해서 노력합니다. IT를 CIO와 CTO가 나눠서 맡는 모양인데, 두 가지를 통합해서 잘하는 경우는 드뭅니다. 그만큼 각자 넓은 분야를 담당합니다.

- **CDMO** Chief Data Management Officer

데이터 총괄 임원입니다. 데이터가 회사의 새로운 자산으로 인정받으면서 주목받는 역할입니다. 데이터를 다루는 만큼 전사가 데이터 플레이가 가능하도록 만들어야 한다는 핵심 역할과 책임이 있습니다. 뒷부분에서 더 자세하게 다룰 예정입니다.

- **CPO** Chief Product Officer

CPO의 역할은 CEO 고유의 역할로 여겨지거나 대개 사업부 BU, Business Unit로 나뉘어서 역할을 분담하는 터라 많은 조직에서 이러한 직함이 잘 보이지 않습니다. 그러나 디지털 제품과 채널을 책임지는 CPO 역할은 꼭 필요합니다. 뒷부분에서 더 자세하게 다룰 예정입니다.

- **CISO** Chief Information Security Officer

CISO는 최고 정보보호 책임자로서 회사의 정보가 외부로 유출될 수 있는 여하한의 가능성이라도 막아야 합니다. 또한, 동시에 정보를 이용하는 주체가 안전하고 원활하게 이용할 수 있도록 하는 방안을 마련해야 합니다. 전사 조직의 책임자로서 CISO의 역할은 점점 커지고 있습니다.

● CSO Chief Strategy Officer

전사 조직의 최고 전략 책임자인 CSO는 그 역할의 특성상 디지털 쪽에도 관여해야 합니다.

CEO의 디지털 트랜스포메이션 선행 과제 두 번째는 권한을 위임해서 의사 결정 속도를 높이는 것입니다. 기업의 모든 의사 결정이 톱에 집중되면 모든 안건을 수많은 결재 라인을 통해서 일일이 승인받아야 하기에 전환 속도가 느릴 수밖에 없습니다. 한참 전쟁하는 와중에 최전선의 병사가 총을 쏠지, 말지, 쏜다면 어느 방향으로 쏠지 총사령관에게 물어보는 것과 같습니다. 현장에서는 현장 책임자가 신속하게 의사 결정을 할 수 있도록 CEO가 결정 권한을 책임자에게 위임해줘야 기업의 디지털 트랜스포메이션 속도를 높일 수 있습니다. 이처럼 권한 위임은 그 필요성을 느끼고 인원을 설정한 후 예산 배치까지 함께 이뤄져야 합니다.

● 권한 위임 인원 설정

CEO는 디지털 부서의 각 분야마다 자기보다 훌륭한 사람을 뽑아서 그 사람이 해야 하는 일을 지원해줘야 합니다. 희한하게도 위계적인 조직에서는 외부의 전문가를 뽑더라도 일단 조직의 위계 질서 안으로 들어오면 윗사람보다 못한 사람으로 인식하는 경향이 있습니다. 그러나 디지털 트랜스포메이션의 성공을 위해서는 CEO가 갖추지 못한 전문성을 지닌 디지털 전문가의 필요 인원수를 파악하고 채용한 후 그 분야에서는 해당 전문가가 결정할 수 있게 권한을 위임해줘야 합니다. 스티브 잡스가 했던 유명한 말이 있지요.

"스마트한 사람을 뽑아서 뭘 하라고 하다니요. 말이 안 됩니다. 우리는 똑똑한 인재를 뽑죠. 우리가 뭘 해야 하는지 알려주게 하려고요(It doesn't make sense to hire smart people and tell them what to do; we hire smart people so they can tell us what to do)."

● 권한 위임에 따른 예산 배치

권한을 위임한다는 건 예산도 함께 준다는 것입니다. 예산을 주지 않으면 각 부서는 예산이 없다는 이유로 아무것도 하지 않습니다. 예산 없는 권한 위임은 실은 '기안할 권한'만 주는 것입니다. 그러면 속도가 나오지도 않을뿐더러, 승인받을 만한 내용만 기안할 가능성이 높습니다. 결국, 시키는 일만 하게 됩니다.

권한과 책임은 붙어 다니는 바늘과 실입니다. 책임과 함께 권한 위임을 해줘야 합니다. 권한은 주지 않고 책임을 묻는다면 누군가는 권한을 가진 사람의 책임을 뒤집어쓰는 셈입니다.

CEO의 디지털 트랜스포메이션 선행 과제 세 번째는 기업 문화를 다듬어서 디지털 트랜스포메이션이 뿌리를 내릴 수 있는 환경을 조성하는 것입니다. 일관된 평가와 보상 체계를 설정하고 애자일 문화를 정착시킵니다.

● 평가와 보상

성과에 맞게 적절한 보상이 이뤄질 경우, 사람들은 평가에 적응하게 돼 있습니다. 이처럼 평가와 보상에는 기업 문화가 담기기 마련인데 그 방식이 매년 바뀐다면 어떠한 문화도 정착할 수 없습니다. 방향을 명확하게 정해서 일관성 있게 유지해야 합니다.

● 애자일

애자일하게 일한다는 것은 실무자에게 실무 업무에 관한 사항을 결정할 수 있도록 권한 위임을 하는 것입니다. 애자일을 도입하는 시점에서 이런 핵심 내용은 간과한 채로 방식이나 체제만 도입하면 무늬만 애자일이 됩니다. 평생 동안 위계적인 조직에서 근무하고 차곡차곡 승진해서 임원이 된 사람에게 어느 날 갑자기 애자일로 일하자고 권한을 여기저기 위임하라고 하면 변화에 대한 저항이 극심합니다. 그런데도 이 어려운 변화를 만들어내고 지속해야 기업 문화의 디지털 트랜스포메이션은 성공할 수 있습니다.

필드 매뉴얼 플로우 차트 참고 및 활용

한편으로, 디지털 트랜스포메이션을 위해 필드 매뉴얼 플로우 차트를 참고하거나 활용할 수 있습니다. 다음과 같습니다.

---

1. CEO에게 굳은 의지가 있는가?
   1.1 데이터 플레이 선언 - 데이터로 일하자(OKR 등 문화를 바꿀 수 있는 체제 도입).
   1.2 조직을 만들고 미션을 부여한 후 권한 위임.

2. 사내에 CDO 등을 수행할 인재와 조직이 있는가?

3. 조직을 구축할 수 있는 역량과 경험이 있는 CDO를 선발한다.

4. 디지털 조직을 구축한다. R&R을 짠다. CDO, CDMO, CPO, CTO, CIO, 전략, 보안 등.
   4.1 리더십 조직 - 실행 조직으로 CoE 구성.
   4.2 필요한 역량을 보유한 전문가의 누락은 없는가?
   4.3 평가와 보상 체계 - 일한 시간이 아니라 성과로 평가하자.

5. 디지털 조직이 일할 수 있는 환경을 갖춘다. 착수할 수 있는 수준에서 업무를 개시한다.
   5.1 클라우드 활용.
   5.2 빅데이터 플랫폼, 데이터 레이크, 데이터 저장소 등 데이터 플레이 4행정이 가능한 환경 구성.
   5.3 다이내믹 컴퓨트 환경 구성 - 퍼블릭 Public /프라이빗 Private 클라우드, CI/CD Continuous Integration and Continuous Delivery [*], 셀프 서비스 Self-service.[**]

6. 개선이 필요한 부분, 특히 수작업이 포함된 영역을 찾는다.
   6.1 고객을 다시 이해하기. 제품에 대한 고객의 반응을 깊게 이해하기 위한 방안 찾기.
   6.2 밸류 체인 혹은 데이터 스트림 Data stream 을 따라서 수작업이 있는 영역, 개선 가능한 영역을 찾는다.

6.3 고객에게 제공하는 가치를 높일 수 있는 영역을 찾는다.

6.4 마치 경쟁사라도 된 양 파괴적Disruptive인 제품으로 자사 제품을 '카니발'하는 제품을 기획한다.

6.5 가설을 수립한다. 꿈을 꾼다. 아이디어를 낸다.

7. 개선이 필요한 영역을 데이터 플레이할 수 있는 영역으로 전환한다.

7.1 데이터를 모은다. 중점 데이터를 선별한다. 데이터에 목적성을 부여한다.

7.2 신규로 만들어야 하는 영역은 '3기통 4행정'으로 만든다.

7.2.1 뛰어난 제품을 기획하기 위한 - 가설, 목업 구현, 피드백 데이터로 검증, 반복.

7.2.2 뛰어난 제품을 만들기 위한 - 가설, 제품 구현, 피드백 데이터로 검증, 반복.

7.2.3 뛰어난 성장을 이룩하기 위한 - 가설, 개선 테스트, 피드백 데이터로 검증, 반복.

7.3 기존의 것을 개선해야 하는 영역에는 데이터 사이언스와 인공지능을 도입한다.

8. 디지타이제이션, 디지털라이제이션, 디지털 트랜스포메이션의 단계에 따라서 진도를 나간다.

8.1 폐쇄 루프의 각 부분을 점검한다. 각 업무 영역의 발전 단계를 점검한다.

9. 5번부터 다시 반복한다. 대신 RPM을 올린다. 양질 전환의 시점이 올 때까지 반복한다.

10. 질적 전환이 생기면 다른 콘텍스트의 사업으로 전환할 기회를 노린다.

10.1 다른 콘텍스트의 사업으로 전환하는 경우에는 플랫폼으로 전환하는 사례가 많다. 급격하게 성장 가능한 플랫폼 사업을 전개할 수 있는지 검토한다.

● 지속적 통합 및 배포. 수시로 시스템 통합이 이뤄지고 끊임없이 지속해서 배포가 이뤄지는 환경. 한국의 전통적인 발주형 시스템 통합 문화에서는 잦은 배포가 쉽지 않다.

●● 클라우드 분야에서 셀프 서비스라고 하면 필요한 개발자나 현업이 웹을 통해 원하는 만큼의 자원을 바로 구동할 수 있는 환경을 말한다. 퍼블릭 클라우드 사업자를 통하는 경우도 있고 사내 프라이빗 클라우드를 사내 포털을 통해 셀프 서비스화하기도 한다.

디지털 트랜스포메이션 추진 방향 설정하기

디지털 트랜스포메이션을 어떻게 추진해야 할지 실행 방안을 고려하다 보면 많은 훈수를 듣게 됩니다. 그 구체적인 실행 계획으로는 보통 다음과 같은 조언을 듣곤 합니다.

"전담 조직을 만들고, 이들이 지속해서 '애자일하게' 조직 전체를 개선하도록 하고, 나아가서는 궁극적으로 이들의 손으로 신규 비즈니스 모델을 도출하도록 하라" 틀린 말은 없습니다만, 실제로 이 일을 정말 잘하는 곳은 그리 많지 않습니다. 왜 그럴까요?

각 기업 문화는 그렇게 형성될 수밖에 없었던 고유의 사정이 있습니다. 기업 현장에는 이 사정을 고려하지 않으면 빠지기 쉬운 함정이 산재해 있습니다. 디지털 트랜스포메이션을 추진하는 분들이 빠지기 쉬운 위험한 함정이기도 합니다. "CEO의 강력한 의지가 필요하다"라는 의견에 동의하지 않는 CEO는 보기 힘듭니다. 아니, 이런 선언은 모든 CEO가 너무나 좋아하는 의견입니다. CEO의 존재감을 보여줄 수 있으니까요. 그런데 자신감과 실행력은 별개인 경우가 많습니다.

디지털 트랜스포메이션을 마음먹은 CEO는 이참에 기업 전체를 바꿔야 한다고 생각하기 쉽습니다. 그리고 당면 과제에 대해 체감하는 정도도 개인차가 있습니다. 아무래도 최고 경영진에게는 위기감은 그 온도가 다릅니다. 그렇기에 눈앞에 닥친 미래 앞에서는 종래의 조직 구성원 및 조직이 너무 낡아 보이고 때로는 구태의연해 보이기까지 합니다.

하지만 언제나 그랬듯이 기업 조직은 변화를 이끌어내기 쉬운 대상이 아닙니다. 조직 규모가 클수록 노동법과 노동조합 등 섣부른 변화가 가져오는 사회적 폐해를 막기 위한 얼개도 치밀하게 적용돼 있습니다. 따라서 마술처럼 모든 것을 새것으로 치환할 방법은 없습니다. 이를 경영의 묘미로 볼 수도 있지만, 실은 어려운 일입니다.

이때 CEO에게는 보통 두 가지 선택지가 주어집니다. 그리고 때로는 이 둘을 섞기도 합니다.

먼저 한 가지 선택지는 정말로 전체를 단번에 바꾸는 시도를 하는 겁니다. 이 경우 디지털 트랜스포메이션은 최고 권력자에 의한 프로파간다가 됩니다. 즉, 톱다운 형태의 지령을 통해서 전체 조직의 급진적인 변화를 요구합니다. 이 과감한 행진에서 변화에 응하지 못하는 조직원은 과감히 교체하겠다고 선언해보기도 합니다. 그러나 이러한 기계적인 스위칭은 주장은 쉽지만, 정작 오늘날 실제로 매출을 내는 조직원을 대상으로 하기는 쉽지 않습니다. 사람은 우선 스스로 납득을 해야 떠나든, 바뀌든 변하기 때문입니다. 조직 전체에 톱다운의 변화를 불러오려면 모든 조직을 관통하는 명확한 목적과 비전이 먼저 전달돼 조직 구성원들이 앞으로 벌어질 수 있는 일에 대한 투명한 청사진을 그리도록 해야 하는데, 어느새 감정이 앞서기에 쉽지 않습니다. 정말 어쩔 수 없는 변화가 일어나고 있음을 알리고 그 과정과 이에 대한 대응을 최대한 정확히 측정할 수 있는 평가 기준, 예컨대 KPI를 동시에 제안하고 그 기준에 따라서 변화를 이끌 때 당사자들은 겨우 이를 이해할 수 있습니다.

그런데, 그렇게 해도 단단하게 구축된 기업 문화를 바꾸는 일과 이어진 행위이기에 쉽지가 않습니다. 변화가 타인의 일이 아닌 내 일이 될 때 사람은 갑자기 두려워집니다. 변화를 거부하는 복지부동도 개인이 느끼는 생존의 두려움에서 나온 조건반사적인 반응입니다. 이 반응이 반복되고 굳어지면 모든 변화를 일단 거부하는 퇴행적 조직 문화가 조직 내에 만연하게 되고, 그렇게 한 번 망가져 불신의 덫에 빠진 조직 문화를 바꾸는 것은 지극히 어려운 일입니다. 이는 모든 경영론에서 널리 알려지고 다뤄진 바입니다. "자식과 마누라 빼고 다 바꿔야 한다"라는 유명한 화두만큼이나 조직의 변화를 대놓고 이야기하는 것은 불편하고 어려운 일입니다. 변화를 어렵게 만드는 요인을 조금 더 구체적으로 살펴보면 이런 것들이 있습니다.

첫 번째, 국내 기업의 특성상 경영인과 기업의 오너가 다른 인물일 경우입니다. 전문 경영인에게는 오너만이 가지고 있는 권한과 동기 부여를 찾아보기 어렵습니다. 전문 경영인에게는 임기란 것이 있습니다. 그 임기라는 제약 조건 안에 놓인 전문 경영인에게 우선순위는 무엇이 될까요? 결국 분기별로 이사회로부터 평가받는 그에게 변화와 전환이란 어떤 의미일까요? 임기 중에 의미 있는 변화를 만들어내기 위해서 죽기 살기로 덤벼들 이유가 있을까요? 회사와 별개의 인생이 있는 전문 경영인에게는 쉽지 않은 과제들입니다. 이처럼 주주와 경영자의 이해관계는 결국 다를 수밖에 없고, 이를 해소하기 위해서 발생하는 비용을 대리인 비용Agency Costs이라고 합니다. 대리인 비용은 늘 발생합니다.

이 대리인 비용을 줄이기 위한 여러 방안이 있지만, 이를 해소하기 위해 무엇보다 제일 좋은 방법은 조직의 변화가 성공할 경우 장기적 시점으로 고민할 수밖에 없는 오너와 동일한 혁신의 혜택이 전문 경영인에게도 약속되는 것입니다. 이런 이해관계의 결합이 이뤄지지 않으면 변화는 쉽지 않습니다. 심지어 임기와 당면 과제에 대한 체면 등 다른 생각을 하는 전문 경영인이 때로는 변화의 걸림돌이 되기도 합니다. 그럴 경우에는 수장을 따라서 전체 조직이 우왕좌왕하는 것은 시간문제입니다.

두 번째, 경영인이 변화에 대해 강한 결의가 있어도, 혼자 할 수는 없습니다. 결국 변화를 이끌 조직을 선정하고 그 조직에 많은 일을 의뢰하게 됩니다. 하지만 전체 조직을 변화시켜야 할 바로 그 부서가 변화에 저항하는 경우가 적잖이 목격됩니다. 변화를 이끌면서 전체 조직을 변화시켜야 하는 책무가 종종 인사, 재무, 오퍼레이션, 심지어 보안 등의 '코스트 센터', 그러니까 비용을 줄이는 것이 지상 목표인 부서에 할당되는 경우가 많습니다. 물론 현대 경영론은 이들도 가치 창출의 중심 조직이 되라고 종용합니다. 하지만 오랜 기간 수비수를 해온 선수에게 갑자기 과감한 공격수가 되어 득점하라고 독촉하는 모양이니 좀처럼 잘되지 않습니다. 게다가 더 큰 문제는 이들이 결국 디지털 트랜스포메이션을 주도해야 하는 부서와 조직에 사람, 시간, 예산이 돌아가는 걸 방해하게 되는 상황입니다.

세 번째, 조직의 타성을 얕보는 경우입니다. '강성強性'이라는 말이 있습니다. 떼를 쓰면서 자신이 속한 집단의 안녕을 최우선시한다는 의미로 비합리성을 지목할 때 쓰이곤 하는데, 이처럼 변화를 거부하는 타성은 모든 사람의 본능입니다. 아무리 위에서 명확한 목적과 비전을 주고 KPI를 들이밀며 압박한다고 하더라도 그 변화가 내 안녕에 일말의 위협이라도 될 수 있다면 누구나 핑계를 찾습니다. 특히 이 과정이 반복돼서 변화를 습관적으로 거부하는 조직은 빠져나갈 이유를 찾는 데 도가 텄습니다. 그들이 흔히 드는 핑계로는 외부적 요인, 예컨대 규제가 있습니다. 도무지 규제 때문에 변화를 못 하겠다고 합니다. 규제 뒤로 숨는 것입니다. 그들에게 규제란 오늘날의 자신을 있게 한 틀일 수 있습니다. 가진 것이 없는 스타트업이라면 규제를 바꾸려고 노력이라도 하지만, 규제와 함께 일해온 조직은 규제에 순응하는 편이 지금의 일을 지키는 데 더 합리적일 수 있습니다. 규제에 순응하는 조직은 사연이 있는 것입니다. 누구나 젊을 때는 새로운 일을 해보고 싶어 하지만, 조직이 늙고 무력감이 학습되면 결국 규제에 적응해버리고 맙니다. 변화를 받아들이면 뭐가 좋을지 보고 듣고 느낀 바가 없는 셈이니 어쩔 수 없습니다. 다만 당장의 밥그릇을 빼앗길 것 같은 위기감으로 등골이 오싹할 뿐입니다. 실제로 정말로 그럴지도 모르니 쉬운 일이 아닙니다.

이러한 상황에서 전체를 한 번에 바꾸려 한다면 엄청난 혼란이 뒤따릅니다. 혼란은 한 번 시작되면 혼란이 지속되는 동안에는 성과가 눈에 띄게 줄어듭니다. 그쪽으로 구성원의 모든 신경이 곤두서기 마련이니 일이 될 리가 없지요. 성과가 줄어들면 의지도 줄어듭니다. 일단 먹고살아야 다음을 기약하지 않을까요? 강한 자가 살아남는 게 아니라 살아남는 자가 강한 것이라고도 하지요. 그렇기에 강력한 의지를 갖추고 있더라도 모든 것을 잃을 각오를 하고 베팅을 할 대주주 겸 경영자라면 모를까, 대개의 전문 경영인 CEO에게 전체 조직을 한 번에 바꾸는 시도는 무리수가 됩니다. 하지만 어쩐 일인지 여전히 많은 경영진이 자신은 철의 의지로 이 난관을 헤쳐나갈 수 있다고 생각하곤 합니다.

다른 한 가지 선택지는 전담 조직을 만들어서 그들에게 혁신의 주도권을 부여하는 길입니다. 그들이 작지만 의미 있는 시작을 하도록 돕고, 지속해서 개선하며, 결국 신규 비즈니스 모델을 창출하도록 돕는 길입니다. 모두가 나서지 않을 때라면 우선 뭐라도 실행할 선발대를 꾸려서 출발해야 합니다.

이 선택지는 무난하고 합리적으로 보입니다. 사실 대부분 옳은 길이고 많은 성공 사례가 있는 방법이기도 합니다. 그런데 디지털 트랜스포메이션의 궁극적인 모습은 새로운 비즈니스로의 전환, 그러니까 결국 신규 비즈니스를 창출하는 데 있습니다. 이런 상황에서 문제는 그 미래를 아무도 모른다는 데 있습니다. 이런 상황에서는 여러 가지 작은 시도를 해보고 반응이 좋은 것을 꾸준히 키워나가는 수밖에 없습니다. 이 길은 시장과 고객의 움직임에서 눈을 떼지 않고 가설을 세워서 조직 내외부와 숫자로 이야기하고 설득하며, 끊임없이 실험하고 검증하며 개선하는 일을 지루하게 무한 반복하는 길입니다.

말은 쉽지만, 실제로 해야 하는 당사자에게는 참으로 고된 일입니다. 그래서 이 일이 가능하게 하려면 당사자들에게 혁신의 주도권을 줘야 합니다. 처음 걷는 길인 만큼 어디로 갈지는 길을 걷는 그들이 정하도록 해야 기운이 나기 때문입니다. 그러나 대개 한국 기업의 정서는 건마다 결재를 받아야 하는 '마이크로 매니지먼트Micromanagement'입니다. 이런 식으로 달려 나가려는 이를 사사건건 붙잡는다면 길을 찾아가며 걸어야 하는 이들을 지치게 하기 쉽습니다. 특히 자기 주도적인 인재일수록 이런 무의미한 절차에 지치기 마련입니다. 일을 하기 위한 기안서를 만드는 데 많은 시간을 보내고 겨우 한 장의 기안서를 만들기 위해 직속 상사로부터 열댓 번의 퇴짜를 당합니다. 겨우 한 단계를 통과했는데 다음 단계에서 되돌아오기도 합니다. 이렇게 결재 라인에서 줄줄이 퇴짜 당하는 일이 반복되면 결국 포기하게 됩니다. 다른 직원들은 이런 이유로 아예 일을 안 하고 잘 지내는 모습이 비로소 눈에 들어옵니다. 안 할 수 있으면 안 하는 편이 편하다는 것도 깨닫습니다.

이렇듯 두 번째 선택지는 가장 검증된 방법이지만, 살펴야 할 것도 많습니다. 이 길이 옳다는 것은 알아도 실행이 너무나도 어렵기에 제3의 길을 찾아 나서기도 합니다. 세 번째 선택지는 사실 이도 저도 아닌 어중간한 길입니다. 그런데 많은 기업이 이 제3의 길을 가곤 합니다. 겉으로는 두 번째의 전략을 시도하면서 결국 첫 번째 목적을 함께 이루려는 욕심을 부리는 겁니다.

먼저 본을 보이기 위한 모범 조직을 만들고, 그 조직이 하는 방법을 다른 기존 조직이 보고 배우라는 식으로 압박합니다. 디지털 트랜스포메이션 전담 조직이라는 감투를 씌우면 그 조직을 이끌어야 하는 부서장은 졸지에 시기와 질투를 사고 공공의 적이 되기 쉽습니다. 다른 부서에서는 디지털 트랜스포메이션은 갑자기 남의 일이 됩니다. '어디 얼마나 잘하나 보자'라는 시선마저 보냅니다. 결국 디지털 트랜스포메이션 전담 조직의 장은 다른 모든 조직장의 냉대에 포위돼서 외롭게 고군분투하다가 의지 상실로 떨어져 나가기 십상입니다.

또한, 디지털 트랜스포메이션 전담 조직원은 다른 조직과의 업무 미팅에서 '완전한 협력 거부'가 무엇인지 몸소 느끼기도 합니다. 이런 식으로 전담 조직은 고립돼버립니다. 홀로 할 수 있는 일이 뻔하니 해가 지나도 별반 성과가 없습니다. 그저 성과가 있었다는 자기주장뿐입니다. 상황이 이러니 추가 예산이나 추가 인력도 따내기 힘듭니다. 이렇게 의기소침한 상태가 시작되면 전담 조직에서 이탈자가 등장합니다. 누가 봐도 그 미래가 답답하고 암울하기 때문입니다. 갈 곳을 찾기 쉬운 인재부터 떠나가고 시간은 잘도 흘러갑니다. 전담 조직이나 전체 조직 모두 우왕좌왕합니다. 이는 실패도 아니고 성공도 아닙니다. 서로 감정의 골은 깊어가고, 책임지는 사람도 없습니다. 참으로 어중된 일입니다.

CDO의 역할과 시급한 당면 업무

유수의 대기업, 그룹사들도 이제는 더는 버틸 수 없나 봅니다. 코로나19가 기승을 부리는 지금도 헤드헌터들은 대기업 임원으로서 CDO 임무를 수행해줄 인재를 찾고 있습니다. 그런데 인재를 찾는 회사들과 헤드

헌터가 알려주는 직무 기술서를 살펴보면 두 가지 궁금증이 생깁니다.

회사 전체, 그룹사 전체를 디지털로 전환하는 일을 지휘하는 역할은 어떤 역량을 가진 사람이 잘할 수 있을까요? 또한, CDO는 가장 먼저 어떤 일을 시급하게 해야 할까요?

회사라는 조직은 이익을 내기 위해서 움직입니다. 큰 조직 안에서 신생 조직이 제대로 자리를 잡으려면 매출이 발생해야 합니다. CDO는 디지털 제품을 준비하고 제품을 고객에게 전달하는 데 필요한 채널을 확보해야 합니다. 또한, 디지털 제품을 통해서 직접 매출을 만들어내고 그 매출을 키우기 위해서 예산을 확보할 수 있어야 합니다. 회사의 전체 제품과 채널을 관장하는 일은 CEO 본연의 업무이지만, 전통 기업의 CEO는 디지털 제품을 만들고 디지털 채널을 확보하는 일에 익숙하지 않으므로 이를 도울 CDO가 필요합니다.

디지털 조직이 직접적인 매출을 발생시키지 못해도 기존 조직의 지원 조직으로서 기여분을 산정해서 매출을 잡아주는 경우도 있지만, 그것은 어디까지나 직접 매출이 있는 조직의 동의하에 이뤄지는 일입니다. 더군다나 이런 매출은 매출에 영향을 끼치는 의사 결정에 참여할 수 없는 형태의 종속적인 매출입니다. 이런 기여 매출로는 그다음 해의 성장을 위한 예산을 확보하기 어렵습니다. 고작해야 성과급을 일부 나눠 받을 수 있는 명분을 확보하는 것에 지나지 않습니다.

디지털 조직을 만들고 큰 조직 내에서 자리를 잡을 수 있도록 하기 위해서는 매출을 낼 수 있는 디지털 제품과 서비스를 만들고 이를 통해서 매출을 키우는 동안 물적·인적 자원을 지원해줘야 합니다. 벤처 인큐베이팅과 흡사한 성격의 지원이 사내에서 벌어져야 합니다. 이런 배양 Incubation이 진행될 수 있도록 기안을 통해서 CEO의 승인을 끌어내는 것도 CDO의 중요한 역할입니다. 벤처 기업이 투자를 유치하기 위해서 벤처 캐피털을 만나는 것처럼 말입니다.

또한, CDO는 기업이 새로운 디지털 제품을 만들 수 있도록 해야 합니다. 마케팅 관점에서 보더라도 고객에게 어필하는 점은 디지털 기반의 기술이어야 합니다. 기술을 판매하는 데 필요하다면 전통 제품을 동원하고 그 기여 매출을 나눠줄 수도 있어야 합니다. 좀 더 적나라하게 표현하자면 전통 제품을 판매하기 위해서 기술이 필요한 것이 아니라 기술을 판매하기 위해서 전통 제품이 필요하다는 식으로 발상을 전환하는 일도 필요합니다. 물론 새로운 디지털 제품이라지만 실은 90%는 전통 제품이고 기술은 10% 정도만 가미되겠지요. 그렇다고 하더라도 CDO는 디지털 조직이 직접 매출을 내는 제품을 확보하는 편이 좋습니다. 매출의 90%를 기여 매출의 형태로 전통 제품 부서 쪽으로 보내면 됩니다.

한편으로, CDO는 기존 조직과의 협력도 잘 이끌어내야 합니다. 기존 매출을 맡은 조직은 강력합니다. 해당 매출을 내기 위해서 알아야 하는 사업적인 지식으로 무장하고 있습니다. 새로운 시도가 잘되는 이유는 모를 수 있어도, 안 되는 이유는 너무 많이 알고 있습니다. 이런 위세 있는 전통 조직에 휘둘리기 시작하면 작은 디지털 조직은 금방 동화되거나 갈팡질팡합니다. 이럴 경우 디지털 트랜스포메이션으로 혁신의 싹을 틔워보기도 전에 새로운 제품을 만들고자 합류한 인재들이 유출되는 모습을 보게 될 수도 있습니다.

디지털 트랜스포메이션을 하는 부서와 전통적 사업을 지원하는 전산실의 임무는 다릅니다. 디지털 트랜스포메이션은 디지털 제품과 사업을 만들면서 이뤄집니다. 기술에 집중하고 매출을 내는 사업을 스스로 이뤄내지 못하고 계속 다른 부서에 휘둘린다면 새로운 조직을 만들 이유가 없습니다. 데이터를 모아야 한다, 기반을 닦아야 한다는 식으로 세월을 보내고 나면, 비록 디지털 트랜스포메이션 준비를 마치더라도 정작 회사는 디지털 트랜스포메이션을 통해 확보할 수 있는 시장 장악의 적기를 놓쳐 버릴 수 있습니다. 부디 새로이 CDO 업무를 맡으시는 분은 제품과 채널 확보를 통한 '사업'에 집중하시기를 권합니다.

추진을 위한
디지털 전담 조직 설계

CoE Center of Excellence 모델, 즉 전문성을 지닌 전담 조직은 조직론에서 자주 애용됩니다. 새로운 역량을 분산하는 대신에 전담 조직을 구성하고 그들에게 혁신의 주도권을 부여하는 방식입니다. 단, 단순히 역량을 공유하는 개념이 돼버리면 귀찮은 일을 맡기는 하청 부서로 오용될 우려가 있습니다. 따라서 필자의 경험상 전담 조직은 각 부서장의 평의회처럼 상급 기관으로 기능할 때 효과가 좋습니다. CoE가 타부서의 일을 받아주는 하청 조직이 돼서는 안 됩니다.

따라서 CoE를 구성할 때는 CEO의 강력한 의지와 지지가 필요합니다. CoE에는 CDO, CIO, CDMO, CPO가 참여하고, CISO와 CSO가 있다면 지원 조직으로 참여합니다.

또한, CoE는 임원급으로 구성된 의사 결정 기관으로 CEO로부터 권한과 책임을 부여받습니다. 이때 위임받은 권한에 따라 실행 속도가 달라집니다. 승인 후 실행이 아니라 실행 후 보고가 바람직합니다. CoE에 권한 위임을 하지 않으면 앞서 논의한 문제점 있는 SC가 돼버립니다.

CoE의 실행 실무 조직은 '디지털 직군' 팀을 실행하고자 하는 프로젝트의 숫자만큼 구성합니다. 이 팀은 TF라고 부르기도 하고 애자일 스쿼드라고 부르기도 합니다. 중요한 것은 팀의 이름보다도 CoE가 해당 팀에게 해당 프로젝트와 관련된 권한과 책임을 다시 한번 확실하게 위임하는 것입니다. 대신 실행팀은 결과가 즉시 나올 수 있는 것부터 작게 실행하고 지속해서 반복 개선해서 CoE가 실질적인 결과를 가져갈 수 있도록 해줘야 합니다.

CoE 조직의 구성도와 담당 역할

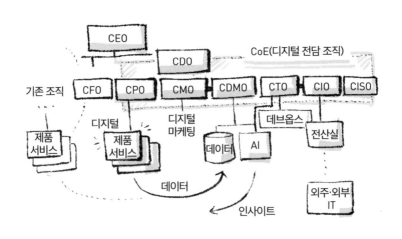

CoE와 C-레벨들

이미 앞서 다룬 바와 같이 디지털 직군의 사명은 실제로 제품과 서비스를 만드는 데 있습니다. 그리고 이 새로운 제품과 서비스는 새로운 그릇에 담겨서 관리되고 추적되는 편이 좋습니다. 이 신규 서비스와 제품은 CDO 혹은 디지털 CPO의 책임으로 둡니다. 사용자나 고객으로부터 이력을 챙기는 것이나 이를 바탕으로 사용자 경험을 개선하는 일은 모두 일관성 있게 진행해야 하고, 이를 위한 최종 책임자는 CPO가 됩니다.

어느 기업이나 전통적으로 CIO는 종래의 전산실을 책임져왔습니다. 그룹 계열사로 현대의 오토에버나 삼성의 SDS 등 관련 SI 자회사와 협업하거나 외주 업체를 관장하는 것이 주업무인 경우가 많았습니다. 또한, 겉으로는 IT 전체를 도맡고 있지만 실제로는 개발자나 기술자의 역할을 맡은 사람보다는 외주 관리를 맡은 사람이 더 많은 조직도 적지 않습니다.

여기에는 사연이 있습니다. CIO는 정보를 담당하는 임원입니다. 주주와 경영진이 기대하는 바도 그렇습니다. 따라서 정보의 정합성을 위주로 업무를 추진하고 수행합니다. 그런데 정합성 위주로 업무를 관할하면 비용을 줄이는 데 집중할 수밖에 없습니다. 기술로 제품을 만드는 일을 우위에 놓는 조직에서는 CIO가 빠지기 쉬운 이 함정을 우려해 CTO를 두고 여러 면에서 기술적 책임을 나누는 경우가 많습니다. 이 경우 CTO는 새로운 기술 및 매출을 늘리는 데 집중하게 됩니다.

한편으로 CDMO는 데이터를 맡습니다. 데이터가 원자재인 제품을 활용해 직접 매출을 일으키는 회사에서는 CDMO가 CPO를 겸직할 수도 있습니다. 데이터로 간접적으로 매출을 증가시키려는 회사에서는 마케팅·세일즈 부서와 비슷한 느낌으로 CMO와 겸직하기도 합니다.

CoE가 구성되면 흥미로운 일이 벌어집니다. CEO의 관심하에 CoE의 활동이 개시되면 전사의 모든 부서가 서로 디지털 트랜스포메이션을 하겠다고 나섭니다. 이럴 때는 전사의 모든 부서가 의욕을 가지고 디지털 트랜스포메이션을 진행하도록 도와주는 것이 좋습니다. 단, 기존 부서가 CoE에 과하게 업무 요청을 남발하도록 해서 CoE가 지원 부서가 되도록 방치해서는 안 됩니다. 많은 부서로부터 업무 요청이 쇄도하고 급기야 실제 개별 부서의 업무 추진에 일일이 관여하기 시작하면 애초에 기대한 CoE의 역할을 수행하지 못하게 됩니다. 소를 잡아야 하는데 닭을 잡는 꼴입니다. 그런데 여기서 애초의 역할이란 무엇일까요? 그것은 바로 거버넌스입니다. CoE는 정책을 수립하고 각 부서가 잘할 수 있도록 가이드라인과 지침을 제공하는 일을 해야 합니다. 그리고 그 과정에서 데이터의 유통을 챙겨서 부산물을 확보해야 합니다. 대개의 부서는 자기 부서의 데이터를 사일로처럼 쌓아놓고 있으므로, 초반에 관계 형성의 기회를 놓치면 이후 데이터를 확보할 때 더 많은 갈등을 빚고 불필요한 노력이 들어가게 됩니다.

부서마다 디지털 트랜스포메이션 의지가 있다면 CoE에 요청이 몰릴 수밖에 없습니다. CoE에 들어오는 요청이 과도할 경우 CEO 등 최종 결정권자가 나서서 이를 잘 중재해야 합니다. 때로는 막아주고 보호해줘야 할 필요도 있습니다. CEO의 의지가 약해서 이때 물러서거나 좋은 것이 좋은 것인 양 휩쓸리게 내버려 두면 혁신을 위한 시도는 무산됩니다. 그리고 그 과정에서 조직은 퇴행하고 제품과 서비스는 낡은 채로 먼지가 쌓여가다 급기야는 썩게 됩니다. CoE가 잘하고 있어서, 예뻐서 보호해주는 게 아닙니다. 잘 못하고 있어도 보호해주고 독려해줘야 합니다. 왜냐하면, CoE는 변화라는 마찰을 일으키는 당사자들이라 백안시될 가능성이 크기 때문입니다. CoE가 무너진 후에 디지털 트랜스포메이션을 다시 시도하려면 시간과 비용이 얼마나 더 들지 모릅니다. 그리고 더 큰 문제는 다시 시도할 때는 조직 전체에 깔린 패배감을 극복해야 한다는 것입니다. 그렇다고 디지털 트랜스포메이션을 아예 하지 않을 수도 없는 노릇입니다.

그렇다면 이 긴장 관계는 언제까지 계속될까요? CPO가 관할하는 신규 디지털 제품이 실질적인 매출을 내기 시작하면 양상이 달라집니다. 선순환의 궤도 위에 올라가면 존재감이 생깁니다. 성공체험을 조직이 나누면 변화에 대한 저항도 줄어들고 모두 디지털이라는 기회에 올라타려고 합니다. 상승 곡선이 시작되면 개선을 위한 측정도 가능해집니다. 드디어 도약할 때가 찾아온 것입니다.

여기서 절대 하지 말아야 할 일도 한 번 더 짚고 넘어가야 하겠습니다. 디지털 직군의 최종 고객은 최종 사용자, 외부 고객입니다. 그들과의 접점을 유지하는 일이 꼭 필요합니다. 디지털 직군을 전산실처럼 지원 부서로 만들지 말아야 합니다. 내부 고객을 중시하는 지원 부서로 만들면 결국은 종래의 IT 부서처럼 되고 정작 디지털을 위한 인재들은 하나둘씩 회사를 떠납니다.

디지털 전담 조직의 업무 속도 및 효율화 과정

주요 임원들로 구성된 디지털 전담 조직인 CoE는 어떻게 일할까요? 디지털 커미티 혹은 CoE에 임원들의 역할이 각자 배정되면 매주 회의가 진행되겠지요. 회의에는 각 임원이 프로젝트마다 원페이저One pager를 들고 와서 CEO로부터 의사 결정을 받게 됩니다. 의사 결정은 '고' 또는 '노 고'로 결정됩니다. 진행하기로 한 프로젝트는 프로젝트별로 예산이 어느 정도 준비되고, 특히 CEO가 진행하기로 결정한 프로젝트에는 재경 부서에서도 신속하게 업무가 진행되도록 협조합니다.

결국, CoE에서 벌어지는 일은 업무 창출과 예산 할당입니다. 각자 역할을 나눠 가진 임원들은 진행해야 하는 프로젝트를 기안하고 예산을 할당받은 후 실행팀에 프로젝트를 배정해서 프로젝트가 진행될 수 있도록 합니다. 물론 예산이 필요 없는 업무도 많습니다. 정책을 세우고 다른 조직이 정책에 따라서 움직일 수 있도록 하는 일이 그것입니다.

제대로 일하는 임원은 WBS Work Breakdown Structure(프로젝트 구조 분해)를 작성하고 주요 마일스톤마다 보고를 진행합니다. 진행이 잘 안 되는 프로젝트는 문제가 무엇인지 파악하고(이를 블로커Blocker라 부릅니다) 이 문제를 해결하기 위해서 모든 노력을 다합니다.

CoE가 실행 조직에 지시하는 프로젝트 중에서 실행 조직이 단독으로 할 수 있는 것은 대부분 문제가 없습니다. 문제가 되는 프로젝트는 실행 조직이 기존 조직을 움직여야 하는 경우에 발생합니다. 기존 조직은 이미 수행하기로 결정된 자신들의 업무로도 일이 많으니 새로운 업무가 생기는 것을 반길 리가 없겠지요. 게다가 CoE를 통해서 들어오는 업무는 협조 업무이고 잘해봐야 KPI에도 무관합니다. 더군다나 자신들의 밥그릇을 건드리는 영역에 이르면 저항이 심각할 수 있습니다.

전략이나 경영 관리 등 평가를 담당하는 부서에서 CoE를 통해 발생한 업무를 KPI에 반영해주고 CEO가 직접 업무에 반영하도록 지시하거나 해야 진척이 생기겠지요. 또한, OKR을 운영하는 경우에는 해당 조직의 KR을 공통 성과 지표로 잡거나 해서 성과를 나눠서 평가하도록 하는 식으로 해당 조직을 설득하는 일이 주효합니다.

디지털 트랜스포메이션 추진 주체 제안

앞서 'CEO의 디지털 트랜스포메이션 선행 과제' 부분에서는 CEO의 디지털 트랜스포메이션 선행 과제 첫 번째로 실행 조직을 갖추는 것을 설명했습니다. 조직을 만들고 적재적소에 배치할 수 있는 디지털 전문가로 CDO, CIO, CTO, CDMO, CPO 등을 설명하고 전사 조직을 서포트해야 하는 전문가로서 CISO, CSO를 짧게 다루었습니다. 여기서는 현재 디지털 트랜스포메이션을 시작하려는 조직에 꼭 필요한 역할을 다루고자 합니다. 바로 CDO, CPO, CDMO입니다. 이 역할을 조직 내에 갖출 것을 제안해드리며, 조금 더 자세히 다뤄보도록 하겠습니다.

● CDO Chief Digital Officer

온오프라인(유무선이라고 말하기도 합니다) 디지털 제품과 서비스, 채널 전체를 도맡는 역할은 CDO에게 있는 것으로 여기는 경우가 많습니다. 디지털 네이티브 기업은 별도의 CDO가 있는 것이 아니라 CEO가 CDO 역할을 함께 수행합니다. 반면에 전통 기업은 디지털 제품의 비중이 아직 작은 경우가 많으므로 CEO 외에 별도로 CDO가 존재하는 것이 무난합니다.

기존 전통 기업은 제품과 서비스에 관한 조직이 사업부로 나뉘어 있거나 이를 통합해서 관장하는 조직장이 있기 마련인데, 해당 조직에 디지털 제품 및 서비스를 함께 맡기는 것은 좋은 선택이 아닙니다. 디지털 조직은 AARRR 등 새로운 관점을 가지고 사업을 바라보려고 하지만, 기존 조직은 매출에서 영업 이익 등 전통적인 잣대만을 고수하기 마련이기에 이 시각이 통합되거나 조율되지 못하는 어려운 상황이 자주 생깁니다.

이런 상황은 제품의 성격이 달라서 발생합니다. 무한 복제가 가능하고 원가 구성이 다른 디지털 제품은 제품의 성격상 싸다고 팔리는 것이 아니고 좋은 사용자 경험을 하게 해줘야 팔립니다. 반면에 전통적 아날로그 제품은 대개 가격을 낮추는 할인 행사를 진행하면 더 많이 팔립니다. 또 디지털 직군은 IT 직군이 아니라 사업 조직으로 사업에 이바지하는 것을 선호하므로 디지털 조직의 입장에서는 고객과의 접점을 가진 것이 매우 중요합니다.

CDO가 존재하지 않는 경우에도 디지털 제품과 채널을 맡는 업무는 필요하므로 해당 역할을 사업보다는 기술에 무게를 싣는 CTO에게 맡기거나 꼭 CPO라고 부르지는 않더라도 디지털 제품에 대해 같은 역할을 하는 임원에게 맡기는 경우가 많습니다.

● **CPO** Chief Product Officer

제품과 마케팅 채널을 모두 관장하는 업무는 대개 CEO의 업무입니다. 그래서 보통은 CPO라는 역할이 눈에 띄지 않습니다. 전통 기업에서는 기존 제품을 유지하면서 새롭게 디지털 제품을 만들어야 하는데 CEO는 기존 제품에 익숙하고 디지털 제품에는 익숙하지 않으므로 해당 업무를 CDO에게 맡기는 경향이 있습니다. CDO가 CIO와 업무를 나누는 경우에는 CPO의 역할이 경계가 모호해져서 CPO라 부르지 않고 별도의 임원에게 맡기는 경우가 있습니다. 역할은 분명하지만, 부르는 이름이 애매해서 조직마다 다른 이름으로 부르곤 합니다. 그러나 반드시 존재해야 하는 역할입니다.

- **CDMO** Chief Data Management Officer(업계에 따라서는 Chief Data Monetization Officer), 또는 **CDO** Chief Data Officer

데이터 담당 임원입니다. CDO라고 하면 디지털 임원인 CDO Chief Digital Officer와 혼동할 수 있으니 CDMO라고 부르기도 합니다. 그렇다면 CDMO라는 새로운 역할을 수행하는 임원은 누구에게 보고하고 승인받을까요? 이에 따라 CDMO의 역할이 변하기도 하고 조직에서 데이터를 얼마나 잘 활용할 수 있게 되는지 여부도 달려 있습니다.

CDMO가 CEO에게 보고하고 권한과 책임을 부여받는다면 가장 강력하게 디지털 트랜스포메이션을 추진할 수 있을 터이지만, 데이터 활용처가 많지 않은 초기부터 이렇게 진행하기는 어렵습니다. CEO에게 보고할 경우 CEO의 데이터 이해의 폭에 따라서 실행 속도가 달라질 것이고, 다른 부서의 견제도 만만치 않을 것입니다. 초기를 지나 확실한 성과를 내기 시작하면서부터 CEO에게 직접 보고하는 형태를 갖추는 것이 좋습니다.

한편으로 CDMO가 CDO, CIO, COO에게 보고하고 권한과 책임을 부여받는다는 것은 상위 조직의 역할 일부를 나눠 받게 되는 것입니다.

각각 장단점이 있겠지만, 모든 역할을 다 나눠서 수행할 만큼 임원진을 다양하게 구성하기는 어렵습니다. 디지털 네이티브 기업이 아니라 전통 기업의 경우 가장 효율적인 조직 구성은 CDO-CDMO의 라인업이 되겠지요.

디지털 제품
수립하기

디지털 제품은 원래 디지털의 형태로 생산, 유통, 소비되는 상품을 일컫는 것이었습니다. 대체로 제품 가격 구성 요소들의 비중을 검토한다면 디지털, 즉 소프트웨어와 데이터의 비중이 압도적으로 높은 것들이었습니다. 이는 다시 디지털 콘텐츠와 디지털 서비스로 나눠볼 수 있습니다. 디지털 콘텐츠는 네이버나 구글을 통해서 찾아낼 수 있는 모든 텍스트, 이미지, 동영상들일 수도 있고 유료 사이트의 전자책, MP3 등의 디지털 음악, 디지털 영화, 온라인 방송 등일 수도 있습니다. 디지털 서비스는 구글과 같은 검색 서비스, 네이버와 같은 포털 서비스, 페이스북과 같은 SNS, 리니지와 같은 온라인 게임처럼 대부분 디지털로 이뤄진 서비스들을 말합니다. 이에 더해서 추가로 항공, 호텔, 영화관 예약 등 아날로그 서비스의 보완이 되는 것들도 있습니다. 그런데 이러한 초창기의 정의만으로는 디지털 제품을 제공하는 기업들이 최근에 보여주는 디지털 트랜스포메이션에의 열망을 설명하기에 충분치 않습니다.

2011년에 마크 앤드리슨Marc Andreessen이 《월스트리트 저널》에 기고한 〈왜 소프트웨어가 세상을 점령하는가?Why Software is Eating The World〉라는 제목은 두고두고 인용되는 문구가 됐습니다. 그가 소프트웨어가 세상을 삼키고 있다고 표현한 점에 주목해봅시다. 이제 소프트웨어와 디지털은 별도로 분리해내기에는 너무나도 많은 사업과 상품에 스며들었습니다. 디지털 제품을 소프트웨어와 데이터로 구성된 구성 요소의 가격이 전체 제품 가격의 50%가 넘는 것으로 정의해봅시다. 스마트폰은 대표적인 디지털 제품입니다. 삼성이나 애플의 제품들도 하드웨어 구성 요소의 원가는 소매가의 3분의 1에도 미치지 못하는 수준입니다. 자동차도 디지털 제품이 돼가고 있습니다. 자동차는 '바퀴 달린 소프트웨어'라고 불리며 소프트웨어가 비중을 높이고 있고 인공지능이 탑재되는 제품도 늘어나고 있습니다. 인공지능이 탑재된 제품은 데이터를 고농도로 축적한 소프트웨어 제품입니다. 즉, 소프트웨어와 데이터의 힘으로 탈바꿈한 제품이 바로 디지털 제품입니다.

디지털 제품의 특성

제품을 잘 만든다는 건 제품이 가져야 하는 특성을 잘 갖추도록 하는 것입니다. 제품은 해당 특성을 발휘해서 고객에게 필요한 '가치'를 만들어서 고객의 필요를 충족합니다. 그러므로 제품의 특성을 어떻게 정의하느냐에 따라서 잘 만든 제품이 될 수도 있고, 반대로 엉뚱한 제품이 될 수도 있습니다. 이러한 특성이 있는 디지털 제품을 기획하고 만들어내는 일은 만들 때부터 남다른 역량이 있어야 합니다. 디지털 트랜스포메이션으로 일하는 방식을 바꾼다는 것은 이러한 역량을 갖추는 것을 포함합니다.

디지털 제품을 잘 만들려면 디지털 제품의 특성을 잘 알아야 합니다. 디지털 제품의 특성은 어떠한 것들이 있을까요? 디지털 제품의 가장 유명한 특징은 '재생산성', 즉 무한 복제가 가능하다는 것입니다. 제조업에서 제품 생산량을 늘리기 위해서는 제조 라인을 늘리고 원재료를 조달해야 하는 등의 어려움이 있습니다. 그것과 비교해보면 디지털 제품은 쉽게 생산량을 늘릴 수 있습니다. 그것도 사용자가 원하는 순간에 즉각 재생산이 가능하다는 특성이 있습니다. 디지털 제품을 만들 때 확장성을 고려한다는 것은 사용자의 요구가 폭발적으로 증가할 때도 장애 없이 제품을 전달한다는 것입니다. 디지털 제품의 재생산성을 고려한다면 제품 기획을 할 때부터 제품의 대상 사용자를 큰 범위로 설정할 수 있습니다. 그리고 공급의 허들은 최대한 낮출 수 있습니다.

두 번째 특징은 '수정 용이성'입니다. 애자일 방식의 제품 개발과 원 소스 멀티 유즈 덕에 가능해진 특성입니다. 디지털 제품은 한 번 만들어서 시장에 출시되면 수정하기 힘든 제조업 제품과는 달리 제품 출시 때 부족한 부분이 있더라도 빠르게 계속 고쳐나갈 수 있습니다. 조금씩 변경해서 다양한 곳에 사용되도록 할 수 있습니다. 동시에 여러 선택지를 테스트할 수도 있습니다. 가설과 테스트를 거치고 검증을 통해서 사용자에게 제공하는 제품을 데이터를 기반으로 결정할 수 있습니다.

이처럼 디지털 제품의 특성에는 수정 용이성이 있기에 빨리 먼저 해보고 되돌릴 수 있는 사안에 관해서는 결정하는 데 시간을 많이 쓸 필요가 없습니다. 부족한 정보를 기반으로 전략적으로 결정하는 데 시간을 쓰는 것보다는 우선 빨리 시도해보고 다양한 정보를 확보해서 다시 확실하게 결정하는 편이 더 낫습니다. 제품의 완벽을 추구하느라고 실행을 못 하는 것보다 완벽하지 않더라도 실행하는 것이 더 낫습니다. 그야말로 "해버리는 편이 완벽한 것보다 낫다(Done is better than Perfect)"라는 격언 그대로지요.

디지털은 워터폴 모델로 제품을 생산할 필요가 없습니다. 디지털 제품을 만들 때는 확정적인 기획과 설계를 할 필요도 없습니다. 외주를 많이 활용하고 있다면 줄이는 것이 좋습니다. 외주를 의뢰하기 위해서는 발주 내용을 미리 확정하고 변경을 최소화해야 하므로 수정 용이성이라는 디지털 제품의 특성을 제대로 활용하지 못합니다.

이런 디지털 제품의 특성을 감안하면 전략도 달라집니다. 물리적인 제품은 원가를 줄여서 가격 경쟁력을 취하는 반면에 디지털 제품은 효용을 높여서 더 큰 이익을 만듭니다. 물리적 제품이 차별화를 통해서 틈새시장을 노리는 전략을 취하는 반면에 디지털 제품은 모든 요소를 다 담는 플랫폼 전략을 펼칩니다.

디지털 제품의 가격 결정 방법

독자 여러분 모두 컴퓨터 한 대쯤은 구매해본 경험이 있을 겁니다. 컴퓨터는 CPU의 속도와 메모리와 저장 장치의 크기가 주로 가격을 결정했습니다. 예전의 하드웨어는 가격 결정 요인에 원가가 크게 작용했습니다. 즉, 제품을 개발하는 데 얼마나 큰 비용이 들었는지, 제품을 만드는 데 어떤 부품이 사용됐는지, 마케팅·세일즈에 들어간 비용은 얼마인지, 목표하는 이익은 어떤지가 중요한 요인이었습니다. 고객이 하드웨어를 잘 활용하는지, 이용하지 못해서 하드웨어를 방치하는지 등은 가격을 결정하는 데 아무런 영향을 주지 못했습니다. 소프트웨어도 하드웨어 구매와 크게 다르지 않았습니다. 한 번 구매하면 계속 사용했습니다. 다만 이후에 업그레이드된 소프트웨어를 사용하기 위해서는 그만큼의 비용을 다시 지불해야 했습니다. 하드웨어와 마찬가지로 고객이 소프트웨어를 100% 잘 활용하고 있는지, 아니면 기능의 20%만 쓰고 있는지는 가격 결정에 아무런 영향을 주지 못했습니다.

그러나 요즘은 다릅니다. 제일 크게 달라진 점은 제품을 사는 것이 아니라 효용을 사는 방식으로 변화했다는 점입니다. 소유하는 것이 아니라 효용을 서비스받는 것으로 바뀌었습니다.

클라우드 서비스에 올라온 소프트웨어 제품 가격의 구성을 봅시다. 하드웨어 스펙은 별도로 사용한 시간 만큼 과금합니다. CPU를 더 많이 사용하면 돈을 더 냅니다. 인터넷에 항상 연결돼 있고 항상 켜져 있는 컴퓨터를 시간으로 잘게 쪼개서 구매하는 것인지라 입출력I/O, 데이터 송신에 따른 비용도 사용 시간에 비례해서 냅니다. 즉, 사용자가 많이 쓰면 돈을 더 내고 적게 쓰면 돈을 적게 냅니다. 가격은 사용자에게 주어지는 효용에 따라서 결정됩니다.

IaaS Infrastructure as a Service, 그러니까 '서비스로서의 인프라'라는 표현 그대로 클라우드에 설치한 컴퓨터들을 인프라라고 부르고 인프라를 소유하는 것이 아니라 필요할 때만 잠시 빌려 씁니다. 필요할 때만 그 효용에 해당하는 만큼의 비용을 지불하고 사용합니다. '~aaS as a Service'가 붙은 대다수의 제품은 비슷한 방식으로 판매됩니다. PaaS, SaaS 모두 같은 방식입니다.

스노우플레이크라는 업체가 있습니다. 클라우드상에서 사용하는 데이터웨어하우스를 판매하는 업체입니다. 당연히 서비스로 판매합니다. 장점은 평상시에는 데이터를 저장하고 있는 스토리지Storage에만 과금하다가 연산이 필요한 경우에는 연산에 필요한 장비를 클라우드에 동원해서 연산 서비스를 제공하고 고객에게는 사용한 만큼만 과금한다는 것입니다. 전체를 판매하는 방식이나 연간 라이센스를 판매하는 기존 타 업체의 방식과 달리 상당히 고객 중심으로 바뀐 사업을 펼치고 있습니다.

구독서비스의 대명사인 넷플릭스를 생각해봅시다. 비디오 대여점이나 DVD 매체를 구매하던 때를 돌이켜 보면 몇 편을 봤는지, 아니면 최신 영화를 봤는지에 따라 비용이 달랐던 것을 기억하실 겁니다. 각각 단가가 다르다 보니 콘텐츠 소싱 비용에 비중을 둔 서비스를 만들 수밖에 없었습니다. 아직도 한국의 OTT에는 이런 방식의 서비스가 남아 있습니다. 그러나 넷플릭스에서는 아무리 많은 영화를 봐도, 혹은 신작만 골라서 봐도 매달 같은 비용을 지불합니다. 이때 가격을 결정하는 것은 구독자의 시간입니다. 즉, 사용자가 갖게 될 최대 효용에 맞춰 최대로 이용할 수 있는 시간만큼 과금하는 것입니다. 아무리 산더미 같은 영화와 드라마가 있다 한들 볼 시간이 없다면 구매할 이유가 없습니다. 같은 이유로 SD, HD, 4K 시청은 각각 가격이 다릅니다. 사용자가 느끼는 효용이 다르기 때문입니다.

이처럼 대부분의 제품이 사용자가 얻게 되는 효용에 비례해서 가격을 책정하는 방향으로 변모하고 있습니다. 이런 판매 방법에는 몇 가지 공통점이 있습니다.

첫 번째, 최소한의 기간으로 쪼개서 판매합니다. 한 번에 판매하지 않고 할부로 쪼개서 판매할 수 있으면 쪼개서 판매합니다. 실제로 고객이 이런 판매 방식의 서비스를 이용할 경우, 대부분 한 번에 구매한 것보다 쪼개서 구매한 것의 누적 지불 비용이 커지게 됩니다. 그래도 고객의 입장에서는 효용을 느낄 때마다 작은 조각을 구매하기 때문에 쪼개진 부분의 효용을 느낄 때만 구매한다는 점에서 편리합니다.

두 번째, 효용도 쪼개서 판매합니다. 고객은 사용한 만큼만 냅니다. 20%의 기능밖에 활용하지 않는 거대한 소프트웨어를 구매할 때 나머지 80%는 구매하지 않을 수 있습니다. 10MB밖에 사용하지 않을 저장 장치인데 10TB짜리를 구매할 필요가 없는 것과 같습니다.

애자일 전환으로
나아가기

디지털 트랜스포메이션을 다시 정의해보면 '고객의 피드백을 제품과 서비스에 반영·개선해서 다시 고객에게 제공하는 순환을 빠르게 하는 일, 그리고 이를 위해 할 수 있는 모든 것'이라고 정의해볼 수 있습니다.

디지털 트랜스포메이션에는 우리 스스로가 일하는 방법을 바꾸는 것이 포함돼 있습니다. 가장 널리 알려진 일하는 방법으로는 '기민하다'라는 뜻의 '애자일'이 있습니다. 음악 스트리밍 서비스로 유명한 스포티파이가 자신들의 애자일 방법을 공개한 이후 특히나 디지털 업계에서 애자일은 커다란 흐름이 됐습니다. 스포티파이가 공개한 내용 중에는 자신들의 방법은 정답이 아니며 기업마다 상황이 다르므로 상황에 맞는 방법을 찾아야 한다는 주의 사항이 붙어있었습니다. 그런데도 자세한 내용을 파악하지 않고 무작정 유행을 따라 하기 바쁜 기업들은 조직

이름에 '트라이브'니 '스쿼드'를 붙이고는 자신들의 조직도 애자일 조직이라고 주장하곤 했습니다. 이름만 바뀐 조직에서는 당연히 몇 번의 시도 후 애자일은 쓸모없다는 주장이 제기될 뿐이었습니다. 그렇게 무늬만 남은 애자일 조직은 다시 위계적 조직으로 환원되곤 했습니다.

금융 업계 선도 사례로 알려졌던 ING 네덜란드의 사례도 애자일 트랜스포메이션이라 부르며 칭송했습니다. ING 네덜란드는 전체 조직을 애자일 조직으로 변경하고 권한을 실무진에게 최대한 이양해서 연간 3회 정도였던 제품 출시 주기를 매주 출시할 정도로 변화를 이끌어내는 데 성공했습니다. 이 책의 앞부분에서도 폐쇄 루프 구성의 성공 사례로 소개할 정도였으며 선도 사례로 맥킨지 등에서 자랑스럽게 소개하는 사례가 됐습니다. 그런데 정작 이 변화를 주도했던 임원들이 조직을 떠나면서 정착되지 못한 애자일 조직 문화는 문제점을 드러내고 붕괴했습니다. ING 네덜란드는 이후 실패 사례로 교훈이 돼버렸으니 웃을 수도, 울 수도 없는 일입니다.

애자일은 애자일이라는 명칭을 사용하지 않더라도 제품 출시 주기를 단축하고자 하는 목표를 지닌 여러 실행 조직에서 다양한 형태로 목격됩니다. 애자일 업무 수행 방식은 서비스 중심의 개발자 문화가 정착된 많은 회사에 스며들어 있습니다.

애자일 조직은 어떻게 운영하면 좋을까요? 지휘와 전략에 따라 일사불란하게 움직이면서도 한편으로는 자율과 능동적으로 움직이는 조직이 존재할 수 있을까요?

사업을 전쟁에 비유하는 경우가 많습니다. 그만큼 조직을 통솔하는 관점에서 보면 비슷한 원리가 많습니다. 장군은 전략을 세워서 점령해야 할 고지를 정하고 명령을 내립니다. 고지를 점령하기 위해서 전투가 벌어지는 현장에서는 분대장Squad leader이 실행을 위한 의사 결정을 내려야 합니다. 분대장은 이 전투가 전체 전쟁에서 이기기 위해 중요한 일부분임을 확신하고 있으며 장군의 권한은 전투 현장에서 현장에 있는 분대장에게 위임된 것이 확실합니다. 강력한 위계 조직인 군대에서도 목숨을 건 전투 현장에서는 권한이 위임되는 것이 원칙입니다.

그런데 기업이 애자일을 도입할 때 가장 어려워하는 부분이 바로 이 권한 위임입니다. 다단계 보고와 승인이 기업의 속도를 느리게 하고 있습니다. 권한 위임은 조직이 움직이는 속도를 빠르게 합니다. 권한이 위임돼 있지 않으면 조직 형태가 애자일이든, 위계형이든 실행 속도가 빨라지는 일은 벌어지지 않습니다.

책임은 권한과 함께 다니기 마련입니다. 위임된 권한에는 책임이 따릅니다. 책임을 진다는 건 예상되는 결과에 따른 평가와 보상 결과를 받아들인다는 뜻입니다. 어디의 누군가로부터 "책임지고 사표 낸다"라는 표현이 들리면, 그것은 평가에 승복하지 않겠다거나 평가에 따른 보상에 불복하겠다는 의미로 해석해야 하겠지요. 권한 위임이 이뤄진다면 '승인 후 실행'을 '실행 후 보고'로 바꿔서 실행 속도를 빠르게 할 수 있습니다.

기업의 실행 속도가 빨라져도 방심할 수만은 없습니다. 빨라진 속도를 지속하려면 평가와 보상이 조직의 운영 방식과 맞춰져야 합니다. 애자일을 시도한 많은 회사가 간과하는 일 중의 하나가 평가와 보상 방안은 서랍 속에 넣어두고 애자일만 강조하다가 연말이 되면 그제야 고민을 시작하는 것입니다. 마치 일 년 내내 "잘하고 있다"라고 칭찬하다가 막상 평가 때가 되면 갑자기 등장한 평가 기준에 따라 "알고 보니 너는 잘 못했어"라고 하는 것과 같습니다. 일이 그렇게 진행된다면 한 번 속는 사람은 있을지언정 지속해서 속아주는 사람은 없으므로 업무 수행 방식도 지속성을 가질 수 없게 됩니다.

사람들은 평가에 최적화돼 적응하는 경향이 있습니다. 디지털 조직도 예외는 아닙니다. 애자일 방식으로 조직을 운영하고자 한다면 권한위임과 더불어 평가와 보상에 대해서 지속성을 가질 수 있도록 끊임없이 점검해야 합니다.

애자일 전환이 필요한 이유

애자일은 꼭 해야만 하는 것일까요? 실은 테크 기업에서는 애자일이라는 것이 더 이상 유행이 아닙니다. 애자일 이야기가 나온 지도 20년 정도 지났고 이미 수많은 실험을 통해 그 가치가 각자의 조직에 맞게 장점 위주로 체화됐기 때문입니다. 삼성전자나 SK하이닉스처럼 제조업도 첨단 기업이면 애자일에 적극적입니다. 삼성전자는 갤럭시 S7 시절부터 애자일식 방법론이 확산됐고, SK하이닉스는 업무에 맞춰 종래의 방식과 혼용한 하이브리드를 '퓨어 애자일'과 혼용하고 있습니다.

애자일은 지금 시대에는 피할 수 없는 숙명과도 같은 일이 됐습니다. 이유는 단순합니다. 종래의 워터폴 방식의 업무 추진으로는 갑작스러운 변화, 예를 들어 중간에 높은 이가 상황을 흔든다거나 시장이 급변하면 그 여파가 너무나 컸기 때문입니다.

소프트웨어는 건설업과 다릅니다. 만약 여러분의 회사가 지상 10층, 지하 3층짜리 건물을 만들기로 했으면 아마도 준공일까지 그대로 만들겠지요. 여러 우여곡절은 있을 수 있을지언정 극적인 변화는 없습니다. 눈앞에 골조가 올라가고 있는데 이를 바꾸자는 강심장은 없으니까요. 하지만 유독 디지털상에서는 갑자기 건물은 됐고 다리를 만들어보자는 수준의 극단적인 이야기도 곧잘 나옵니다.

소프트웨어는 높은 분의 눈에 건설 과정이 보이지 않습니다. 그러니까 이런 청천벽력의 풍경 또한 낯설지 않습니다. 대규모 SI 프로젝트의 최종 시연회에서 산출물을 그날 처음 본 회장님이 뜻밖의 소리를 해서 좌중이 절망에 빠졌다는 이야기는 도시 전설이 아니라 이제는 그저 흔한 이야기입니다.

디지털 프로젝트에 대해 갑자기 다른 소리를 하는 일은 그 과정을 잘 몰라서 하는 소리일 수도 있지만, 어떤 곳들은 정말 그렇게 중간에 잘도 뒤집기도 합니다. 그들의 입장에서는 중간에 뒤집지 않으면 살아남을 수 없어서 그렇습니다. 그러나 디지털 프로젝트는 사옥과는 다릅니다. 건물이란 한 번 지어놓기만 하면 안전 문제만 없다면 또 어떻게

든 쓸모를 찾을 수 있습니다. 경기가 안 좋아서 공실은 생길 수 있지만, 그 공간이 수년 뒤에는 요긴하게 쓰일 가능성이 있습니다. 게다가 리모델링도 가능합니다. 하지만 디지털은 솔루션이라는 설명이 나타내듯이 그 자체가 어떤 특정한 문제의 니즈Needs, 페인Pain에 대한 해법으로 만들어집니다. 이 문제의 정의가 달라진다면 아무리 거대한 구축물이라도 존재할 의미가 사라지기 마련입니다.

중간에 그 필요가 바뀌었다면 만들어진 건물은 더 이상 의미가 없어집니다. 그런데 지금의 급변하는 세상은 문제를 수시로 바꿔버리고 있습니다. 만약 여전히 프로젝트를 생각하면서 WBS를 만들고 있다면, 그 자체가 워터폴 문화와 사고로 일하고 있다는 뜻입니다. 물론 워터폴이 맞는 국면도 많습니다. 프로젝트의 시작과 끝을 확실히 예측하고 산정할 수 있고 프로젝트에 투입되는 자원(인적·물적)의 역량 또한 확정된 경우라면 애자일로 굳이 혼돈을 불러올 필요는 없겠지요. 하지만 디지털 비즈니스는 혼돈의 연속이기에 변화에 내성이 강한 애자일에 모두 의존할 수밖에 없습니다. 물론 워터폴을 하지 않는 것과 제대로 애자일을 하는 건 전혀 별개입니다. 전자는 쉽지만, 후자는 의외로 어려운 일입니다.

확신을 되뇌며 애자일로 갑시다

'애자일로 일한다'라는 건 그저 빨리 일한다는 것이 아니라 일을 잘게 쪼개서 조금씩이라도 꾸준히 진척을 만들어내는 것을 말합니다. 애자일은 기획·설계·구현·테스트·출시 과정처럼 선형적으로 이어지는 워터폴 모델의 문제점을 개선한 방법론이라고 할 수 있습니다. 일을 잘게 쪼개서 기획·설계·구현·테스트·출시의 모든 단계에서 조금씩 진척을 만들어내는 걸 "이터레이션Iteration을 한 번 돈다"라고 말합니다. 이터레이션, 그러니까 '점진적 반복'을 한 번 돌고 나면 두 번째는 좀 더 쉽게 진행할 수 있고 업무 진행 속도도 빨라집니다. 팀이 일하는 방식에 점차 익숙해지면서 속도도 붙게 되는 것이지요.

예전에는 애자일 방법론을 학습해서 일하는 규칙을 정하고 그 변화 및 진척도를 사람이 손수 체크해야만 했다면, 근래에는 애자일 방법론의 자동화를 도울 수 있는 도구나 서비스들이 완비됐습니다. 깃랩, 깃허브 같은 서비스들은 개발자만의 도구가 아니라 디지털 문화를 사내에 도입하고자 하는 기업들이 애용할 만한 대표적인 서비스입니다. 그뿐만 아니라 용처별로 특화된 기능을 중심으로 서비스를 제공하는 트렐로나 미로 같은 서비스들도 관심을 가져볼 만합니다.

고객의 피드백을 반영해 개선된 제품을 더 자주, 더 빨리 출시하기 위해 바꿀 수 있는 모든 것을 바꾸는 것이 디지털 트랜스포메이션입니다. 이러한 디지털 트랜스포메이션을 하고 싶은데 아직도 일하는 방식이 워터폴 모델이라고 한다면 우선 일하는 방식을 애자일로 바꿔봅시다. 새 술은 새 부대에 담아야 합니다. 우선 깃랩이나 깃허브처럼 개발자 문화의 중추가 될 수 있기에 디지털 기업이라면 어디서나 쓰는 보편적인 도구를 전격 도입해보는 것도 좋습니다. 물론 기존에 몸에 밴 방식대로 일하는 것이 편리하겠지만, 새로운 방법을 배우는 불편함에서 새로운 시도가 탄생합니다. 새로운 업무 수행 방식이 도입되면 참여자들의 불만이 크게 증가할 수 있습니다. 새로운 용어에 일하는 방법과 절차까지 새로 배워야 하니 여간 불편한 게 아닙니다. 여기저기서 문제를 제기하고, 이렇게 하는 게 맞는지, 틀린지를 확인받고 싶어 하지만 일일이 확인해주는 사람도 없습니다. 하지만 과거로 되돌릴 수는 없습니다. 디지털 트랜스포메이션이나 애자일 전환에서 되돌아가는 일은 퇴보하는 것으로 끝나지 않습니다. 실패에 대한 기억과 흉터가 조직 내에 남아서 다음번의 전환 시도를 철저하게 방해할 수 있습니다.

그렇기에 초반의 혼돈에도 물러서지 말고 확신을 갖고 애자일 방법론으로 뭐라도 진척을 내보는 편이 좋습니다. 확신의 근거로 공유할 만한 건 워터폴 모델보다 빨라진 출시 일정입니다. 물론 서로 다른 두 방법론으로 동시에 제품을 만들어서 선보이지 않는 한 정확하게 비교할 수는 없겠지요. 게다가 애자일 방법론으로는 초기 산출물이 만족스러울 리 없습니다. 그래도 제품 개발팀이 만족해야 하는 건 알차게 압축된 출시 일정과 그로 인해 더 빨리 고객으로부터 피드백을 받을 수 있게 된 유연성입니다.

워터폴 모델에 필요한 자원을 다 쏟아부어 모든 것을 다 갖출 것으로 예상했던 제품도 출시하고 나면 허탕인 경우가 많습니다. 그러니 애자일 개발의 첫 결과물에 대한 피드백에 일희일비할 필요는 없습니다. 낙담하지 말고 압축적이고 반복적인 출시 일정을 도입한 것에 만족하고 다음번 출시 때 고객의 피드백을 어떻게 반영할지 고민할 수 있는 데이터를 확보한 것을 자축하면 됩니다. 피드백을 바탕으로 불필요한 기능을 제거하고 이전 기획에서는 미처 넣지 못했던 기능도 추가하면 됩니다. 이터레이션을 몇 번 반복하고 나면 고객의 피드백도 좋아지고 팀의 자존감도 살아날 수 있습니다. 미래를 의심하지 말고 확신을 갖고 제품을 출시해나갑시다.

애자일 조직 전환의 실제 사례

디지털 조직은 꼭 애자일 조직이어야 하는지 잠시 생각해봅시다. '스쿼드'나 '트라이브'라는 이름으로 부르는 조직이 존재하고 있으면 멀리 떨어져서 보면 '오, 저기는 애자일 조직이네'라고 여겨질지도 모릅니다. 이름은 그런데 그게 부장님이 이끄는 '부', 과장님이 이끄는 '과'하고는 뭐가 다를까요? 뭐가 다른지 잘 보이지 않습니다. 명함을 보면 여전히 같은 부장님과 과장님일 뿐입니다. 기존에 업무 중심으로 임시로 모여서 일하던 사람들을 TF 조직으로 불러서 모은 것과 무엇이 다를까요? 필자가 실제로 경험해보니 별로 다르지 않았습니다.

　디지털 제품과 서비스가 세계적으로 크게 흥행하기 이전에 대부분의 기업 조직은 평가자와 피평가자로 구성된 위계 조직이었습니다. 직능별 조직으로 나눠져있거나 프로젝트별 조직으로 나눠져있는 것이 보통이었습니다. 조직 내에 필요한 전문가가 충분히 확보돼 있지 않으면 매트릭스Matrix 조직으로 운영되는 일도 있었는데, 구성원의 입장에서는 매트릭스 조직이 되면 직능별 조직으로도 일해야 하고 프로젝트별 조직으로도 일해야 하며 평가 역시 양쪽에서 받아야 합니다. 그런데 양쪽 모두의 마음에 들어서 양쪽에서 좋은 평가를 동시에 받기란 쉽지 않습니다. 결국, 기업에서는 직능별 조직과 프로젝트별 조직을 왔다 갔다 하며 조직 개편을 단행하곤 합니다. 그렇게 3~4년에 한 번씩 조직 개편을 함으로써 개인의 분야 전문성을 키우기도 하고 사업의 전문성을 키우기도 했습니다.

이런 조직 문화가 한국 대기업에서 일반적일 때도, 해외로부터 조직 역량을 최대한 끌어내는 새로운 조직 운영 방법들이 꾸준히 국내에 소개됐습니다. 그것들이 어떤 것인지 궁금하기도 하고 빨리 이를 도입해서 그 혜택을 누리고자 하는 마음이 디지털 기업을 중심으로 넘실대고 있었습니다.

필자는 대기업에서 디지털 조직을 맡고 있었을 때 조직을 제대로 운영해보고 싶은 마음에 조직을 애자일로 바꾸는 걸 시도해본 적이 있습니다. 우선 회사 전체 조직이나 인사 부서와는 무관하게 독자적으로 할 수 있는 만큼의 실행에 착수했습니다. R&R이나 보고 라인을 바꾸는 것이 일부였습니다. 시키는 일을 일사불란하게 수행하기 위한 조직이 아니라 정말로 능동적으로 일을 잘하기 위한 구성을 꿈꿨던 것이지요.

또한, 스포티파이 모델을 차용해서 기존의 실을 트라이브로 구성하고, 세부 팀은 스쿼드로 구성했습니다. 그리고 직능별 유사성을 가진 사람들을 묶어서 챕터Chapter가 되도록 했습니다. 그런데 그러다 보니 리더가 부족했습니다. 새로운 직책을 부여받은 사람들은 자기 일을 어떻게 해야 하는지 구체적으로는 모르고 있었습니다. 이런 상황에서 애자일 코치가 외부에서 초빙돼 투입됐습니다. 코치의 도움을 받은 스쿼드는 도움이 됐다며 감사를 표했으나 코치의 도움을 받지 못하는 스쿼드들은 큰 변화를 느끼지 못하고 일에 치여 바쁘기만 했습니다. 조직은 바뀌었는데 바뀐 조직을 운영하는 방법도 제대로 전파되지 않았고 본부 안에서만이라도 잘 운영이 되길 바랐지만, 조직 문화로 정착되지는 않았습니다.

문제는 평가 시즌이 돌아오면서 일어났습니다. 디지털 조직을 개편하고 운영했지만, 평가 방법은 전사 공통이었습니다. 어느 조직이나 일반적으로 평가하는 두 가지의 평가 항목이 있습니다. 역량 평가와 성과 평가(업적 평가)입니다. 이를 위계적 조직에서는 평가자가 두 항목을 각각 따로 평가하는 데 반해서 스포티파이 모델에서는 역량 평가는 챕터 리드Chapter lead가 하고 성과 평가는 트라이브 리드Tribe lead가 하는 것으로 돼 있습니다. 이처럼 알려진 그대로 할 수 있다면 좋았을 텐데, 전사 공통 인사 부서는 이를 허용하지 않습니다. 게다가 평가를 위한 시간마저 빠듯합니다. 세상에 완벽한 평가는 없다고 합니다만, 완벽은 고사하고 채 1년도 되지 않아 조직을 구상할 때의 평가 방법이 변해버린다면 어느 피평가자가 납득할 수 있을까요? 결국, 하던 대로 어떻게 해서든 간신히 평가를 마무리하고 "그럼 그렇지" 정도로 불만이 마무리돼가는 시점에 이번에는 다시 큰 뉴스가 나왔습니다. '전사 애자일 조직으로 전환'이라는 소식이었습니다. 이것 참……. 일부 조직에서 변화를 주도해 본 사람으로서 걱정이 이만저만 되는 게 아니었습니다.

큰 조직을 움직이기는 쉽지 않은 법입니다. 특히 공공기관 등에 대응하는 대외 업무를 진행해야 하는 조직은 변화가 정말 어렵습니다. 그래서 그런 팀은 기간계 팀이 됐고, TF 성격의 조직만 애자일 조직이 되기로 했습니다. 이번에는 디지털 조직도 신애자일 조직으로 바뀌어야 하는 상황이었습니다. 그러자 그간 해왔던 트라이브나 챕터가 모두 갑자기 어색해져버렸습니다. 그즈음 가장 많은 불만 사항은 "조직 개편 좀 그만했으면 좋겠어요"였습니다. 일할 만하면 바뀌고, 바뀐 조직에 적응해서 일 좀 할 만하면 바뀐다는 것이 불만이었습니다.

다행인지, 불행인지 변화를 주동하던 사람이 퇴사하고 난 요즘에는 큰 조직 개편 없이 조직이 안정됐다는 후문입니다. 변화가 많았던 시절에는 사람들이 한탄하듯 농담으로 이런 말을 했다고 합니다.

"애자일이 한국에 와서 고생이 참 많다."

성공적인 디지털 기업으로 도약하기

회사와 프로젝트는 마치 프로젝트와 태스크의 관계와 같습니다. 회사를 운영한다는 것은 수많은 프로젝트를 진행하는 것이고 그중에서 성공하는 프로젝트는 손에 꼽습니다. 성공한 프로젝트도 결국 담당한 조직이 실행한 것입니다. 즉, 프로젝트의 성공 여부는 조직의 역량에 크게 좌우됩니다.

조직을 구성할 때 업무 경험이 부족해도 빨리 배우는 구성원으로 채울지, 해당 분야에 경험이 있는 구성원으로 채울지는 매우 중요한 의사 결정 사항입니다. 이 중요한 의사 결정을 해당 프로젝트의 책임자가 아니라 인사 부서에서 인원수만 보고 결정한다면 낭패를 겪을지도 모릅니다. 해당 프로젝트 책임자가 가능한 한 모든 구성원을 고민해서 적재적소에서 일할 수 있도록 배려해야 합니다.

적재적소 배치를 고려할 때 가장 어려운 점은 프로젝트 리더를 찾는 일입니다. 아예 새로운 프로젝트를 진행할 때와 기존 프로젝트의 연장 선상에서 계속되는 프로젝트를 진행할 때는 어려움의 정도가 다릅니다. 기존 프로젝트의 연장선상에서 계속되는 프로젝트는 그나마 쉬운 편입니다. 그러나 완전히 새로운 프로젝트를 시작한다면 직무 기술서를 포함한 업무 정의와 그에 따른 적임자 선발과 배치가 무척 어려운 일이 됩니다. 경영진으로부터 프로젝트 실행 지시가 떨어지고 나서 조직이 원하는 완성도로 준비를 구축한 후에 프로젝트를 수행하게 되는 상황은 찾아오지 않습니다. 항상 필요한 역량은 부족하고 마감일은 빨리 다가옵니다. 필요한 인원을 채용하면서 프로젝트 진도도 나가야 합니다. 디지털은 늘 상당히 난이도가 높은 프로젝트를 진행해야 하므로 우왕좌왕하거나 좌절하기 쉽습니다. 이런 경우라면 프로젝트 성공체험을 가진 리더를 찾아야 합니다. 성공체험이 있는 리더는 다른 식으로 프로젝트를 진행합니다. 처음 하는 프로젝트라도 성공하는 프로젝트의 분위기는 다릅니다. 중간마다 내리는 의사 결정이 다릅니다. 힘을 줘야 할 때는 주고, 빼야 할 때는 빼는 등 업무 리듬을 타는 것도 다릅니다. 그와 함께라면 톱다운이든, 보텀업이든, 애자일이든, 워터폴이든 아무래도 좋습니다. 그때그때 맞는 것을 찾아냅니다. 고객이 많든, 적든, B2C든, B2B든 상관없습니다. 만들고자 하는 가치에 집중합니다.

이런 성공체험은 아쉽게도 책이나 강의로 배울 수 없습니다. 그야말로 도제식으로 배울 수 있는 지혜이겠지요. 조직의 상태를 진단하고 곧

다가올 미래를 내다보고 처방을 내리는 역량을 터득해야 합니다. 이런 역량은 수많은 실패로 인한 어마어마한 수업료를 내고 배워야 하는 것일지도 모릅니다.

디지털 트랜스포메이션, 두 가지를 구분하는 지혜를 갖춘다

조직의 디지털 트랜스포메이션은 이미 디지털 사업을 시작한 스타트업이 해야 하는 숙제가 아닙니다. 이미 제품과 그 제품을 사랑해주는 고객들을 가지고 있지만, 일하는 방법에 수작업이 많이 포함된 전통 기업에게 주어진 숙제입니다. 변화하는 환경에 맞춰서 일하는 방법과 제품을 바꿔야 하는 숙제입니다.

이 숙제에는 지켜야 할 것과 버려야 할 것이 있습니다. 이를 가려내는 것도 중요합니다. 모두 지키려 하면 아무런 변화를 만들어낼 수 없고, 모두 바꾸려 한다면 스타트업의 후발주자가 돼야 합니다. 그러므로 버려야 할 것은 빨리 버리고 지켜야 할 것은 꿋꿋하게 지켜야 합니다. 이 두 가지를 가려내는 지혜는 고객이라는 기준선을 보며 찾을 수 있습니다.

변화하는 환경에 맞춰서 변화하는 고객이 있습니다. 이 고객은 새로운 고객이 됩니다. 새로운 고객을 만족스럽게 할 만한 혁신적인 제품을 출시해야 합니다. 새로운 고객에게 혁신적인 제품을 소개하며 이야기를 나누고 구매 후에도 사용법을 알려준다거나 트러블 슈팅Trouble shooting 을 진행하며 계속 고객과 대화를 이어나갈 수 있는 채널을 찾아야 합니다. 새로운 제품과 채널에 이바지할 수 있는 것은 지키고, 방해되는 것은 버려야 합니다.

기존에 캐시카우 역할을 했던 제품이 있습니다. 새로운 제품을 기획하면 이 신제품이 기존의 캐시카우를 잡아먹을 것만 같습니다. 즉, 제품 간에 카니발이 발생할 것 같습니다. 그러나 그런 이유로 새로운 혁신적인 제품을 포기하면 미래에 벌어질 결과는 명확합니다. 경쟁자가 우리를 잡아먹습니다.

경쟁자에게 시장을 뺏기는 것보다는 내부 경쟁 제품에 뺏기는 것이 낫습니다. 경영진은 이런 사실을 잘 알고 있으련만, 축소 중인 기존 제품의 매니저에게 설득당하기 일쑤입니다. 그래서는 새로운 혁신 제품을 제대로 못 키웁니다. 어려운 결정을 해야 할 때는 전통 제품을 고민하거나 새로운 제품을 고민하면 답이 나오지 않습니다. 이럴 때는 고객을 봐야 합니다. '고객에게 어떠한 가치를 주는 제품인가?' 이 질문에서부터 답을 찾아야 합니다.

모든 고객은 손에 스마트폰을 들고 있습니다. 경쟁사들은 '모바일 퍼스트'를 외치면서 고객 스마트폰의 잘 보이는 곳에 자사 앱을 설치하려고 경쟁하고 있습니다. 만약 아직도 고객이 열어보지도 않는 이메일 계정으로 스팸 메일과 다름없는 이메일을 보내고 있고 고객에게 홍보 문자를 보내서 괴롭히고 있다면 다시 생각해봐야 합니다. 고객이 검색을 통해서 정보를 찾고 경쟁사의 제품과 자사의 제품을 비교하고 있는데, 아직 우리 회사는 홈페이지조차 제대로 구성돼 있지 않다면? 홈페이지의 내용이 검색 엔진에 최적화돼 있지 않다면? 어느 브라우저에서는 보이지만, 안 보이는 브라우저가 있다면? 고객이 앱을 설치하기 전에 다른 사용자의 리뷰를 읽어보는데 그 리뷰에 적혀 있는 자사 제품에 대한 리뷰가 엉망이라면? 다시 생각해봐야 합니다. 고객과 대화를 나눌 수 있는 역량과 채널을 다시금 정비하고 구성해야 합니다.

회사가 고객에게 감동을 주는 제품과 서비스를 통해서 전통적인 브랜드를 가지고 있다면 그 브랜드를 지켜야 합니다. 고객에게 믿음을 얻고 신뢰를 쌓는다는 것은 여러 번 반복된 좋은 경험을 통해서 이뤄지기 때문에 오랜 시간이 걸립니다.

새로 브랜드를 구축해야 하는 스타트업이라면 새로운 것을 좋아하고 남보다 빨리 시도해보는 고객들로부터 시작해서 좋은 경험을 주는 식으로 브랜드를 구축하는 수밖에 없습니다. 브랜드가 약한 것은 스타트업의 핸디캡입니다.

반대로 전통 기업으로서 스타트업과 맞설 수 있는 좋은 브랜드를 가지고 있다면 이를 지켜야 합니다. 고정 고객이 있다면 기존 고정 고객으로부터 얻을 수 있는 데이터를 수집해야 합니다. 스타트업은 자사 고객이 누구인지 알아내기 위해서 많은 비용을 씁니다. 광고를 통해서 잠재 고객을 모으고 데이터를 분석해서 진짜 고객인지, 광고에 낚인 고객인지 파악하고 재구매가 일어나도록 프로모션을 걸며 회사가 만드는 가치가 제대로 전달되는지 알아내기 위해서 계속 실험하고 분석해서 판단해야 합니다.

전통 기업으로서 고정 고객이 있다면 스타트업에 비해 강력한 강점이 있는 것입니다. 민첩하게 고객 데이터를 수집하고 분석해서 데이터를 무기로 만들어야 합니다. 고객이 무엇을 좋아하고 어떤 것에 반응하는지 아는 것, 그렇게 고객을 이해하는 것으로 디지털 네이티브 스타트업과의 경쟁에 첫발을 내디딜 수 있습니다. 또한, 회사가 자금력이 괜찮거나 자금 조달을 원활하게 할 수 있다면 시간을 사야 합니다. 기술이 필요하면 기술력이 있는 회사를 인수합병하거나 특허료를 지불해서 완성된 기술을 빨리 도입할 수 있습니다. 외부의 혁신적인 인재와 인적 네트워크를 사올 수도 있습니다. 경쟁을 시작한 스타트업이 투자 유치를 하기 위해서 시간을 쓰는 동안에 경쟁력을 확보해야 합니다. 디지털 트랜스포메이션을 통해서 도모하는 바는 빠른 개선 속도입니다. 자금력이 있으면 속도를 더 빠르게 할 수 있습니다. 돈을 아까워할 때가 아닙니다. 시간을 아까워해야 합니다.

조직과 우리 모두의
디지털 트랜스포메이션을 위해

사실 어느 기업이나 디지털 트랜스포메이션은 톱다운, 그러니까 상명하복으로 진행되는 것처럼 보일 수밖에 없습니다. 하지만 기업에게 '시대적 변화'란 어떠한 경쟁사보다 진지하게 대해야 하는 절체절명의 위협입니다. 생존을 위해 신속하게 전환하기 위해서는 어떻게 해서든 머리부터 움직여야 합니다. 만약 톱이 아무 생각이 없다면 그들에게 이 대전환기를 알리는 신호를 줘야 하겠지요.

우리는 모두 어느 시점에서는 이 전환에 대해 각각의 입장에 서게 될 것입니다. 위로부터 권한을 위임받아서 디지털 트랜스포메이션을 주도하는 세력이 될 수도 있고, 그렇게 주어진 변화를 받아들여야 하는 집단이 될 수도 있습니다.

이 책은 주도 세력의 필드 매뉴얼을 염두에 두고 쓰였습니다만, 변화에 맞춰야 하는 입장에서도 주도하는 이들이 어떤 생각으로 변화를 꾀하려 하는지 엿볼 수 있으므로 이 시대적 변화에 어떻게 응해야 하는지도 알려주는 책입니다.

조직에 소속된 사람이라면 누구나 이 전환을 마주해야 하는 상황이 옵니다. 이미 경험해 "우리는 이렇게 디지털로 전환했다"라고 선언하는

324

조직도 있습니다. 그런데 디지털 트랜스포메이션은 일회성으로 한 번에 끝나는 변화가 아닙니다. 발전하는 기술은 지속해서 사업 환경을 바꿔 나갑니다. 기술에 의해 바뀌는 사업 환경이란 고객 요구사항의 변화와 고객의 요구사항을 충족해야 하는 변화이며 조직의 모든 구성원에게 요구되는 변화입니다. 그러므로 디지털 트랜스포메이션을 시도할 때 완결해야 하는 과업으로 대할 것이 아니라 어떠한 시대적 변화도 다뤄낼 수 있는 역량을 갖추는 일로 받아들이는 편이 좋습니다.

디지털 트랜스포메이션이 이야기된 지도 벌써 몇 년이 지났습니다. 초기에는 주로 디지털 네이티브 기업의 문화와 애자일 등에 대한 논의를 다뤘습니다. 반면 최근에 관심을 끄는 이야기는 '클라우드를 얼마나 도입하고 있는가?', '머신러닝을 얼마나 도입하고 있는가?'처럼 발전한 기술에 의해서 더 효율적으로 전환을 감행하는 무용담이 주를 이루고 있습니다. 하지만 전환의 가장 필수적인 에너지는 구성원의 마음가짐과 이를 조성할 수 있는 조직의 정책에서 생겨납니다. 이 책에서는 변화 하나하나를 묘사하는 것보다는 변화를 일으키는 원동력과 변화의 주체가 의도하는 것이 무엇인지 풀어가는 데 힘을 모았습니다.

이 책이 조직에서 디지털 트랜스포메이션을 주도하는 사람이 함께 변화를 일으켜야 하는 사람들에게 읽어보라고 권하는 책, 또 갑작스러운 변화에 당황하는 우리 스스로가 이 대전환기가 가져온 변화의 본질을 목도하기 위해서 찾는 책이 되었으면 합니다.

CEO부터 현장 실무자까지, 빠른 실행과 정착을 위한

디지털 트랜스포메이션 필드 매뉴얼

초판 1쇄 발행 2021년 8월 27일

지은이 박수정 · 김국현
펴낸이 성의현
펴낸곳 (주)미래의창

편집주간 김성옥
책임편집 최승헌
홍보 및 마케팅 연상희 · 김지훈 · 김다울 · 이보경

출판 신고 2019년 10월 28일 제2019-000291호
주소 서울시 마포구 잔다리로 62-1 미래의창빌딩(서교동 376-15, 5층)
전화 070-8693-1719 **팩스** 0507-1301-1585
홈페이지 www.miraebook.co.kr
ISBN 979-11-91464-47-4 03320